AF293751

Titelbild:
Blick auf Stiefenhofen im Sommer 1920

Josef Bentele

Berichte aus vergangenen Tagen

Erinnerungen eines Westallgäuers an die „gute alte Zeit"

Band 2

FSC
www.fsc.org
MIX
Papier aus ver-
antwortungsvollen
Quellen
Paper from
responsible sources
FSC® C105338

Bibliografische Information der Deutschen Nationalbibliothek:
Die Deutsche Nationalbibliothek verzeichnet diese Publikation in der Deutschen Nationalbib-
liografie; detaillierte bibliografische Daten sind im Internet über http://dnb.d-nb.de abrufbar.

© 2016 Name des Autors/Rechteinhabers: Josef Bentele

Herstellung & Verlag: BoD™ – Books on Demand, Norderstedt
Printed in Germany
ISBN: 978-3-7412-5313-3

Zur Einführung

Liebe Leserinnen und Leser,

Im Band I habe ich versprochen, dass ich in einem zweiten Band weitere Themen über das Leben in der "guten alten Zeit" herausgeben werde.Der zweite Band ist nun endlich fertig geworden.

Seit der Herausgabe von Band I sind bereits vier Jahre vergangen. Vier Jahre in denen sich in der Landwirtschaft wieder einiges verändert hat. Die Anzahl der milchviehhaltenden Betriebe ist kleiner geworden, dafür sind die verbleibenden Betriebe grösser geworden. Grösser geworden sind auch die Ställe und vorallem die Maschinen, Traktoren, Ladewagen, Silierwagen und Güllefässer.

In diesem Band habe ich habe ich wieder vorwiegend Berichte aus dem Land- und Fortwirtschaftlichen Bereich zusammengestellt. Bei manchen Themen lässt es sich nicht vermeiden, dass sich Inhalte mit anderen Bereichen überschneiden oder wiederholen. So ist z.B. die Arbeit die Arbeit der Knechte und Mädge die gleiche wie die der Bäuerin oder des Bauern. Bauer und Bäuerin arbeiten genauso im Kuhstall, bei der Heuernte und auch bei anderen Arbeitden wie die Knechte und Mägde. Wenn jemand nur den Bereich "Knechte und Mägde in früherer Zeit" lesen will, so will deren Arbeit und Lebensverhältnisse nicht unerwähnt lassen, nur weil sie bereits in anderen Berichten bereits behandelt wurden.

Mit Band II will ich die Artikelreihe beenden und hoffe, dass ich mit meinen Schilderungen das Leben und die Lebensverhältnisse der bäuerlichen Welt in der sogenannten "guten alten Zeit"* im Allgäu vor einem zu schnellen Vergessen bewahrt habe.

Allen Lesern und Leserinnen wünsche ich Spaß und Freude beim Lesen meiner Erinnerungen an die "gute alte Zeit"

Josef Bentele

Inhalt

Wie in den meisten Bereichen des täglichen Lebens haben sich auch in den ländlichen Haushalten die Lebens- und Arbeitsabläufe in den vergangenen Jahrzehnten gewaltig verändert. Aus heutiger Sicht waren die landwirtschaftlichen Betriebe vor drei Generationen relativ klein. Mensch und Tier haben unter einem Dach – dem so genannten Eindachhaus – gelebt.

Bauernhaus in Balzhofen um 1900

Alles war in einem Haus: Wohnungen, Ställe, Schuppen und Scheunen. In kalten und schneereichen Wintern war man froh, wenn man das Haus nicht verlassen musste, um in den Stall zu kommen. Wenn eine Kuh krank war oder kalben sollte, ging/geht der Bauer auch zur Nachtzeit ein paar Mal in den Kuhstall, um nachzusehen, ob alles in Ordnung ist. Die Zahl der Familienmitglieder in der Stube war früher oftmals größer als die Anzahl der Kühe im Stall. Das hat sich im Laufe der vergangenen Jahre grundlegend geändert. Viele kleine Landwirte haben aufgegeben. Die frei gewordenen Flächen wurden in der Regel von den Nachbarn übernommen – entweder gekauft oder gepachtet. Vor 100 Jahren haben noch 50 % der Deutschen in der Landwirtschaft gearbeitet; heute sind es nur noch knapp 4 %. Nun ist es aber nicht so, dass man früher nur auf der faulen Haut gelegen hätte. Nein, Arbeit war genug zu tun, denn fast alle in der Landwirtschaft anfallenden Arbeiten mussten von Hand gemacht werden. Die einzige Maschine war der „Göppel", eine gusseiserne Maschine, die vor dem

Haus stand und mit Pferden oder Ochsen im Kreis gedreht wurde. Mit einem langen Seil wurde der Göppel mit der „Gsodmaschine" (Häckselmaschine), die in der Tenne stand, verbunden und angetrieben. Mit der Gsodmaschine wurde langes Heu kurz geschnitten. Das kurz geschnittene Heu, „Miet" genannt, wurde an die Pferde verfüttert, die dann nicht so lange kauen mussten und schneller gefressen hatten. Der Fuhrmann brauchte mit dem Einspannen nicht mehr so lange warten. Die nächste Maschine war eine von Pferden gezogene Mähmaschine. Diese beiden Geräte, die sich zunächst nur größere Betriebe leisten konnten, waren für viele Jahre die einzigen Maschinen auf einem Hof, welche die Arbeit erleichterten. Aber es blieb immer noch genug schwere Handarbeit übrig. Und trotzdem hatten Landwirte in früherer Zeit keine Schwierigkeiten, eine Partnerin fürs Leben zu finden. Bei der hohen Kinderzahl in den Familien fehlte es nicht an heiratsfähigen und heiratswilligen Mädchen. Das Angebot war größer als die Nachfrage. Wer eine Einheirat auf einen Hof zu bieten hatte, konnte wählerisch sein. Für die Eltern war es oft nicht leicht, ihre Kinder an den Mann bzw. an die Frau zu bringen. Wenn eine Partnerin neben ihrer Arbeitskraft eine schöne Aussteuer und auch etwas Geld mitbrachte, war die Entscheidung bald gefallen. Die Einheirat auf einen Bauernhof war zwar nicht immer lukrativ, doch bot eine Landwirtschaft auch in Krisenzeiten eine gewisse Versorgungssicherheit. Selbst auf der kleinsten Landwirtschaft hatte man ein paar Kühe, etwas Jungvieh, ein oder zwei Schweine und einige Hühner. Dazu einen Garten mit Obst und Gemüse. Brennholz konnte aus dem eigenen Wald geholt werden. Vielleicht hatte man sogar ein „Stichrecht" in einem „Wasemoos" und konnte dort Torf stechen. Für die allergrößte Not war man also abgesichert.

Wer einen jungen Partner heiratete, bekam meistens auch Schwiegereltern, die verhältnismäßig jung und rüstig waren und sicherlich noch viele Jahre ihre Arbeitskraft auf dem Hof einbringen konnten. Der Nachteil war der, dass dann die „Jungen" meistens viele Jahre warten mussten, bis ihnen der Hof übergeben wurde. Doch man muss auch die andere Seite verstehen. Die Bauern hatten keine Altersrente. Die landwirtschaftliche Altersrente gibt es erst seit 1958! Wenn sie keine Ersparnisse hatten, wären sie den Jungen ganz ausgeliefert gewesen und das wollten sie nicht. Wie sollten sie auch zu Ersparnissen gekommen sein? Den Jahrgängen, die um 1900 herum geboren wurden und damit um 1950 rund 50 Jahre alt waren, ist zweimal in ihrem Leben das Geld „verreckt." Bei der „Inflation" im Jahre 1923 und bei der „Währungsreform" 1948. Auch den anderen Kindern, den weichenden Erben sollte man eine kleine Mitgift mitgeben können. Diese Abhängigkeit fürchteten gar manche, besonders dann, wenn das Zusammenleben zwischen Jung und Alt nicht so recht funktionierte. Eine alte Lebensweisheit bringt das zum Ausdruck: „Übergeben, nimmer leben".

Kurz bevor das junge Paar heiratete, räumten die Eltern das „Gade" (Schlafzimmer) und zogen mit ihrer Schlafzimmereinrichtung ins obere Stockwerk, in die Oberstube. Das „Gade" wurde gründlich überholt und neu gestrichen. Die Braut brachte ein neues „Schlafzimmer"(eine Schlafzimmereinrichtung) mit. Schon in der Hochzeitsnacht zogen die „Jungen" (das junge Paar) in dieses Zimmer ein. Das war nun ihr Reich. Die junge Frau war jetzt eingebunden in die neue Familie, in der sämtliche Familienmitglieder gemeinsam in einer Wohnung lebten, und alle gemeinsam an einem Tisch die Mahlzeiten einnahmen. Die Braut, aus ähnlichen Verhältnissen stammend, war es gewohnt, sich anzupassen und sich unterzuordnen. Solange die Schwiegereltern den Hof nicht übergaben, hatten sie den Geldbeutel in der Hand und damit auch das „Sagen." Die „Jungen" bekamen neben freier Kost und Wohnung oft nur ein knapp bemessenes Taschengeld. „Sie werden ja einmal den Hof bekommen!", war der Kommentar der Eltern. Oftmals hatten Geschwister des Partners, solange sie ledig waren, ein „Winkelrecht" in ihrem Elternhaus. Bei einer Heirat erlosch dieses. Nach der Heirat haben Jung und Alt gemeinsam gearbeitet, gemeinsam gekocht und gegessen. Küche und Stube waren für alle da. Die Stube war das einzige heizbare Zimmer im Haus. Die Winterabende verbrachte die ganze Familie dort. Gekocht haben die beiden Frauen (Schwiegermutter und Schwiegertochter) entweder gemeinsam oder haben sich gegenseitig abgewechselt; je nach Vorlieben, Jahreszeit und Arbeitsanfall. Solange sich noch kein Nachwuchs eingestellt hatte, war die junge Frau mehr draußen in der Landwirtschaft tätig als drinnen im Haushalt. Bei der Heuernte waren alle im Einsatz. Sobald Kinder da waren, sah man die junge Frau öfters im Haus. Sie machte dann den Haushalt und konnte nebenbei ihre Kinder versorgen. In vielen Familien kam fast jedes Jahr ein Kind zur Welt. Obwohl die Kindersterblichkeit groß war, ist dennoch im Laufe von Jahren eine stattliche Zahl von Kindern herangewachsen.

Die Wohnung

Um eine Vorstellung von den damaligen Wohnungen zu haben, wollen wir kurz einen Blick in einen landwirtschaftlichen Haushalt werfen, wie er vor rund 100 Jahren ausgesehen haben mag. Die meisten Bauernhäuser waren früher einmal niedrig und hatten wegen der Schindeleindeckung ein flaches Dach. Sie waren „niederdahstuhlig", hatten einen niedrigen Dachstuhl, also keinen Kniestock. Die bäuerlichen Wohnungen waren alle fast durchwegs nach dem gleichen Muster angelegt; einfach aber doch zweckmäßig eingerichtet. Nur unmittelbar im Herd- und Ofenbereich waren die Wände gemauert. Alle anderen Wände, Decken und Fußboden waren aus Holz. Wer durch die Haustüre das Haus betrat, kam gleich in die Küche.

Die „Hausgangküchen" waren in der Regel ziemlich groß, niedrig und dunkel. Etwa acht bis neun Meter lang und rund vier Meter breit. Neben der Haustüre war entweder ein großes Fenster oder rechts und links der Türe je ein kleines. Weitere Fenster hatte die Küche nicht. Damit der Rauch besser abzog, wurden die Kamine immer zum Dachfirst hochgezogen. Das Fundament des Kamins stand dann weit hinten in der Küche. Da die einzigen Fenster der Küche nahe der Haustüre waren, war es beim Herd und am Schürloch des Kachelofens meistens ziemlich dunkel. Im Sommer ließ man deshalb die Haustüre gern offen stehen.

Von der Küche gingen eine Reihe von Türen in die daneben liegenden Räume: in die Stube, ins Gaden, in den Schopf, in den hinteren Hausgang und ins Freie. Über eine „Stege" (Treppe) ging es hinauf in den „Sohlar" (oberer Hausgang), über die „Kellarstege", hinab in den Keller. Die Öffnung zum Keller war mit einer Klappe, der „Kellerfalle", abgedeckt. Weil man beim Öffnen der Haustüre gleich in der Küche landete, ging im Winter jedes Mal ein Schwall kalter Luft hinein. Bei den vielen Türen und schlecht isolierten Wänden braucht es nicht zu verwundern, dass diese Küchen im Winter kalt waren. Wo man eine schlecht schließende Haustüre hatte, trieb der Ostwind mancherorts den Pulverschnee weit in die Küche hinein. Das Wasser im Schiff des Herdes wurde in kalten Winternächten herausgenommen, damit es nicht gefrieren konnte. Die Geschirrlappen waren am Morgen oft gefroren.

Kochen auf dem Holz- und Kohleherd um 1930 – Hausfrau am Küchenherd um 1950

Der eiserne, oft auch gemauerte, Holz/Kohleherd war etwa 1,40 Meter lang und 1,0 Meter breit. Er hatte drei Kochstellen, die mit Herdringen vergrößert oder verkleinert werden konnten. Mit dem etwa 60 cm langen, eisernen „Schürhaken", konnte man die heißen Herdringe entfernen oder anbringen. Direkt unter der Feuerstelle war der Aschenbehälter, den man fast täglich leeren musste. Unter der Herdplatte war das „Rohr", die Backröhre, darunter ein Fach für alte Pfannen oder Feuerholz. Im Herd war ein Wasserschiff mit rund 20 Litern Inhalt. An zwei Seiten hatte der Herd eiserne Stangen. An diesen wurden „Gschierlumpe" (Geschirrtücher), Strümpfe, Socken und kleinere Kleidungsstücke zum Trocknen aufgehängt. Über dem Herd war der Rauchfang mit einem Brett für Zündhölzer und Kerzen und sonstigen Krimskrams. Nahe beim Herd war die „Holztrucke" (eine kippbare Holzkiste) für das Feuerholz. Sie musste immer voll sein, damit die Köchin beim Kochen dabei bleiben konnte. Die Pfannen wurden mit dem „Stiel" (Griff) in den „Pfannestehle" gesteckt. An der Wand dem Herd gegenüber war der „Förggar" (Spüle, Ausguss); ein wichtiger Gegenstand in der Küche.

In der hügeligen Landschaft des Westallgäus gibt es schon seit Jahrzehnten „laufendes Wasser" am Dorfbrunnen oder am eigenen Brunnen vor dem Haus. An höher gelegenen Quellen wurde das Wasser gefasst und in eine „Brunnenstube" (kleines Behältnis) geleitet. Von dort floss es bei leichtem Gefälle durch ausgebohrte Baumstämme („Holzdeicheln") zum Dorfbrunnen, zu den Hausbrunnen, aber auch weiter in die Ställe oder Küchen. Das Wasser hatte zwar keinen Druck, aber man brauchte es wenigstens nicht eimerweise hertragen. Das Schmutzwasser lief durch Rohre in ein „Gschäl" (Grube mit einer Holzverschalung) oder in einem offenen Graben zum nahe gelegenen Bach. Am „Förggar" (der Spüle) wurde Geschirr gespült, Kartoffeln gewaschen und geschält, Gemüse geputzt und Salate angerichtet, Hände und Gesicht gewaschen, Zähne geputzt, der Bart rasiert, Haare gekämmt – überhaupt alles, was für die tagtägliche Körper- und Schönheitspflege der Familienmitglieder notwendig war. Wenn man sich waschen wollte, nahm man eine „Waschschüssel" und schöpfte mit einer Schapfe warmes Wasser aus dem „Schiffle" des Herdes und stellte diese dann in die Spüle. Ein „Wäschlumpe" (Waschlappen) und ein leinenes Handtuch hingen an einem Haken an der Wand. Damit hat sich meistens die ganze Familie gewaschen und abgetrocknet. Nach Notwendigkeit wurden sie ausgewechselt. Ein Spiegel mit einer Ablage für Zahnbürsten, Zahnbecher, Kämme, Seifen, Salben, Hautcreme und Rasierzeug hing an der Wand über der Spüle. Ein wichtiges Möbelstück in der Küche war ein massiver, hölzerner „Kuchekaste" (Küchenschrank) mit großen, tiefen Schubladen für Brot, Mehl, Salz, Zucker, Essig, Öl, sowie Gerätschaften und Zutaten, die beim Kochen und Backen gebraucht werden. Auch das Alltagsgeschirr war hier untergebracht, so es nicht im „Stellme" (Tellerregal) an der Wand Platz gefunden hatte. Ein Schmalzhafen gefüllt mit Schweineschmalz oder ausgelassener Butter stand im Nahbereich des Herdes. In der Putzecke fanden sich Besen und Schaufel, Kehrwisch und „Schiefele" (Kehrschaufel), Putzkübel, Putzbürste und Putzlumpen, Schuhe und Stiefel, Stiefelzieher, Schuhbürsten, Schuhwichse und Schuhschmiere. Über eine Treppe ging es hinab in den Keller, wo Kartoffeln, Obst und Mostfässer, Marmelade und Einmachgläser, eine hölzerne „Stande" (Bottich) mit Sauerkraut und sonst noch allerlei „Gruscht" (Gerümpel) gelagert war.

In den warmen Sommermonaten wohnte man in der Küche. Die Wärme des Kochherdes reichte jetzt aus, um die Küche gemütlich warm zu machen. Ein etwas größerer Tisch stand nahe der Haustüre. Wenn bei schönem Wetter die Haustüre offen stand, haben das natürlich die frei herumlaufenden Hühner schnell mitbekommen und sind bei ihrer ständigen Suche nach etwas Fressbarem nur zu bald in der Küche gelandet. Mit einem grobmaschigen Gitter an der Haustüre konnte man sie aussperren und hatte doch Licht und frische Luft. Das Wohnzimmer und seine Möbel wurden im Sommer geschont und nur bei besonderen Anlässen hergenommen z. B. um einen „Namenstag" der Eltern oder Großeltern zu feiern oder wenn die Nachbarinnen zum „Wise" kamen. Weil es im Winter in der Küche zu kalt war, wurde in der Stube gegessen. Gekocht wurde in der Küche und das Essen ins Wohnzimmer getragen. Beim Herrgottswinkel stand der Stubentisch mit einer langen Eckbank. Hier war Platz für viele Esser. Das weitere Inventar in der Stube waren ein paar Stühle, ein Kanapee, der Kachelofen mit einer Ofenstange zum Aufhängen von nasser Kleidung und Kleinwäsche, ein Kommodkasten, ein „Glaskasten" mit dem „guten Geschirr", ein Eckschrank sowie der „Regulateur", die eingebaute Wanduhr.

Familie am Tisch in der Stube (Wohnzimmer) um 1950

Das Schlafzimmer („Gade") konnte etwas geheizt werden, denn der Kachelofen des Wohnzimmers ragte mit einer gusseisernen Ofenplatte in diesen Raum hinein. Es war zwingend notwendig, dass geheizt werden konnte, denn hier kamen die Kinder zur Welt, wurden gestillt, gewickelt, gebadet und verbrachten dort viele Tage ihrer ersten Lebensmonate. Außer den Ehebetten, einem Wäsche- und Kleiderschrank standen ein Kommodkasten, ein Kinderbettchen und eine Wiege im Zimmer. Die größeren Kinder mussten in den nicht heizbaren „Bube- oder Föhlekammra" (Knaben- und Mädchenschlafräume) im 1. Stock schlafen. Ein Badezimmer gab es nicht. In einem dunklen „Winkel" (Ecke) des Schopfes war das „Hisle" (die Toilette), das nur ein kleines Fenster hatte. Aus einer hölzernen Sitzbank war ein rundes Loch herausgesägt. Mit einem runden Holzdeckel war dieses zugedeckt. Für die Kinder gab es im gleichen Raum eine ebensolche Sitzgelegenheit; nur hatte diese ein kleineres Loch und war nicht so hoch. An einem Haken an der Wand hing klein geschnittenes Zeitungspapier zur individuellen Verwendung.

Als es noch keinen Strom gab, musste man sich in der dunklen Jahreszeit mit Kerzen, Petroleum-Laternen oder Karbid-Lichtern behelfen. Vor dem 1. Weltkrieg (1914–1918) hatte man erst in wenigen Orten des Allgäus elektrischen Strom. In Stiefenhofen wurde im Jahr 1918 die Elektrizitätsgenossenschaft gegründet und bereits am 30. Juni 1919 brannte in den Ortschaften Balzhofen und Stiefenhofen zum ersten Mal das elektrische Licht. Die anderen Orte folgten innerhalb der nächsten Monate. Am Anfang wurden einem landwirtschaftlichen Betrieb nur drei Glühbirnen mit einer Gesamtleistung von 50 Watt genehmigt. Das war schon eine große Erleichterung. Eine normale Kerze hat eine Lichtleistung von einem Watt! Um die wenigen Lampen gut ausnützen zu können, wurde ein Loch in die Wand zwischen Küche und Wohnzimmer gesägt und da hinein eine elektrische Lampe gehängt; in der Wand zwischen Stall und Schopf wurde es auch so gemacht. Nun konnte die 15-Watt-Birne beide Räume gleichzeitig erhellen. In den folgenden Jahren wurde die Stromversorgung ständig verbessert. Bald konnten mehrere und größere Lampen verwendet werden. Endlich hatte man Licht, man brauchte nur an einem Schalter drehen und schon war es hell!

Es sollten noch 30 weitere Jahre vergehen, bis auch Elektrogeräte die Haushalte eroberten und die Arbeit der Hausfrauen erleichterten. Inflation, Weltwirtschaftskrise und Kriege kamen dazwischen und hatten die weitere Entwicklung gestoppt. Erst in den 1950er Jahren begann der Einzug von technischen Geräten in die Haushalte. Bis es aber soweit war, mussten sämtliche Arbeiten von Hand gemacht werden. Die Küchengeräte waren meist aus Metall mit einem Griff aus Holz. Plastik kannte man noch nicht. Die Leute waren früher auch schon erfinderisch. So gab es Küchengeräte, mit denen man die Arbeit schneller und besser machen konnte. Zum Mahlen von Kaffeebohnen hatte man an einer Wand eine Kaffeemühle mit Handbetrieb festgeschraubt. Dann gab es den „Handrührer" mit einer Handkurbel, desgleichen den Fleischwolf, die Nudelmaschine und das Butterfass. Die Nudelmaschine hatte drei verschieden große Walzen für feine und grobe Suppennudeln und für Bandnudeln. Mit einem „Nudelwaler" wurde der Teig auf dem „Nudelbrett" ausgewalzt und dann mit einem Messer in Streifen geschnitten. Die Teigstreifen ließ man durch die Walze der Maschine und bekam so die gewünschten Nudeln. Diese gab man in die Fleischbrühe für die Mittagssuppe. In den Wintermonaten machte man oft schon die Suppennudeln für den Sommer. Auf einem Tuch wurden diese ausgebreitet und in der Wärme getrocknet, danach in einen Leinensack gefüllt und bis zum Verbrauch in einem trockenen Raum gelagert. Um den Mäusen keine Chance zu geben, wurde der Sack mit einer Schnur an der Zimmerdecke aufgehängt. Neben Löffeln, Messern und Gabeln, Kellen und Rührer, Trichter und Seiher, Hobel und Reiben, durften Kässpätzlehobel, Schneebesen, Muskatnussreibe, eine Waage mit Gewichten, sowie Wiegemesser und eine Sanduhr zum Eierkochen nicht fehlen.

Einen Vorteil hatte dieses Leben: bei einem Stromausfall „ging die Welt nicht unter." Man war darauf vorbereitet und hatte immer Kerzen und Laternen parat. Dem „Elektrischen" traute man nicht so recht. Nicht ganz zu Unrecht, kam es doch in den Anfangsjahren und auch während den Kriegs- und Nachkriegsjahren immer wieder zu Stromausfällen. Schlechtes Material an Drähten und Schaltanlagen sowie Netzüberlastungen waren die Hauptursachen.

Das waren die Wohnverhältnisse, wie sie eine junge Frau vor etwa 100 Jahren in einem landwirtschaftlichen Haushalt im Allgäu vorgefunden hat.

Die Frauen heirateten meist in einem Alter von etwa 20–25 Jahren. „Jung gefreit, nie gereut“, hieß es damals noch oder „Kind und Schulda sott ma hong solang ma no jung ist!“ (Kinder und Schulden sollte man haben, solange man noch jung ist). Die Mutter einer heiratsfähigen Tochter sagte einmal zu ihrer Freundin: „Mi Tochter hiret amol jung, woischt, junge Britta sind schä!“ (Meine Tochter wird einmal jung heiraten, denn junge Bräute sind schön!) Doch als Jahre später das Mädchen noch immer ledig war, sagte die Mutter: „Mi Tochter ist it so dumm, die hiret it so jung!“

Essgewohnheiten

Alt und Jung, Großeltern, Eltern, Kinder, Knechte und Mägde lebten miteinander unter einem Dach, in einer Wohnung (in einem „Mehrgenerationenhaushalt“, wie man heute sagt). Nach der Heirat der Jungen waren es auch in einem kleinen Haushalt mindestens vier erwachsene Personen, die bei den Mahlzeiten gemeinsam an einem Tisch saßen. Die Anzahl der Tischgenossen wuchs mit jedem weiteren Kind, das zur Welt kam. Im Laufe von einigen Jahren hatte sich manchmal eine ganze Schar angesammelt. Auf größeren Höfen hatte man einen Knecht, eine Magd oder auch beides. Oft lebten noch ledige Geschwister des Ehepartners daheim und aßen mit. Somit waren schnell sechs, sieben Erwachsene bei Tisch. Sie alle wollten essen und einigermaßen satt werden. Weil früher fast alle Arbeiten von Hand gemacht wurden und sämtliche „Gänge“ (Einkäufe, Kirchen- und Schulbesuche, Behördengänge usw.) zu Fuß zurückgelegt werden mussten, war der Kalorienverbrauch der Menschen groß, jedenfalls größer als heute.

In den „strengen“ (arbeitsreichen) Jahreszeiten (Frühling, Sommer und Herbst) gab es immer fünf Mahlzeiten: drei warme Essen bei den Hauptmahlzeiten; morgens um 7.00 Uhr, mittags um 1.00 Uhr und abends zwischen 8.00–8.30 Uhr und zwei „Vesper“ (Brotzeiten) vormittags um 10.00 Uhr und nachmittags um 5.00 Uhr. Im Winter gab es das warme Abendessen schon um 5.00 Uhr und um 8.00 Uhr anstelle eines Vespers ein paar Äpfel. Obwohl man genug zu essen bekam, verspürte man doch oft noch Hunger. Die meisten warmen Gerichte bestanden aus Milch, Mehl, Wasser, Eiern, Äpfeln, Kartoffeln, Gemüse, Kraut und Bohnen. Sie waren zwar füllend, aber doch relativ kalorienarm. Jedenfalls hielten sie nicht lange vor. Gerichte, die gut sättigten waren: alle Fleischspeisen, Kässpätzle und „Brenntar“ (Hafermus) und „Stopfar“ aus Bohnen oder Mais. Bei jedem Mittagessen gab es eine mehr oder weniger dicke Suppe. Sie sollte den Magen füllen, damit das Hauptgericht besser „bschisse“ (ausreichen) sollte. Weil die warmen Mahlzeiten eher dürftig waren, freute man sich immer aufs „Vesper“. Denn Brot, Butter, Käse und manchmal sogar „Schwartenmagen“ (Pressack) machten eben besser satt.

Zu trinken gab es Milch, Tee, Most und manchmal „Heibarbier" (dünnes Bier). Fleisch gab es nur an Sonntagen und sollte davon noch etwas übrig geblieben sein, den Rest am nächsten Tag. Weil man weder Kühlschrank noch Gefriertruhe hatte, musste Fleisch bald verzehrt werden. In der kalten Jahreszeit, meistens am Anfang des Winters, wurde ein Schwein geschlachtet, das man über den Sommer gemästet hatte. Das Schwein sollte schwer, dick und fett sein, dann gab es viel Fleisch und Speck. Der Speck wurde in kleine Würfel geschnitten und bei großer Hitze in einer Pfanne auf dem Herd geschmolzen. Das flüssige, heiße Fett wurde in irdene „Schmalzhäfen" gefüllt und in einem kühlen Raum gelagert. Man brauchte es zum Kochen und Backen. Schöne Fleischstücke wurden eingepökelt und nach etwa vier Wochen im Kamin oder einer Räucherkammer geräuchert und haltbar gemacht. Nach dem Räuchern wurde es in ein kühles Zimmer gebracht und dort stückweise an Schnüren an der Zimmerdecke aufgehängt. Weil aber nicht alle Teile eines Schweins haltbar gemacht werden konnten, gab es nach dem Schlachten tagelang zum „Vesper" weißen oder roten Pressack, zu Mittag einen fetten Schweinebraten und zum Abendessen „gröschte Grumbra" (Röstkartoffeln) mit Blutwurst und Grieben. Die anfängliche Begeisterung über das gute, nährstoffreiche Essen wich schon bald einem flauen Gefühl im Magen. Der Magen rebellierte ob der ungewohnten fetten Kost. Man sehnte sich wieder nach der normalen Kost. Aber einfrieren konnte man nicht und „verkommen" (verderben) lassen wollte man auch nichts!

Wer auch immer das „Morgenessen" herrichtete, ob es die junge Frau, die Schwiegermutter, die noch ledige Schwester oder Schwägerin war, musste zeitig aufstehen, sowohl im Winter wie im Sommer, spätestens jedoch am Morgen um halb sechs Uhr. Zuerst musste die Asche von Küchenherd und Kachelofen ausgeräumt werden. Dann „Fir amache" (Feuer entfachen). Klein gehacktes Holz, Rindenstücke, Reisig und Zeitungspapier wurden in das „Schürloch" gesteckt und mit einem Zündholz angezündet. Das war oft leichter gesagt als getan. Bei starkem Sturm war es am Schürloch oftmals so zugig, dass die Zündhölzer, kaum dass sie brannten, schon wieder ausgeblasen wurden. In den Kriegs- und Nachkriegsjahren waren Zündhölzer sehr rar und man musste sparsam damit umgehen. Wie war man froh, wenn sich im Kachelofen unter der Asche noch Glutreste vom Vortag fanden, mit denen das Feuer gestartet werden konnte. Am Abend wurde die „Holztrucke" (Holzkiste) in der Küche mit Brennholz gefüllt und am Kamin einige Scheite für den Kachelofen bereitgelegt. Sobald das Feuer im Kachelofen gut brannte wurden grobes Scheitholz und „Wasen" (Torf) nachgelegt. Schon bald konnte man den „Zug" (die Klappe am Rauchabzug) etwas zumachen. Dann brannte es nicht mehr ganz so stark und es ging nicht so viel Wärme ungenutzt in den „Kemat" (Kamin). Im Küchenherd sollte es gut brennen.

Wenn es pressierte und das Kochen schnell gehen musste, wurden viele dünne, dürre „Spridla" (Spreidelholz) nachgelegt. Dünne Spreideln deshalb, weil diese gut brennen und schnell eine große Flamme geben.

Am Holz-Kohlenherd wurden noch einige Ringe mehr entfernt, damit die große Messingpfanne tief in das Herdfeuer hineinragen konnte und an allen Seiten vom Feuer umgeben war. Durch die starke Hitze ging das Kochen oder Braten sehr schnell; nur musste fleißig gerührt und gewendet werden, damit nichts anbrannte. Eine Pfanne mit Rallenmus war so innerhalb weniger Minuten fertig gekocht. Wenn viele Leute zum Essen kamen, wurden in einer großen Messing-Pfanne etwa eineinhalb bis zwei Liter Vollmilch erhitzt. Bei großem Feuer musste die Köchin höllisch aufpassen, dass die Milch nicht „ib'rloffe ischt" (überkochte), sonst hätte die ganze Küche nach angebrannter Milch gestunken. Wollte man das Verhindern, musste die Pfanne kurz vom Feuer genommen werden. In die kochende Milch wurde Salz gegeben und während man mit der einen Hand tüchtig mit dem Kochlöffel rührte, wurde mit der anderen Hand so lange Kochmehl dazu geschüttet, bis ein zähflüssiger Brei entstanden war. Das Ganze ließ man noch etwas ziehen. In ein „Schmalzpfännle" (kleines Pfännchen) wurde noch eine „Bolle" (Stück) Butter gegeben und auf der heißen Herdplatte oder im Herdfeuer „v'rgängt" (verflüssigt) und dann auf der Oberfläche des dampfenden Mus verteilt. Das Butterschmalz machte das Mus goldgelb; es schmeckte besser und „as hoat au bessr gfuret" (hat besser gesättigt). In einer anderen Pfanne wurde Wasser erhitzt und sobald es kochte, wurden ein paar Löffel Kaffeepulver (Ersatzkaffee – Linde u.a.) sowie eine halbe Scheibe „Modekafee" (Zichorie) dazugegeben. Nach kurzem Aufkochen wurde die Brühe in einen emaillierten blechernen „Kafeehafe" (Kaffeekanne) geschüttet. Schnell wurden noch etwa ein- oder eineinhalb Liter Kuhmilch „gesotten" (gekocht) und auch in einen emaillierten „Millhafe" (Milchkanne) gefüllt. Fertig war das „Morgeasse" (Frühstück). Während des Kochens musste die Köchin immer wieder den Rauchabzug auf- oder zumachen und Holz nachlegen, damit das Feuer nicht zu stark brannte, aber auch nicht ausgegangen (erloschen) ist.

Tischkultur

Die Esstische waren meistens ziemlich groß und hatten eine Ahornholzplatte. Um die Tischplatte zu schonen und für bessere Anlässe sauber zu halten, wurde sie mit einer holzeingefassten beweglichen, abwaschbaren Abdeckplatte versehen. Der Tisch war bald gedeckt. Eine Tischdecke gab es nicht. Zum „Morgeeasse" bekam jeder eine große „Kafeeschissl" (Kaffeetasse). Sie hatte an den Seiten zwei Ohren oder Henkel und ein Fassungsvermögen von etwa einem halben Liter. Sobald die Leute bei Tisch waren, schenkte die Hausfrau ein. Jede Kafeeschissl wurde bis zur Hälfte mit „Kafee" gefüllt und dann mit „gesottener" (gekochter) Milch vollgemacht. Wenn die gekochte Vollmilch etwas länger gestanden hatte, bildete sich an der Oberfläche eine dicke Schicht, die man „Belz" (Haut) nannte. Für manche war diese Haut ein Leckerbissen, andere dagegen konnte man damit vertreiben. Auf dem Tisch lag ein Laib oder ein Kipf Schwarzbrot und ein Messer. Einige Scheiben lagen aufgeschnitten in einem Körbchen. Jeder holte sich ein oder zwei Scheiben und machte damit Brocken in seinen „Kafee". Das Mus wie auch der Kafee mit seinen Brocken wurde mit einem Suppenlöffel gegessen. Schließlich stellte die Köchin die große Schüssel oder Pfanne mit dem dampfenden Mus mitten auf den Tisch. Im Wechsel gab es Grieß-, „Wis- oder Rallenmus". Eine heiße Pfanne wurde auf das höhenverstellbare „Pfanneholz" gestellt. Inzwischen war es sieben Uhr. Zeit zum Morgenessen! Mit dem Ruf „zum Easse ku" „hoat ma schu zum Esse ghäret" (den Leuten gerufen, dass sie zum Essen kommen sollen). Sie kamen gleich, sie hatten Hunger und wussten, dass man schnell kommen musste.

Rund ums Essen

Sobald alle am Tisch versammelt waren, wurde mit dem Morgenessen begonnen. Doch halt! Zuerst wurde noch gebetet; wie bei jeder anderen warmen Mahlzeit auch. In manchen Familien betete man im Stehen; in einem Halbkreis vor Tisch und Herrgottswinkel versammelt. Bei anderen durfte man sitzen. Der Hausherr oder die Hausherrin bekreuzigte sich im Namen des Vaters und des Sohnes und des Heiligen Geistes und fing an zu beten: „Himmlischer Vater! Wir bitten Dich, segne uns allzeit Speis und Trank, die wir von Deiner großen Güte empfangen werden. Herr, gib uns Gnade und Gedeihen dazu, dass wir alles zu deiner Ehre und zu unserer Wohlfahrt gebrauchen mögen und von Deiner Liebe nimmermehr geschieden werden, durch Jesum Christum, unseren Herrn." Es folgte ein Vaterunser mit „Ehre sei dem Vater, dem Sohn und dem Heiligen Geiste. Wie es war im Anfang so jetzt und allezeit und in Ewigkeit. Amen."

Warten auf das Mittagessen – um 1962

Jetzt konnte mit dem Essen begonnen werden. Jeder hatte einen Suppenlöffel bekommen, aber kein Messer und auch keine Gabel. Diese Dinge wurden nicht gebraucht. Mit dem Löffel wurde in stetem Wechsel mal ein „Schub" (ein Löffel voll) Ralle- oder Grießmus aus der Pfanne und dann ein Löffel voll „Kafee" und „Kafeebrocke" aus der „Kafeeschissl" geholt und zum Mund geführt. Während des Essens wurde nur wenig geredet; jeder hatte seinen Mund voll. Es gab auch Zeitgenossen, die mit dem Löffel in das Mus auf ihrer Seite eine Vertiefung machten und dahin eine Rinne durch das Mus zogen, damit sich das Butterschmalz sammeln konnte und sie mehr davon bekommen würden. Die andern haben dieses Vorhaben mit Argwohn beobachtet und mit Schadenfreude durchkreuzt. Wer schnell und vor allem heiß essen konnte, erwischte immer einen größeren Anteil. Auf größeren „Burehöf" (Bauernhöfen) hielt man meistens mehrere Knechte oder Mägde. Ich fragte einen alten Onkel, der in seinen „jungen Jahren" als Knecht im württembergischen Oberland gearbeitet hatte, warum er so heiß essen könne? Worauf er erwiderte: „Dös hoat man schu glearnet, wenn ma viel a fremda Plätz gsi ischt!" (Wer viel an fremden Tischen gesessen hat, hat das schon gelernt).

Es dauerte nicht allzu lange und die Schüsseln oder Pfannen waren leer und sauber ausgekratzt. Überhaupt, Schüsseln und Pfannen wurden auch beim „Mittagessen" fast immer leer gegessen. Es wurde nicht mehr gekocht, als man essen konnte. Die Hausfrauen hatten ihre Erfahrung und wussten schon, wie viel in etwa gebraucht wurde. Und sollte es doch einmal mehr gewesen sein, dann hat sich bestimmt einer „geopfert" und die Schüssel leer gemacht. Die Spülerin war froh, wenn Teller und Schüsseln leer gegessen wurden. Wer dann noch Hunger hatte, machte sich nochmals Brocken in seinen Kaffee. Die Kaffeekanne wurde nie ganz leer gemacht. Da sich das damalige Kaffeepulver nicht ganz auflöste, ließ man immer etwas Kaffee mit dem Bodensatz in der Kanne übrig. Das machte aber nichts aus. Dieser Rest, „Häfelar" genannt, wurde nicht etwa weggeschüttet, sondern das nächste Mal beim „Kaffeemache" mit Kaffeepulver ergänzt und nochmals aufgekocht. Nach zwei bis dreimaligen Aufkochen war aus dem Kaffeepulver wirklich nicht mehr herauszuholen und der Rest wurde schließlich entsorgt.

Sobald man mit Essen fertig war, wurde der Tisch „abgrummet und abbutzet" (abgeräumt und abgewischt). Zum Spülen holte man in der „Spülschüssel" heißes Wasser aus dem Wasserschiff des Herdes. Das wenige Geschirr war bald „gspült, abtricknet und koltet" (gespült, abgetrocknet und verstaut). In manchen Häusern wurden die Esslöffel nach dem Gebrauch mit der Zunge abgeleckt und in eine für diesen Zweck unter der Tischplatte angebrachte Lederlasche gesteckt. Weil jeder bei Tisch immer den gleichen Platz einnahm, bekam er bei der nächsten Mahlzeit den gleichen (seinen) Löffel. Nach dem Essen wurden noch kurz einige Neuigkeiten, die man beim „Millfurtdu" (Milch weg bringen) „innawore hoat" (erfahren hatte), erzählt und über Dinge, die man heute erledigen wollte, gesprochen. Mit einem Dankgebet wurde die Mahlzeit beendet: „Himmlischer Vater! Wir danken Dir, dass Du uns unwürdige Menschen gespeiset und deiner göttlichen Gnade teilhaftig gemacht hast. Lob und Ehre sei dir, o Gott im Himmel, Friede den Menschen auf Erden, Gnade unseren Wohltätern, die ewige Ruhe allen verstorbenen Christen und nach diesem vergänglichen Leben zukomme uns die ewige Freude und Seligkeit. Amen." Es folgte ein Vaterunser, danach je ein weiteres für die „Armen Seelen im Fegfeuer", zu Ehren des Tagesheiligen, um eine gute Sterbestunde und für die Verstorbenen aus der Verwandtschaft. Danach standen alle auf und gingen unverzüglich ihrer Arbeit nach.

Die einen in den Stall, um mit Striegel und Bürste das Vieh zu putzen und alles fertig zu machen. Die Hausfrau verstaute das Geschirr, schaute nach dem Feuer und machte Herd und Küche sauber. Auch die Stube musste aufgeräumt und gekehrt werden. Die über Nacht an der Ofenstange gehangene Wäsche war trocken und musste zusammengelegt und verräumt werden. Im Schlafzimmer und in den Kinderzimmern mussten die Betten aufgeschüttelt und gemacht, die Nachtgeschirre geleert und gereinigt werden. In dem Büchlein „Die Pflichten eines Dienstmädchens" aus dem Jahre 1903 ist zu lesen: „Wenigstens einmal in der Woche wird solches Geschirr mit heißem Wasser ausgewaschen". Dann richtete sie Flickarbeit her; Hosen, Schürzen mussten geflickt und Socken gestopft werden, doch schon bald war es 10.00 Uhr. Höchste Zeit, um das Vesper (Brotzeit) herzurichten. Es gab meistens: Brot, Butter, Käse, „Gsälz" (Marmelade), seltener Schwartenmagen oder Leberpressack, im Sommer auch geschnittene Rettich. Außer einem Messer gab es kein Geschirr. Die Brotscheiben wurden auf die Tischplatte gelegt, mit Butter bestrichen, mit Käse oder Wurst belegt und mit der Hand gehalten und gegessen. Brot, Butter, Emmentaler oder Backsteinkäse konnte jeder nach Belieben von einem größeren Stück abschneiden. Zu Trinken gab es im Winter meistens Hagebutten-, Lindenblüten- und Kamillentee, Most, Wasser mit Saft, Milch. Im Sommer manchmal „Heibarbier" (dünnes helles Bier). Nach und nach sind alle eingetroffen. Beim Vespern ging es etwas lockerer her. Es konnte angefangen werden, ohne Rücksicht ob alle bei Tisch waren oder nicht. Wer mit Vespern fertig war, konnte seiner Arbeit nachgehen.

Nach der □rotzeit fing die Hausfrau bereits an, Vorbereitungen für das Mittagessen zu treffen. Aus dem Keller holte sie einen Hafen voll Kartoffeln. Diese wurden gewaschen und im „Grumbre Hafe" zum Sieden auf den Herd gestellt. Der „Grumbre Hafe" war ein besonderer Topf und hatte am Boden viele kleine, runde Löcher, durch die der Wasserdampf eindringen konnte. Nach etwa einer guten Stunde waren die

Kartoffeln gesotten. Damit das Wasser abtropfen konnte, nahm man den Hafen aus der Pfanne und stellte ihn in die Spüle. Schließlich wurde der Hafen mit den Kartoffeln an einem trockenen Platz in der Küche abgestellt und dort holte man gekochte Kartoffeln, wann immer man sie brauchte. Sobald sie aufgebraucht waren, wurde die nächste Ladung gekocht, so dass immer gekochte Kartoffeln im Hause waren. Kartoffeln wurden jeden Tag gebraucht: gekocht, gebraten und frittiert, als Pellkartoffel, Salzkartoffel, Kartoffelpüree, Kartoffelsuppe, Kartoffelknödel, Kartoffelsalat usw. Kartoffeln haben viele Vitamine und Mineralstoffe. Der Kaloriengehalt ist nicht besonders hoch und doch haben Kartoffeln einen guten Sättigungswert, weil die Stärke nur langsam abgegeben wird.

Bald nach der Entdeckung Amerikas (1492) kam die Kartoffel aus Bolivien nach Europa. Sie blieb lange Zeit unbeachtet, ja, sie wurde sogar verschmäht. Der preußische König, Friedrich der Große, hat 1756 in seinen Landen den Anbau von Kartoffeln zur Pflicht gemacht. Nur allmählich setzte sich die Kartoffel durch. Im Westallgäu wurde sie etwa um 1780 erstmals angebaut. Wegen ihrer Unempfindlichkeit gegen Witterungseinflüsse und dank ihren großen Erträgen wurde in der Folgezeit die Versorgung der Bevölkerung mit Nahrungsmitteln bedeutend verbessert. Wie eingangs schon erwähnt, gab es bei jedem Mittagessen irgendeine Suppe; sonntags oftmals sogar eine Rindfleischsuppe mit Knödeln oder ein Voressen (Kuttelsuppe). Beim Mittagessen hatte ein jeder Teller, Löffel, Messer und Gabel. Der gleiche Teller wurde für Suppe, Hauptgericht und Nachtisch verwendet. Als Hauptgericht gab es wochentags meistens Mehlspeisen: Käs-, Kraut- und Äpflspätzle, Schupfnudeln mit Kraut, Schlifarnudla, Kraut- und Äpfelkrapfen, Kartoffelgerichte, Grieß- und Reisauflauf mit Äpflmus oder Äpflschnitz u.a.m. Zum Abendessen wieder heißen Kaffee mit Brotbrocken und meistens „gröschte Grumbra" (Bratkartoffeln) oder „Brenntar mit gröschte Grumbra", Mehlstopfar, Grießstopfar, Maisstopfar.

Auf einem Bauernhof im Unterland gab es beim Mittagessen Küchle, die allen gut schmeckten, auch dem Bauern. Urplötzlich hörte dieser auf zu essen in der Hoffnung, dass noch etwas übrig bleiben würde. Nun war es damals guter Brauch, dass wenn der Bauer mit Essen aufhörte, es die anderen ihm gleichtun sollten. Diese hatten aber noch Hunger und machten weiter. Schließlich wurde es ihm doch zu dumm und mit der Bemerkung „wenn schu alls gfresse sei muss mach i grad au wieder mit" beteiligte er sich wieder am Mittagstisch.

Gartenarbeit

Eine der wichtigsten und notwendigsten Arbeiten war in jedem Frühjahr das Herrichten des Gartens, denn die Erzeugnisse aus dem Gemüse- und Beerengarten waren Bestandteil der täglichen Ernährung im Sommer und kosteten, weil man die Arbeit selbst machte, nur wenig. Bei Neuanlage eines Gartens suchte man nach Möglichkeit einen windgeschützten Platz an einer sonnigen Südseite. Da der Garten in der Nähe des Wohnhauses liegen sollte, war es nicht immer einfach, einen geeigneten Platz zu finden. Irgendetwas musste man täglich aus dem Garten holen und wenn es bloß Schnittlauch war, den man zur Geschmacksbereicherung und zur Dekoration für die Suppen brauchte, denn eine Suppe gab es bei jedem Mittagessen. Sie sollte den ärgsten Hunger stillen und die hungrigen Mägen füllen, damit beim Hauptgericht nicht mehr so viel gebraucht wurde. Noch vor gut 50 Jahren gehörte zu jedem landwirtschaftlichen Anwesen und in ländlichen Gebieten auch fast zu jedem Haushalt ein Garten. Obwohl in den Gärten die Erzeugung von Beeren und Gemüse den Vorrang hatte, wurde immer auch ein Beet mit Blumen angelegt; auch einige Kräuter sowie ein Stock mit Bergwurz und Rhabarber fehlte fast in keinem Garten. Ein schmucker, gepflegter Garten mit einem schönen „Gartesziag" (Gemüse und Blumen) war der Stolz einer jeden Hausfrau. Wenn man beim Einkaufen oder auf dem Kirchweg mit anderen an einem Garten vorbeiging, wurde immer ein Blick in den Garten geworfen und das Gesehene kurz kommentiert.

Bäuerinnen legen einen Garten neu an – um 1936

Die meisten Gärten hatten eine Größe von 50 bis 100 Quadratmetern. Sie mussten eingezäunt werden, um das Vieh und vor allem die damals noch frei herumlaufenden Hühner fernzuhalten. Viel Arbeit und auch Geld wurde investiert, um die Gärten stabil und dekorativ zu machen. Es gab einfache Gärten, die nur mit einem Maschendrahtzaun versehen waren, aber auch aufwändige mit gemauerten und verputzten Fundamenten. An den Ecken und in der Mitte standen massive Beton- oder Eisensäulen mit Haken an den Seiten, an die man die Gartenzäune einhängen konnte. Es gab früher viele schöne und aufwändige Zäune aus Schmiede- oder Gusseisen, die mit Ornamenten und Blumen dekoriert waren.

Spielende Kinder vor einem Gartenzaun in Hopfen um 1940

Sie waren beliebt, obwohl sie in der Anschaffung teuer waren, doch wer sie pfleglich behandelte und alle paar Jahre mit neuer Farbe anstrich, konnte sich lange Jahre daran erfreuen. Regen und Schnee konnten ihnen nur wenig anhaben und so wurden sie oft über den Winter im Freien gelassen. Die meisten dieser Zäune werden in den Jahren vor dem 1. Weltkrieg hergestellt worden sein. Leider sind viele von ihnen zu Beginn des 2. Weltkrieges den Alteisensammlungen der Rüstungsindustrie geopfert worden. Die wenigen, die die damalige Zeit überlebt haben, sind in der Zwischenzeit aus Altersgründen entsorgt worden. Man findet heute nur noch wenige Exemplare. Schade!

Wer einen eigenen Wald hatte, machte einen Zaun aus Latten, runden oder halbrunden Stangen, die oben zugespitzt waren. Ein Zaun aus Latten, zumal wenn sie eng aneinander genagelt waren, bot auch einen sehr guten Windschutz. Durch das „Gartestörle" (Eingangstüre) ging es in den Garten. Im Innern waren viele verschieden lange Beete mit einer Breite von 1,00 bis 1,20 Meter angelegt worden. Sie durften nur so breit sein, dass man sie von beiden Seiten her gut bearbeiten konnte und beim Jäten oder Pflanzen nicht in die Beete treten musste. Die Randbeete (Rabatten) waren etwa 60 cm breit. In den Hauptweg, der von der Türe mitten durch den Garten ging und etwa 80 cm breit war, mündeten die Seitenwege, die etwa 60 cm breit waren. Die Beete lagen immer etwa 10 bis 15 cm höher als die Wege. Das hatte den Vorteil, dass man sich bei Pflegearbeiten nicht so stark bücken musste und bei starken Regenfällen das Wasser nicht in den Beeten stand. Die Beete waren mit Schwärtlingen, Steinplatten, Flusssteinen, alten Ziegelsteinen und auch mit Biberschwänzen (Dachplatten) eingefasst. Auch die Wege mussten befestigt werden. Wer wollte denn bei Regenwetter „Gmies" (Gemüse) holen und durch lehmigen, schmierigen Boden laufen? Auch das Hereinschieben von Stalldung, Kompost, Humuserde mit einer eisenbereiften Schubkarre oder mit einer „Lachebähre" ging leichter, wenn der Weg bekiest oder gepflastert war. Nach Möglichkeit sollte auch ein Brunnen mit laufendem Wasser im Garten oder wenigstens in der Nähe sein.

Eine Bäuerin geht in den Garten – um 1940

Im Spätherbst wurde der Garten umgegraben und Komposterde, verrotteter Stallmist, Kalk und Holzasche mit eingegraben. Auch die Beerensträucher wurden damit versorgt. Das Umgraben der Gartenerde war eine schwere Arbeit, so durften auch die Männer zuweilen mithelfen. Im Frühjahr sah man die Frauen in den Gärten mit Hauen, „Häkele" und Rechen die Beete für die Bepflanzung vorbereiten. Die meisten

Gemüsesorten lieben lockere, humose Böden, ganz besonders die Knollengewächse und die Hülsenfrüchte.

Wer die jungen Pflänzchen nicht kaufen wollte oder konnte, machte ein Frühbeet und zog die Pflänzchen selbst heran. Das Frühbeet war meistens an einer Süd- oder Westseite eines Hauses oder Stadels, unter einem Vordach, untergebracht. Es war etwa 2 Meter lang und 70 cm breit. Das Beet war nach Süden oder Südwesten geneigt, damit die Frühjahrssonnenstrahlen fast rechtwinklig einfallen konnten. Da die Wärme auch von unten kommen sollte, wurde eine dicke Schicht Pferdemist 30 cm tief in die Erde eingegraben und festgetreten. Darüber kam eine Lage mit guter Erde. Um das Beet gut zu isolieren, war es außen herum mit dicken Bohlen eingefasst und oben mit alten „Vorfenstern" abgedeckt. In dieses Beet wurden schon im zeitigen Frühjahr gekaufte Samen ausgesät und junge Pflänzchen für Salat, Wirsing, Mangold, Kohlrabi u. a. m. herangezogen. Manche setzten in das Frühbeet Salatpflänzchen, die sie im Nachwinter in Blumentöpfen in der warmen Stube herangezogen hatten. Wenn sie Glück hatten, konnten sie bereits Mitte April Kopfsalat ernten.

Bei einem Kälteeinbruch wurden die Vorfenster zusätzlich noch mit alten Decken abgedeckt. Wenn es eine größere Menge schneite, musste man noch Bretter darüber legen, damit der schwere Schnee die Scheiben nicht eindrückte. Unter einer dicken Schneedecke erfroren die jungen Pflänzchen nicht, denn Schnee ist ein gutes Isoliermaterial. Sobald sich das Wetter besserte, wurde der Schnee entfernt, dass die Sonnenstrahlen wieder einfallen konnten. Bei warmem Wetter wurden die Fenster hochgestellt oder entfernt, damit sich die Luft austauschen konnte. Sobald die „Eismänner" und auch die „kalte Sophie" (15.05.) vorbei waren, wagte man es, die Pflänzchen aus dem Frühbeet ins Freiland zu setzen. Wenn die Gefahr von Nachtfrösten vorbei war, wurden auch Gelbe Rüben gesät, Bohnen und „Kichra" (Erbsen) gesteckt. Wenn es zu trocken war, musste man gießen. Ansonsten ließ man jetzt alles wachsen – die Heuernte hatte Vorrang.

Sonstige Arbeiten

Nun war es aber nicht so, dass sich die junge Bäuerin nur ums Kochen, den Haushalt und den Garten zu kümmern hatte, nein, da gab es noch eine ganze Menge von anderen Arbeiten in einem landwirtschaftlichen Betrieb. Solange noch kein Nachwuchs da war und die Eltern oder Schwiegereltern wegen körperlichen Beschwerden nicht mehr recht mitschaffen konnten, musste die junge Frau bei den meisten Arbeiten, die in der Landwirtschaft anfallen, ihrem Mann zur Seite stehen. Selbst in einem kleinen landwirtschaftlichen Betrieb gab es viele Arbeiten, die von einer Person allein nicht bewältigt werden konnten. Das fing schon bei der täglichen Stallarbeit an. Im Winter hatte man im Stall mehr Arbeit als im Sommer, denn die Tiere mussten im Stall gefüttert werden. Im Sommer trieb man sie auf die Weide und dort konnten sie sich das Gras selbst holen. Aufgestanden wurde morgens gegen 5.00 Uhr; im Sommer bei schönem Wetter auch früher. Die Stallarbeit im Winter sah ungefähr so aus: zweimal täglich die Ställe (Kuh-, Schweine- und Pferdestall) ausmisten, die Barren ausräumen (sauber machen), die Tiere füttern und melken, die Milch zur Sennerei bringen, die Viehherde sauber striegeln und bürsten, frisches Wasser in die Barren lassen, alles sauber zusammenkehren, frische Einstreu verteilen und einiges mehr.

Die Tiere erhielten bei jeder Mahlzeit (morgens und abends) jeweils zwei Portionen Dürrfutter. Zuerst einen „Wisch" Heu und wenn sie diesen aufgefressen hatten, einen „zweiten Wisch", diesmal Ohmad. Doch zuvor gab man ihnen noch etwas Kraftfutter in die sauber ausgeputzten Barren. Je nach Milchleistung bekamen sie eine oder auch zwei „Hompfla" (Handvoll) „Miet" und wöchentlich einmal ein wenig „Veahsolz" (Viehsalz). In einem Eimer hatte man eine Mischung aus „Grisch" (Kleie) und Futtermehl zusammen gemischt. Sobald sie die Miet aufgeschleckt hatten, brachte man ihnen die Heurationen aus der Scheune. Schon am Vortag hatte der Bauer in der Scheune Heu und Ohmad aufgeschüttelt und auf zwei verschiedenen Haufen hergerichtet. Nun gingen die beiden Bauersleute miteinander in die Scheune, um Futter zu holen. Ihr Mann nahm mit bloßen Händen einen Büschel Heu von einem Heuhaufen, drückte und drehte ihn zu einem festen „Wisch" (Bündel) zusammen. Diesen drückte er seiner Frau, die schon darauf wartete, in die offenen Arme. Sie nahm ihn, presste ihn fest an sich und trug ihn in den Stall zu den Kühen. Da man früher noch keine Futtergänge hatte, musste sie sich mit dem Heuwisch von hinten kommend durch die dicht beisammen stehenden Tierleiber drängen, um zur Futterraufe oder zum Barren zu gelangen. Endlich dort angekommen steckte sie die Futterration von oben in die Raufe oder in den Barren. Dann holte sie den nächsten Wisch, mit dem ihr der Mann meistens schon entgegenkam. Ein Tier nach dem anderen bekam einen Wisch. Immer schön der Reihe nach, bis alle eine Portion erhalten hatten.

Der Weg von der Scheune in den Stall war nicht gefährlich, doch auch nicht ganz harmlos. Mit dem Heubündel vor der Brust konnte sie nicht genau sehen, wo sie hintreten musste. Dazu kam, dass die Stallgänge sowie die Liegeflächen der Tiere oft nass und glitschig oder mit frischem Kot verschmutzt waren. Wenn sie mit dem Heuwisch kam und zwischen den Tieren durchgehen wollte, sprangen diese meistens nervös „rumm und numm", wedelten mit ihren Schwänzen wild in der Luft herum und machten nur widerwillig Platz. Mit den mehr oder auch weniger sauberen Schwanzhaaren bekam sie gar oft einen Backenstreich oder sie verwickelte sich in den beweglichen „Schwanzspäge" (Schwanzschnüren), mit denen die Schwänze der

Tiere aufgebunden waren, damit diese sauber blieben. Im Vorwinter, solange die Scheune noch voll mit Heu war, war der Weg in die Scheune kurz. Im Laufe des Winters wurde der Heustock zunehmend kleiner und die Wege immer länger, bis schließlich im Frühjahr das Futter aus der hintersten Ecke der Scheune geholt werden musste. Jedes Tier erhielt täglich vier Wische Futter. Das sind bei fünfzehn Tieren sechzig Gänge pro Tag. So oft musste die Bäuerin täglich den Weg vom Stall zur Scheune und zurück machen. Bei einer größeren Herde entsprechend öfter.

Wenn alle Tiere den „ersten Wisch" hatten und auch das Pferd versorgt war, fing man mit Melken an. Zuerst musste das Melkgeschirr hergerichtet werden. Die Milchkanne, das Milchsieb und die Melkeimer wurden zwischen den Melkzeiten nicht im Kuhstall, sondern auf einem Gestell im Schopf oder draußen an der frischen Luft verstaut. Kurz vor dem Melken wurde es hereingeholt.

Besuch im Kuhstall beim Melken

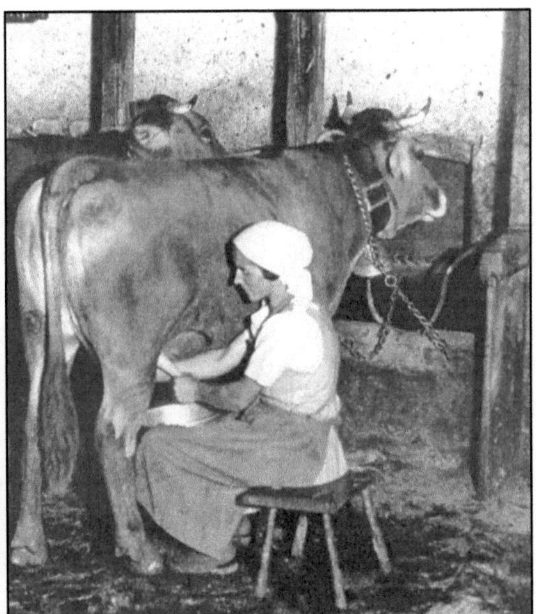

Bäuerin beim Handmelken um 1930

Gemolken wurde „von Hand." Beim Melken saß die Melkerin entweder auf einen vierfüßigen „Melkstuhl" oder auf einem „Uifüßlar" (Einfüßler), der, wie der Name schon sagt, nur einen Fuß hatte und mit einem Strick oder Lederriemen um den Bauch gebunden wurde. Mit der Stirne, die sie mit einer „Stallkappe" (Mütze) oder einem Kopftuch gegen Schmutz und Staub geschützt hatte, lehnte sie sich an die rechte Flanke der Kuh, die sie melken wollte. Nun nahm sie einen Lappen oder ein feuchtes Tuch und reinigte und massierte damit das Euter der Kuh. „Wepfe" sagte man dazu

30

im Dialekt. Sobald die Milch eingeschossen war, holte sie den „Melkkübel" (Melkeimer), den sie auf dem Stallgang schon bereitgestellt hatte und klemmte ihn zwischen ihre „Füße" (Beine).

Nun umfasste sie mit jeder Hand eine Zitze und beginnend mit Zeige-, dann Mittel-, Ring- und kleiner Finger wurde die Hand zur Faust geballt. Mit „fuste" (Faust melken), so nennt man diese Melkmethode, wird die Milch in den Zitzen von oben nach unten mit einem festen Strahl aus der Zitzen Öffnung gepresst. In einem steten Wechsel einmal mit der linken Hand und dann mit der rechten Hand und kraftvollem Schließen und Öffnen der Hand wird die Kuh von Hand gemolken. Nach etwa acht bis zehn Minuten Arbeit war das Euter leer und etwa fünf bis acht Liter Milch im Eimer. Etwa 800 bis 1000 Mal musste sie die Faust öffnen und gleich wieder schließen. Manche Kühe waren leicht zu melken und hatten einen dicken Strahl, andere dagegen hatten einen dünnen Strahl und waren zäh zu melken. Bei diesen dauerte der Melkvorgang auch wesentlich länger. Weil dazu mehr Kraft erforderlich war, wurden solche Kühe meistens von „Mannsbildern" (Männern) gemolken. Dagegen ließen sich sensible Kühe leichter von Frauen melken. Dann gab es auch wieder Kühe, die sehr empfindsam waren und wegen irgendwelcher Umstände ihre Milch zurückhielten. Schimpfe oder gar Schläge halfen in solchen Fällen überhaupt nicht. Am besten bewährten sich gute Worte, Ausdauer und viel Geduld.

Im Frühjahr, wenn die Tiere nach den langen Wintermonaten, die sie in den Ställen verbringen mussten, wieder auf die Weide getrieben wurden, bekamen sonnenempfindliche Kühe bei schönem, sonnigem Wetter oftmals einen Sonnenbrand an ihren Eutern. Andere holten sich Verletzungen an den Zitzen, weil sie durch dorniges Gestrüpp gelaufen oder einem Stacheldrahtzaun zu nahe gekommen waren. Das Melken von Kühen mit wunden Eutern wurde meist recht problematisch. Äußerste Vorsicht und schonendste Behandlung waren angesagt. Jede unsanfte Berührung konnte ihnen einen stechenden Schmerz verursachen. Ihre Reaktionen erfolgten in der Regel sofort; ein plötzlicher, kräftiger Schlag mit einem Hinterfuß und Melker oder Melkerin samt Melkeimer landeten unsanft auf dem Stallgang. Mit etwas Melkfett und noch größerer Vorsicht wurde ein zweiter Versuch unternommen. Eine zweite Person musste dann helfen und die Tiere am Kopf festhalten und ihnen gut zureden. Oft waren einige Versuche notwendig und viele Schweißtropfen gingen verloren, bis die Euter schließlich leer waren. Die Tiere mussten auf jeden Fall gemolken werden, sonst wäre es zu Euterentzündungen gekommen; man konnte nicht warten, bis die Verletzungen abgeheilt waren. Nach dem Melken wurden die entzündeten Stellen mit Salbe eingeschmiert.

Schumpen saufen Wasser aus einer Blechgelte – bei Stiefenhofen um 1950

Handmelken ist Übungssache, aber es gehört auch Kraft und Ausdauer dazu. Wer diese Arbeit nicht gewohnt war, bekam bald Schmerzen in den Händen und Unterarmen. Bei einem guten Melker und einer leicht melkbaren Kuh schäumt die Milch im Eimer beim Melken. Nicht umsonst fragten manchmal Viehhändler, wenn sie während der Melkzeit zu einem Bauern in den Kuhstall kamen: „Schummet as?" (schäumt es). Was heißen sollte „habt ihr gute Kühe, geben sie viel Milch?" Bei einem „Stropsar" (schlechter Handmelker) gab es beim Melken keinen Schaum.
Um zwölf Kühe zu melken, brauchten zwei mittelmäßige Melker etwa eine Stunde. Ein geübter Melker kann auch acht Kühe in einer Stunde melken! Sobald eine Kuh gemolken war, wurde der Melkkübel zur Milchkanne getragen und die Milch durch einen „Sehnar" (Sieb) in die Kanne geschüttet. Ein Westallgäuer Landwirt von mittlerer Größe hatte vor fünfzig Jahren etwa zehn bis zwölf Milchkühe. Gut die Hälfte davon hat der Bauer meistens selbst gemolken, die Bäuerin die restlichen. Wo man

32

Kinder hatte, mussten diese schon im kindlichen Alter von etwa acht Jahren beim Melken mithelfen, wenigstens „wepfe" (die Euter der Kühe vorbereiten). Dafür brauchte man pro Kuh etwa ein bis zwei Minuten. Jede noch so kleine Hilfe war während der „strengen" (arbeitsreichen) Sommermonate willkommen. So konnten die Eltern dank der Mithilfe von Kindern allein schon beim Melken von 10 Kühen pro Melkzeit etwa fünfzehn wertvolle Minuten einsparen. Zeit, die sie für andere Arbeiten nutzen konnten.

An heißen, schwülen Tagen im Hochsommer war die abendliche Stallarbeit nicht immer ein Vergnügen. In der Hitze des Stalles flog viel „aufdringliches", blutrünstiges Ungeziefer herum. Die „Bremsen" setzten Tieren und Menschen gleichermaßen zu. Während die Tiere mit „Schwonze" (Wedeln mit den Schwänzen) und „Gingge" (Schlagen mit den Beinen) die Biester vertreiben konnten, waren ihnen die Melker ausgeliefert. Sie brauchten ihre beiden Hände zum Melken und mussten die Qualgeister erdulden. Bei den tierischen Abwehraktionen wurden nicht nur die lästigen „Bremsen" verscheucht, sondern oft auch die Melker getroffen.

In der Nachkriegszeit gab es einen großen Frauenüberschuss, denn viele Männer waren im Krieg geblieben. Eine schon etwas ältere, aber resolute Jungfrau konnte deshalb keinen ihr zusagenden Partner finden und verdingte sich in einem Kloster. Da sie den Umgang mit Kühen und Pferden gewohnt war, wurde sie dort als Stallmagd eingestellt. Beim Melken an einem heißen Sommertag waren die Fliegen und Bremsen wieder einmal besonders angriffslustig. Die Magd versuchte das lästige Ungeziefer mit Kraftausdrücken und Flüchen zu verscheuchen. Daraufhin wurde sie von einer Schwester ermahnt, dass sich Fluchen an diesem Orte nicht zieme. Worauf sie gereizt erwidert habe: „Herrgott, denn melket halt eire Hura sell!" (Herrgott, dann melkt eben eure Viecher selber!).

Weniger Probleme mit dem Ungeziefer gab es in Ställen, wo Schwalben ihre Nester hatten und die Schwalbeneltern ihre Brut mit Fliegen und Ungeziefer fütterten. Das brachte beiden Seiten Vorteile: die Vögel hatten kurze Wege zum Futterholen und die Menschen weniger Ungeziefer. In manchen Ställen flogen bis zu zehn Schwalben gleichzeitig durch die Räume. Wichtig war, dass stets eine Fensterluke offen stand, damit die Vögel ungehindert aus- und einfliegen konnten. Mit sinkenden Temperaturen im Herbst wurde das Ungeziefer weniger, ebenso die Schwalben, sie bereiteten sich vor auf den Flug nach Süden. „An Maria Geburt (8. September) fliegen die Schwalben furt."

Im Winter hatte man zwar keine Probleme mit dem Ungeziefer, dafür aber andere. Man legte früher großen Wert auf die Abkalbezeit der Kühe. Sie sollten nach Möglichkeit in den Monaten November, Dezember ihre Kälber zur Welt bringen. Denn nach dem Kalben geben sie einige Wochen lang viel Milch und im Frühjahr, wenn sie auf der Weide frisches, junges Gras zu fressen bekommen, gibt es nochmals eine Steigerung ihrer Milchleistung. Somit hatte man zwei Perioden, in denen sie viel Milch gaben. In den 1950er Jahren züchtete man Tiere mit einem großen Rahmen und einem breiten Becken, das genügend Platz für ein großes Euter bieten sollte. Doch damit kam es bald zu Schwierigkeiten beim Kalben. Die Becken der Muttertiere erwiesen sich oft als zu schmal für die breiten, sperrigen Nachkommen und das „Kälbern" wurde schwierig. Oftmals mussten sämtliche Familienmitglieder im Kuhstall bei der Geburt eines Kalbes beim Ziehen helfen. Wenn nicht genug eigene Kräfte zur Verfügung standen, wurden auch Nachbarn um Hilfe gebeten. Die Tierärzte hatten alle Hände voll zu tun und waren auf die Schnelle nicht zu erreichen. Nur die wenigsten hatten ein eigenes Telefon. Manchmal kam jedoch jede Hilfe zu spät und die Tiere mussten notgeschlachtet werden, damit wenigstens das Fleisch noch verwendet werden konnte. Nach diesen schlechten Erfahrungen wurde das Zuchtziel bald geändert.

Die neugeborenen Kälbchen wurden nach der Geburt mit trockener Streue abgerieben und für die ersten paar Stunden in eine Kälberkiste, die mit Streue ausgepolstert war, gelegt. Dort konnten sie ihre Stehversuche üben, was den meisten schon nach wenigen Minuten gelang. Die jungen Kälble ließ man nur in ganz seltenen Fällen an der Mutter saugen. Die „Kälberküh", wie man sie nannte, wurden bald danach gemolken und die Kälbchen mit der ersten Milch „der Büstmill" getränkt. Eimer mit Gummisaugern, wie man sie heute kennt, gab es früher nicht. Man steckte dem Kälbchen einfach einen Mittelfinger ins Maul, er musste die Zitze der Mutter ersetzen.

Hier werden die Kälbchen mit einer Flasche getränkt – um 1950

Ausgestattet mit einem guten Sauginstinkt begannen die Kälbchen auch gleich an dem gereichten Finger zu „notschle" (saugen). Wenn nun das „Kälble" eine geraume Zeit an dem Finger gesaugt hatte, drückte man ihm mit der anderen Hand behutsam die Nase in den Eimer mit der „kuhwarmen" Milch. Manche Kälbchen kapierten gleich und fingen an zu saufen, andere dagegen waren widerspenstig und wollten ihren Kopf nicht in die Milch stecken. Doch mit Geduld und sanftem Zwang haben es nach ein–zwei Tagen auch die dümmsten Kälber „v'rlickerlet" (kapiert). Kälbchen haben spitze Zähne. Auch wenn sie nicht beißen wollten, so haben sie aber wegen ihres störrischen Verhaltens demjenigen, der sie tränken musste, manchen Biss und manchen Riss in den Fingern verursacht. Diese Bisse waren nicht tief, aber doch schmerzhaft, besonders dann, wenn die Kälbchen mit ihren Zähnen immer wieder an die gleichen Stellen kamen. Sobald die Kälbchen gut stehen konnten, wurden sie aus der Kiste genommen und mit einem Strick an einen Futterbarren, an dem meistens schon ein paar andere standen, angebunden. Es war immer ein schönes Bild, wenn die Kälbchen nach dem „Tränken" friedlich nebeneinander im frischen Stroh lagen.
Gleich nach dem „Melken", musste die Milch in die örtliche Sennerei geliefert werden.

„Molkekarre" vor der Sennerei Stiefenhofen um 1935

Die nahe bei der Sennerei wohnenden Bauern hatten es einfach, sie stellten ihre Milchkannen im Sommer auf einen Schubkarren oder „Millkarre" und im Winter auf den „Hornarschlitte" und schoben oder zogen sie noch im „Stallhäs" (in der Stallkleidung) zum „Sennlokal." Die „auswärtigen Bauern" hatten mehr vorzubereiten: sie mussten die Pferde füttern und putzen, sich waschen und „gricht mache" (umziehen), den Milchwagen oder Milchschlitten herrichten und die Milch vom Stall auf das Gefährt „aufladen." Die früher üblichen, bauchigen Milchkannen mit 60 oder 80 Litern Fassungsvermögen konnte ein Mann alleine kaum auf den „Millwage lupfe" (auf den Milchwagen heben); meistens musste ihm seine Frau dabei helfen. Sollte es über Nacht geschneit haben, waren die Stalltüre sowie der Weg bis zur Straße frei zu machen. Danach die Pferde anschirren und einspannen. Rossdecke und Kummetdecke durften nicht vergessen werden. Bei Dunkelheit hatte man eine brennende „Stall"-Laterne an das Fahrzeug zu hängen, damit man es sehen konnte.

Ein Bauer von Hopfen bringt die Milch zur Sennerei – um 1940

Zweimal täglich musste zur Sennerei gefahren werden, ohne geschlossene Fahrerka-
bine und ohne Rücksicht auf Wetter, Straßen- und Schneeverhältnisse. Der Fuhrmann
musste sich deshalb entsprechend anziehen. Bei Dunkelheit und Schneesturm war es
gut, wenn auch das Pferd den Weg kannte. An der Sennerei angekommen hieß es: das
Pferd anbinden, die Milch abladen, die Kannen ausleeren und die Milch wiegen, dann
die Milchkanne/n waschen und wieder aufladen. Am Abend mit der Hilfe eines Sennen oder eines Nachbarn das volle Molkefass aufladen und dann schnell wieder nach
Hause fahren.

Bäuerin „beim Molke hole" von der Sennerei Jungensberg – um 1940

Zuhause angekommen: das Pferd ausspannen, in den Stall bringen und füttern. Milchkannen und Fahrzeug verstauen. Sehr oft waren es die Frauen, die mit den Pferdefuhrwerken die Milch ins Sennlokal brachten. Dann konnte der Mann zuhause in der Zwischenzeit die Kälberkühe melken, die Kälbchen tränken und den Tieren den „zweiten Wisch", das Ohmad, geben. Sobald der Ehepartner am Morgen vom „Millfurtdu" wieder daheim war, gingen die beiden in die Küche, um das „Morgenessen" einzunehmen, das die Schwiegermutter schon vorbereitet hatte. Wie schon früher erwähnt, wurde vor und nach jedem Essen gebetet. Zu den üblichen Gebeten kam das „Morgengebet" hinzu:

> „O Gott! Du hast in dieser Nacht so väterlich für mich gewacht;
> Ich lob' und preise Dich dafür und dank' für alles Gute Dir.
> Bewahre mich auch diesen Tag vor Sünde, Tod und jeder Plag'!
> Und was ich denke, red' und tu, das segne, bester Vater, Du!
> Beschütze auch, ich bitte Dich, o heiliger Schutzengel, mich.
> Maria, bitt' an Gottes Thron für mich bei Jesus deinem Sohn.
> Der hochgelobt sei allezeit, von nun an bis in Ewigkeit. Amen"

Nach dem Essen räumte die Schwiegermutter den Tisch ab und spülte das Geschirr. Die „Jungen" gingen zurück in den Stall. Die Schweine mussten noch gefüttert und die Schweineställe neu eingestreut werden. Mittlerweile hatten die Tiere ihr Futter aufgefressen, sodass man die Barren säubern konnte, um frisches Wasser einlaufen zulassen. Während der Fütterung hatten die Tiere kein Wasser, so dass sie gleich gierig tranken. Selbsttränkebecken gab es früher nicht! Dann ging es ans „Veahputze". Im Winter wurden jeden Morgen, außer sonntags, sämtliche Tiere mit Striegel und Bürste sauber geputzt. Man legte größten Wert auf sauberes Vieh. Danach wurde der Stall nochmals sauber gemacht und den Tieren frische Einstreu gebracht. Schließlich wurde mit einem Reisigbesen alles zusammen gekehrt. Die Tiere legten sich und fingen schon bald mit „idrucke" (wiederkäuen) an. Die morgendliche Stallarbeit war getan. Der Mann ging nun in Tenne und Scheune, um das Futter (Heu und Ohmad) für die zwei nächsten Mahlzeiten aufzuschütteln. Seine Frau eilte ins Haus (in die Wohnung). Sie musste sich waschen und umziehen, die Betten mussten gemacht werden und gar bald war es Zeit, um das Vesper herzurichten. Etwa gegen 10.00 Uhr traf man sich in der Küche oder Stube zum „Vespre" (zum Brotzeit machen).

Danach suchte sich die Hausfrau irgendeine Näh- oder Flickarbeit. Während der Mann den Tag mit Schneeschaufeln, Schnee wegfahren, „Misthaufen verlegen" oder „Mist schlitten", Pfähle schälen, „Huize flicke" (Heinzen reparieren), Besen machen und Nägel „grad klocke" (gerade schlagen) verbrachte. Irgendeine Arbeit gab es auch im Winter immer zu tun. Ende Februar, Anfang März ging man in die „Obstbuind". Die meisten Höfe hatten einen Obstgarten, der gepflegt werden musste. Da waren die Baumkronen auszulichten, dürre Äste abzusägen und die Wasserschosse mit der „Bommschere" zu entfernen, damit mehr Licht in das Bauminnere konnte. Mit einem „Bommkratzar" wurden das Moos und die Flechten von Stämmen und dicken Ästen abgekratzt, danach die Stämme und dicken Äste mit weißer Kalkfarbe bestrichen. Mit dieser Maßnahme wurden die in der Rinde nistenden Insekten vernichtet. Die weiße Farbe verhinderte zudem eine zu starke Wärmeaufnahme der Obstbäume. Durch die intensive Sonneneinstrahlung im Monat März werden die Baumstämme an ihrer Südseite stark aufgeheizt und weil nachts die Temperaturen oft noch weit unter null Grad absinken, führt das zu Rissen in der Baumrinde. Das wollte man damit verhindern. Das „Bommkreas" (abgeschnittene Äste und Zweige) wurde aufgesammelt und nach Hause gefahren, die dicken Äste zersägt und zu Spreideln verarbeitet, aus dem dünnen Zeug „Buscheln" gemacht. Die Frauen waren bei solchen Arbeiten stets dabei.

Fast alle Bauern, auch die kleinen, hatten früher eine kleine Schweinehaltung. Und auch nicht alle Kälbchen konnte und wollte man „abinde" (aufziehen). So dass man zur Winterzeit alle paar Wochen „Kälble und Sua furtdu" (zum Schlachten geben) konnte. Kälber brachte man in einem Alter von drei bis vier Wochen zum Metzger und Schweine mit einem Gewicht von 90 bis 100 kg. Die Tiere wurden beim Abtransport in eine sogenannte „Suetrucke" (Holzkiste) gesteckt, die man zuvor auf den „Millschlitte" oder den „Millwage" gestellt hatte. Kälber aufladen war relativ einfach, doch um ein Schwein mit einem Gewicht von nahezu 100 kg auf den Wagen zu heben, bedurfte es manchmal der Mithilfe der ganzen Familie. War das Tier endlich aufgeladen, wurde die Kiste verschlossen, das Pferd eingespannt und ab ging es zur Metzgerei, die oft eine halbe Stunde oder auch mehr entfernt war. Dort wurden die Tiere vom Metzger auf einer Dezimalwaage gewogen, wobei die jeweiligen Besitzer der Tiere den Wiegevorgang genau verfolgten. Oft trauten die Bauern weder der Waage noch dem Metzger. Manchmal stellte sich der Bauer, unter dem Gelächter der Umstehenden, selbst auf die Viehwaage, um festzustellen, ob das angezeigte Gewicht auch stimmte.

Nachdem die Fracht abgeladen war, wurde das Fuhrwerk irgendwo abgestellt und das Pferd in den Gaststall der Wirtschaft gebracht, wo es Futter und Wasser bekam. Wohl die meisten Metzgereien hatten früher auch eine Gastwirtschaft. Der Fuhrmann ging dann in die Wirtschaft, bestellte ein Bier und wartete mit anderen auf die Auszahlung des Geldes. Doch das dauerte. Die Wirtin oder die Bedienung versorgten inzwischen die Gäste. An einigen Tischen wurde „Schafkopf" oder „Sechsundsechzig" gespielt. Oft wurde Bier ausgespielt. Derjenige, der die Spielrunde verloren hatte, musste eine „Halbe" oder auch eine Maß Bier bezahlen. Das Bier wurde in Maßkrügen auf den Tisch gestellt und machte die Runde. Jeder in der Runde trank aus dem Krug. Die einen mehr, die anderen weniger. Jedenfalls der Krug war immer bald leer. Mit jeder weiteren Maß wurde es lauter und lebhafter in der Wirtschaft. Allmählich hatten einige schon Hunger und machten „Brotzeit." Erst nachdem alle Tiere angeliefert waren, begann der Metzger in einem Nebenraum mit dem Ausrechnen des Kaufpreises. Das Lebendgewicht des Tieres mal den Kilogrammpreis ergab den Auszahlungspreis. Alles ohne Taschenrechner! Eine Mehrwertsteuer hatte man früher nicht! Manchmal kamen laute Worte von dort. Da wollte ein Bauer nicht glauben, dass sein Schwein nur 95 Kilo hatte und nicht 100 kg, wie er geglaubt hatte. Der Waagschein wurde x-mal verglichen, aber es kam nicht mehr raus. „Das kann nicht sein – die Waage stimmt nicht"! Der Alkohol hatte seine Wirkung getan! Als Zeichen seines guten Willens gab der Wirt dem Ungläubigen noch eine extra Maß Bier – und der Fall war erledigt.

Schon war es Mittag geworden. Weil er jetzt Geld hatte, leistete sich mancher sogar ein „Kesselfleisch" zum Mittagessen. Dem Wirt konnte das nur recht sein. Am

Nachmittag, manchmal auch später, kehrten die Fuhrwerke nach Hause zurück. Promillegrenze gab es nicht – die Pferde wussten den Weg nach Hause. Einmal hatte ein Bauer bei einer solchen Aktion wohl zu tief ins Glas geschaut. Jedenfalls hatte er Probleme mit sich selbst. Er konnte weder gehen noch stehen, wollte aber unbedingt nach Hause. Einige Mitzecher erbarmten sich des Mannes und spannten seine „Liesl" (Name des Pferdes) vor den Wagen. Sie würde den Weg nach Hause schon finden. Ihn selber – damit ihm nichts passieren konnte – legten sie mit einem „Schaub" (Büschel) Stroh in die leere Saukiste, die hinten auf dem Wagen stand, machten den Deckel der Kiste zu und setzten das Pferd mit einem „Hüh" und einem „Fitz" mit der Geißel in Bewegung. Nach einer knappen Stunde kam das Pferd mit seiner Fracht wohlbehalten zu Hause an. Wie der Fuhrmann zu Hause empfangen wurde, ist nicht bekannt. Wahrscheinlich war man froh, dass er heil heimgekommen war. Später wurden die Schlachttiere von den Händlern mit ihren Motorfahrzeugen abgeholt. Inzwischen ist die bäuerliche Schweinehaltung bis auf wenige Ausnahmen aufgegeben worden.

Auch im Winter gab es für die Frauen im Haushalt, neben der normalen Arbeit, immer was zu tun. Die Wäsche musste gewaschen werden und zwar ohne Waschmaschine, Schleuder oder Trockner. Wäsche gab es immer, besonders dann, wenn man kleine Kinder hatte. Die „Leibwäsche" (kleine Wäsche) konnte in der Küche gemacht werden. Sie wurde in einer „Gelte" über Nacht in einer Lauge eingeweicht. Am andern Tag im kleinen Waschkessel auf dem Küchenherd gekocht, auf einem Tisch gebürstet, im „Förggar" (der Spüle) geschwenkt und „usgwunde" (ausgewrungen) und zum Trocknen an den Herd- und Ofenstangen aufgehängt. Die Hausfrauen konnten spinnen und stricken, nähen und bügeln, häkeln und sticken. An Wintertagen saßen sie mit ihrem Strick- oder Flickzeug in der warmen Stube, flickten Hosen und „Schöpe" (Jacken), stopften Handschuhe, Socken und Strümpfe, strickten Mützen, Handschuhe, „Stöss" (Pulswärmer), Westen, Pullover oder machten Näharbeiten. Wenn man keine Wolle hatte oder kein Geld, um solche zu kaufen, wurden alte oder zu klein gewordene „Wollsachen" aufgetrennt und mit der Wolle andere Sachen gestrickt. In den Notzeiten hielten die Bauern Schafe. Einmal im Jahr wurden sie geschoren. Die Wolle wurde gewaschen, getrocknet, gezupft und mit einer „Kardätsche" (große, grobe Drahtbürste) fein gebürstet und auf dem Spinnrad zu feinen Fäden versponnen. Tagelang musste das Spinnrad schnurren, bis die Wolle für Socken und Pullover gesponnen war. Um feine, gleichmäßige Wollfäden zu spinnen, brauchte es Übung, ein gutes Auge, gewandte Hände und viel Geduld.

Im Winter stehen die Tiere monatelang in den Ställen, deshalb können sich die Klauen nicht abnützen und werden ständig länger. Am Ende des Winters waren sie oft so

lang, dass man sagte: „sie könnten damit Schi fahren." Der örtliche „Klauebutzar"
(Klauenschneider), wurde gerufen. Er musste die zu lang gewordenen Klauen zurück-
schneiden. Mit Lederschurz, Hammer, Stemmeisen, Raspel und Klauenmesser ausge-
rüstet kam der Mann am frühen Vormittag ins Haus. Im jeweiligen Standplatz der
Tiere wurden die Klauen geputzt. Die langen Klauenränder wurden abgestemmt und
abgeraspelt und die dicken, rund gewordenen Klauensohlen mit einem Klauenmesser
zurückgeschnitten. Das war eine schweißtreibende Arbeit, zumal nicht alle Tiere brav
und ruhig stehen geblieben sind. An den Vorderfüßen ging die Arbeit noch gut voran.
Dafür war es an den Hinterfüßen umso beschwerlicher. Um die Klauensohle eines
Hinterfußes ausschneiden zu können, musste sich der Mann mit seinem Rücken hinten an der Kuh etwas anlehnen. Mit der einen Hand fasste er einen Fuß des Tieres,
hob ihn hoch und legte ihn auf seinen Oberschenkel. Nun konnte er mit dem Klauenmesser in der anderen Hand die Klauensohle ausschneiden.
Die Tiere verspüren bei dieser Maßnahme zwar keine Schmerzen, doch wenn der
Arbeitsvorgang länger dauerte, wurden sie unruhig. Jemand musste dann die Tiere am
Kopf festhalten und ihnen gut zureden. Nur auf einem Hinterfuß zu stehen, waren sie
nicht gewöhnt und wenn sie ihr Gewicht auf den anderen Fuß verlegen wollten, dann
stöhnte und schimpfte der Klauenputzer ob der schweren Last. Doch Schimpfen und
Schreien half nichts – das machte die Tiere nur noch nervöser. So konnte es passie-
ren, dass der Mann hinten an der Kuh stehend nicht bemerkte, dass die Kuh einmal
„musste", sodass ihm eine warme Ladung auf den Rücken serviert wurde. Das
„Gröbste" wurde schnell abgewischt und mit der Arbeit weiter gemacht. Am frühen
Abend war er fertig: zwanzig Tiere hatten ein gepflegtes Schuhwerk und waren ge-
rüstet für den baldigen Weidegang.
Mit dem Frühling ging die Arbeit auf den Bauernhöfen erst richtig los. Sobald sich
auf den Feldern die ersten „oabre Bleatz" (schneefreie Flächen) zeigten, ging es ans
„Mist sproite." Bei einem späten Frühling war es besonders eilig, denn der Mist sollte
auf den Wiesen „eingewachsen" sein, wenn man mit Heuen anfangen wollte. Am
Morgen, gleich nach der Stallarbeit, wurde das Pferd aus dem Stall geholt, vor den
Mistwagen gespannt und zur „Mistlege" (Mistlager) gefahren. Von Hand hat der
Bauer mit einer „Furke" (feste Mistgabel) den Mist auf den Wagen geladen.

Bauernknecht beim Mist ausfahren – in Stiefenhofen um 1935

Nach oben hin hat sich das Mistfuder verjüngt (wurde spitziger). Damit auf den holprigen Wegen, besonders wenn man durch ein Dorf fahren musste, kein Mist herunter fiel, wurde die Ladung mit einem „Mistdätschar" (Brett) fest geklatscht. Auf dem Feld angekommen, warteten schon die Bäuerin und andere Helfer. Die Bäuerin oder größere Kinder mussten das Pferd am Halfter nehmen und mit dem Mistwagen in einem Abstand von rund zwei Metern entlang einer Flurgrenze oder einer Reihe führen, während dessen zog der Bauer mit einem „Misthaken" den Mist in kleinen Portionen von Wagen herunter. Wenn der Wagen leer war, fuhr er wieder zurück, um die nächste Fuhre zu holen. Die anderen fingen an die kleinen Misthäufchen mit einer Gabel schön gleichmäßig auf das Feld zu „sproite" (zu verteilen und verreiben).

Der Bauer zieht mit einem Misthaken den Mist vom Mistfuder – um 1930

Eine Fuhre nach der anderen wurde angefahren. Immer das gleiche Procedere: herfahren, abziehen und verteilen. Unterbrochen wurde diese Arbeit nur von der „Brotzeit" und dem „Mittagessen." Auch das Pferd musste gefüttert werden. Nachmittags ging es im gleichen Takt weiter. Stunde um Stunde verging. Schon wurde es Zeit für die Stallarbeit. Am nächsten Morgen ging es weiter. Ob der ungewohnten Arbeit bekam man meistens „Bloaddra" (Blasen) an den Händen. Die ersten Tage waren schlimm. Mit Handschuhen konnte man die Schmerzen etwas lindern. Nach einigen Tagen hatte man Schwielen an den Händen. Manchmal freute man sich sogar, wenn es schneite. Dann konnte man sich etwas erholen. Nach etwa vierzehn Tagen mühevoller Arbeit war der Mist verteilt, die Mistlege leer.

Magd beim Mist breiten – um 1950

Beim Bschütten

Die Mistlege war leer, das „Lacheloh" (die Güllegrube) aber noch voll, so voll, dass es fast am Überlaufen war und dringend geleert werden musste. Man hatte schon während des Winters immer wieder ein paar Kubikmeter Gülle ausgebracht, um wieder Platz zu haben. Die alten Güllegruben, viele von ihnen wurden bereits in den Anfangsjahren der Milchwirtschaft, also zwischen 1840 und 1900 gebaut, waren im Laufe der Jahrzehnte zu klein geworden. Mit Einführung der Milchwirtschaft kam auch die Güllewirtschaft in Schwung. So wurden bei uns in den Jahren nach 1830 in den meisten landwirtschaftlichen Betrieben unter den Kuhställen „Lachenkasten" (Güllegruben) ausgehoben. Die Wände der Gruben wurden manchmal gemauert, meistens jedoch aus „Flöcken" (behauenen Baumstämmen) gemacht und außen herum mit Lehm abgedichtet. Für den Boden genügten einfache Dielen. Nahe der Grubensohle war ein Auslauf mit einem Gussrohr, der mit einem „Zapfen" (Holzstopfen) oder einer Falle verschlossen wurde. Die gusseisernen Auslaufrohre hatten ihr Ende beim „Bschittloch" im Freien. Am Ende der Leitung war ein stabiler Auslaufhahn. Dort wurden die Güllefässer gefüllt.

45

Die Gülle wird im „Bschittloch" mit einem Rohr in das Bschittfaß eingefüllt

Mit dicken Balken und Dielen wurden über dem Lachenkasten die Abdeckungen gemacht. Darüber kamen die „Stallbrugga", die Stand- und Liegeflächen für die Tiere. Sie waren etwas erhöht und hatten ein leichtes Gefälle nach hinten, damit die Flüssigkeiten ablaufen konnten. Hinter der Liegefläche war der „Schorrgrabe", die Kotrinne, mit etwa 25 cm Breite. Hier wurde der Mist gesammelt und zweimal täglich entweder auf den Misthaufen oder durch das Öffnen einer „Falle" (Klappe) in die Güllegrube geworfen. Bei einer zweireihigen Aufstallung führte mitten durch den Stall ein Gang, der „Stallgang". Er war 80–100 cm breit und meistens mit zwei breiten dicken Dielen abgedeckt. Die „Lachelöcher" waren aus heutiger Sicht kleine Gruben mit etwa 20–50 cbm Fassungsvermögen. Für die damaligen Viehbestände waren sie zunächst ausreichend! Da die Gruben direkt unter den Ställen waren, konnten die Flüssigkeiten hineinfließen und dort gesammelt werden. In die Gruben floss zunächst nur der Urin der Tiere, doch wenn man die Flüssigkeit dicker (wertvoller) machen wollte, wurden die Liegeplätze im Stall täglich mit Sägemehl, Torfmull oder ganz kurz geschnittener Streue bestreut und alles zusammen mit dem Kot der Tiere in die Grube geworfen und mit Wasser verdünnt.

Hühnerhaltung

Auf den meisten Höfen, aber auch in vielen Privathaushalten hatte man früher eine mehr oder weniger große Hühnerschar; in höher gelegenen Gebieten, wo der Anbau von Getreide eine unbedeutende Rolle spielte, waren es meist nur zehn bis fünfzehn Hühner. Die Getreidebauern im Unterland hatten größere Bestände. Bei jeder Hühnerschar war ein „Gockelar" (Hahn) dabei, der die Gruppe betreute und sie vor Angreifern schützte. Schon in der Frühe des Morgens hörte man sein „Kikeriki." Im Sommer war der erste Hahnenschrei für den Bauern das Signal, sich aus den Federn zu erheben. Als Chef auf dem Hühnerhof musste der „Gockelar" für Ordnung sorgen. Auf einem Misthaufen stehend konnte er alles beobachten. Die Hühner legten sich mit ihm nicht an. In seinem Revier duldete er auch keine Konkurrenz. Ein etwaiger Kontrahent wurde sofort und mit Vehemenz aus seinem Herrschaftsbereich vertrieben. Wenn zwei gleichstarke Hähne aufeinander trafen, kam es oft zu erbitterten Zweikämpfen. Hinterher verließen beide das Schlachtfeld mit blutigen Köpfen. Besonders mutige Hähne nahmen sogar den Kampf mit einem „Hennehack" (Habicht) auf.

Bei den Hühnern gibt es verschiedene Rassen. Bei uns wurden hauptsächlich die „Rebhuhn farbigen Italiener" gehalten, vereinzelt sah man auch das weiße „Leghorn" sowie die roten „Rhodeländer". Die Hühnerställe waren oft ganz einfache „Bretterverschläge" in einem Stall, Schopf oder Keller. Drei der Seitenwände waren mit Brettern verschalt. Die vierte Wand hatte einen Maschendraht oder ein Gitter aus Haselnussstecken, damit Tageslicht in den Stall einfallen konnte. In der jüngeren Zeit gab es auch Ställe, die schon ein kleines Glasfenster hatten. Im Innern des Stalles waren zwei oder drei Sitzstangen und ebenso viele Legenester angebracht. Die Legenester waren mit Streue ausgelegt, um den Hühnern das „Eierlegen" bequem zu machen. In jedem Nest lag ein Porzellan- oder Steinei, sodass die Hühner wussten, wohin sie ihre Eier legen sollten. Die „Nesteier", wie man sie nannte, sollten die Hühner aber auch zum Legen animieren. Beim allabendlichen „Oier usnea" (Eier einsammeln) nahm man alle Eier aus den Nestern, nur die künstlichen Eier ließ man liegen.

Mädchen beim Füttern der Hühner – nahe Stiefenhofen um 1930

Durch eine schmale Türe konnte man in den Stall hineingehen, um die Hühner zu füttern, den Stall auszumisten und die Eier zu holen. Auf dem Boden lagen Sägemehl, Hobelspäne oder kurz geschnittenes Stroh, sodass die Hühner auch im Winter etwas zu Scharren hatten. Die Hühner konnten auch ins Freie und zwar durch ein Loch in einer Außenwand, das mit einer „Falle" (Klappe) verschlossen werden konnte. Bei einem ebenerdigen „Hennestall" kam das Federvieh durch dieses Loch direkt nach draußen. Bei höher liegenden Ställen wurde an der Hauswand ein schräg liegendes Brett, das vom Hühnerstall bis auf die Erde reichte, befestigt. Weil das Brett glatt und rutschig war, wurden viele kurze Leisten quer angenagelt. Über diese „Henneloit'r" (Hühnerleiter) konnten die Hühner hinab auf die Erde und vor allem von dort wieder zurück in den Stall. Wenn es die Hühner beim Verlassen des Stalles eilig hatten, sind sie hinunter geflogen – aber hinauf fliegen konnten sie nicht, da mussten sie die Leiter nehmen! An der „Hennefalle" war meistens eine lange Schnur befestigt. Durch Ziehen an der Schur konnte die Falle von unten geöffnet werden. Wenn die Falle offen bleiben sollte, wurde die Schnur einfach an einem Nagel eingehängt. Am Abend wurde die Schnur ausgehängt und die Klappe fiel durch ihr Eigengewicht zu. Aber ehe man die Hennefalle „zumachte", musste man sich vergewissern, ob sämtliche Hühner im Stall waren.

Im Winter waren die Hühner die ganze Zeit im Stall. Doch wenn es im Frühling an den sonnigen Südseiten der Häuser schneefrei wurde, machte man die „Hennefalle" auf und ließ die Hühner laufen. Diese nutzten die Gelegenheit, um im trockenen Sand an einer Hauswand ein Sonnenbad zu nehmen. In den Sommermonaten gehen die Hühner am Abend in der Regel zeitig zu Bett. Aber wenn sie lange nicht in den Stall wollten und immer noch nach Würmern suchten, war das ein Zeichen, dass sich das Wetter schon bald verschlechtern würde. Das Schließen der Hühnerfalle war oft die Aufgabe der größeren Kinder und durfte nicht vergessen werden. Sie wurden daher immer wieder gefragt: „Hond'r au d'Hennefalle zugmachet?"

Das Versorgen der Hühner war in den meisten Fällen die Aufgabe von Frauen und Kindern. In den schneefreien Jahreszeiten ließ man die Mistkratzer den ganzen Tag frei herum laufen. Sie konnten sich überall bewegen, ohne Angst vor Autos haben zu müssen. Nur vor dem Fuchs und dem „Hennehack" (Habicht), der am Himmel drohend seine Kreise zog, mussten sie sich in Acht nehmen. Bei der Fütterung wurden die Hühner nicht verwöhnt. Hühner sind Allesfresser und damit direkte Konkurrenz des Menschen. Deshalb mussten sie sich ihre Nahrung in der Natur selbst suchen und sich mit dem begnügen, was ihnen die Menschen gaben oder übrig ließen. Morgens bekamen sie in einem länglichen „Holztriegel" (hölzerne Futterrinne) etwas „Grisch" (Kleie), die mit warmem Wasser oder warmer Milch angerührt wurde. Manchmal wurden auch gekochte Kartoffeln oder eine „Loibate" (Speisereste vom Vortag) dazu gemengt. Untertags warf man ihnen hin und wieder eine „Bickate", ein paar „Hompfla" (Handvoll) Gerste oder Hafer, zum Fressen auf den Stallboden oder an ihren Futterplatz im Freien. Mit den Rufen „Bi,bi,bi,bi ..." wurden sie hergelockt. Klein geschlagene Eierschalen und „Dürke" (Maiskörner) rundeten ihre Speisekarte ab. Beinahe den ganzen Tag und bei jedem Wetter suchten sie in den umliegenden Wiesen, Gärten, offen stehenden Scheunen, Ställen, Küchen oder an den Misthaufen nach Fressbarem: Gras, Samenkörner, Würmer, Raupen, tote Fliegen, Käfer – einfach alles, was auf der Erde herum krabbelte, wurde aufgepickt – nichts war vor ihnen sicher.

In den Monaten Mai und Juni haben die Füchse ihre Jungen und sind dann besonders hungrig. Wenn man vergessen hatte, die „Hennefalle" zuzumachen, konnte das schlimme Folgen haben. Der Feind schläft nicht – die Füchse waren auf der Lauer. Sie kamen sogar am helllichten Tag durch das hohe Gras angeschlichen und verschwanden lautlos mit ihrer Beute. Es heißt zwar, dass der Fuchs, um sich nicht unbeliebt zu machen, bei seinem nächsten Nachbarn keine Hühner hole. Aber so richtig konnte man sich auf diese Aussage nicht verlassen. Ein Nachbar, der in der Nähe eines Waldes wohnte, beobachtete eines Tages einen Fuchs, wie er auf seinem Hof eine Henne schnappte und mit ihr in den nahen Wald verschwand. Er ging gleich hinterher und fand nach etwa 50 Meter die Henne tot auf dem Waldboden liegen. Von einem Fuchs aber war weit und breit nichts zu sehen. Er nahm die Henne mit nach Hause und freute sich, dass er dem Fuchs ein Schnäppchen geschlagen hatte und das Mittagessen für die nächsten zwei Tage gesichert war. Seine Freude währte nicht lange, dann sah er – etwa 20 Meter von ihm entfernt – den gleichen Fuchs schon wieder mit einer Henne im Maul von seinem Hof herunterkommen. Auf jedem Hühnerhof gab es eine Hackordnung; junge Hühner hatten oft unter den alten Hennen zu leiden, die sehr hackig sein konnten. Es kam sogar vor, dass manche Hühner von allen anderen traktiert wurden. Bekannt ist der Futterneid der Hühner. Eine Henne frisst eine gewisse Menge, wenn sie allein ist. Dieselbe Henne frisst bereits doppelt so viel, wenn sie mit einer anderen im Stall ist und gar das Vierfache, wenn vier oder mehr Hühner beisammen sind.

Hausfrau beim Hühner füttern – um 1930

Im Sommer hielten sich die Hühner fast den ganzen Tag draußen im Freien auf. Wenn es sehr heiß war, suchten sie sich ein schattiges Plätzchen hinter einem Gebäude oder unter Bäumen und Sträuchern. Hatten sie Durst, dann liefen sie an eine „Wassergille" (Wasserpfütze) und holten mit ihren Schnäbeln Wasser aus dem Schlagloch. Hühner trinken anders als Säugetiere. Sie stecken ihren Schnabel ins Wasser, der sich dabei mit Wasser füllt. Dann strecken sie den Kopf senkrecht in die Höhe und schlucken. Dabei rinnt ihnen das Wasser durch den Schlund in den Magen. Weil der Schnabel nur wenig Wasser aufnehmen kann, müssen sie den Hals oft beugen und strecken, bis sie ihren Durst gelöscht haben.

Ständig waren die Hühner hungrig und auf der Suche nach etwas Fressbarem. Wenn irgendwo Türen offen standen, war vor ihnen nichts sicher, weder die eigene Küche noch die Küchen in der Nachbarschaft, genauso wenig wie Schöpfe und Futtertennen. Man ärgerte sich dabei weniger an dem, was sie gefressen hatten, sondern an den „Hennepflätt'r", die sie zurückgelassen hatten. Wenn man bei schönem Wetter, von der Sonne geblendet, in einen dunklen Schopf hineingegangen ist, ist man mit Sicherheit in so eine Hinterlassenschaft getreten. Beim barfuß gehen war die Berührung nicht gerade angenehm. Bei nassem Boden waren die Hühner gerne draußen auf den Wiesen, zogen Regenwürmer aus der Erde und suchten nach Käfern, Insekten, Larven und anderem Kleingetier. Gerne waren sie auf den Misthaufen, da fanden sie immer etwas Nahrhaftes. Jeder trockene Kuhfladen wurde umgedreht und jede Made herausgepickt. Im trockenen Sand unter dem Vordach fühlten sie sich so richtig wohl. Da konnten sie im Sand scharren und baden und die Federn aufplustern, solange es ihnen Spaß machte. Bei langem Scharren kamen immer wieder Steine zutage, die das Hocken unbequem machten, so dass sie weiter kratzen mussten. Nicht umsonst sagt ein Allgäuer Sprichwort: „Wenn a Henn amoal guat huckt, dann scherret se solang bis se wid'r schleat huckt!" (Wenn es dem Esel zu wohl wird, dann geht er aufs Eis).

Bei der Suche nach Würmern und Insekten auf den Wiesen war die ganze Hühnerschar meistens auf einem Haufen beisammen. Sobald sie vom Haus her „bi, bi, bi"-Rufe hörten, wussten sie, dass es Futter gibt und rasten unverzüglich, teils springend, teils fliegend, zur Futterstelle, auch wenn sie dabei eine befahrene Straße überqueren mussten. Es war Anfang der 1950er Jahre, als in einem Nachbardorf ein junger Mann mit seinem Motorrad auf einer schmalen, kurvigen Kiesstraße von seinem Arbeitsplatz zum Mittagessen nach Hause fuhr. Eine Bäuerin hatte gerade den Hühnern gerufen und diese rannten und flogen genau in dem Augenblick über die Straße, als der Motorradler angefahren kam. Bremsen konnte er nicht mehr und so landete der Mann unsanft inmitten der Hühnerschar. Außer einigen Blessuren ist ihm aber nichts passiert, doch über zehn Hühner hatten ihr Leben eingebüßt. Sie waren entweder mit ihren Köpfen in den Speichen der Räder hängen geblieben oder vom Gewicht des stürzenden Fahrers samt dem Motorrad erdrückt worden. Der Jammer über den Schaden war groß. Doch sämtliche toten Tiere wurden verwertet und landeten gar bald in den Kochtöpfen der Nachbarschaft.

Jedes Frühjahr kam Leben in die Hühnerställe und Hühnerhöfe. Eine oder auch mehrere Hühner waren „brutig" und wollten Eier ausbrüten. Sie legten Eier, aber weil man jeden Abend die Eier aus den Nestern holte, kam kein Gelege zustande. Die Hühnerbestände mussten immer wieder ergänzt werden, weil einige Tiere erkrankten und eingingen und andere vom Fuchs geholt wurden, so dass man froh war, wenn eine Henne Eier ausbrüten wollte. Man unterstützte sie noch in ihren Bemühungen. Man gab ihr ein eigenes Nest, wo sie in Ruhe ihre Eier legen und ausbrüten konnte. Schwierigkeiten gab es aber, wenn etwa zur gleichen Zeit nicht nur eine sondern gleich zwei oder gar drei Hennen brutig waren und das Gleiche tun wollten. Da gab es Hennen, die blieben einfach in den Nestern hocken und mussten mit Gewalt verscheucht werden, wenn man am Abend die Eier einsammeln wollte. Aber wie soll eine Bruthenne auch ein Gelege zusammenbringen, wenn ihr jeden Tag die Eier weggenommen werden? Kein Wunder, dass sie aggressiv und hackig wurden und andere Hühner aus den Legenestern vertrieben und sich auf deren Eier hockten. Das konnte und wollte man aber nicht dulden und versuchte dieses Bestreben zu verhindern. Man steckte dann eine solche Henne für ein, zwei Tage unter ein großes „Heublumensieb." Das sollte ihre Brutlust unterbinden. Ebenso hieß es, dass man eine solche Glucke kurz in kaltes Wasser tauchen müsse, das würde ihr die „Hitz" nehmen! Oder man setzte sie ganz einfach auf Porzellaneier, damit sie wenigstens etwas zu brüten hatte. Ob es diese Maßnahmen waren oder ob sich nach einigen Tagen die Brutlust von selbst gelegt hatte, weiß ich nicht. Jedenfalls war Tage später der Spuk meistens vorbei. Solange die Hühner wegen der Kälte im Stall gehalten wurden, waren die gluckigen Hennen ausgeliefert und hatten keine Möglichkeiten, sich zu entfalten. Das änderte sich erst im Frühjahr, wenn die Tiere ins Freie konnten. Nun waren sie nicht mehr in der Enge des Stalles gefangen und konnten in der Umgebung nach einem Versteck suchen, wo sie ihre Eier legen konnten. Auf □auernhöfen und in einer ländlichen Umgebung gibt es viele Verstecke: Städel und Schöpfe, Tennen und Scheunen, „Spridlbiga" und „Boschehäg" (Holzstapel und Hecken) und andere mehr. Misstrauisch wurde man, wenn man am Abend anstatt der üblichen sechs bis sieben Eier nur noch vier oder fünf Eier ausnehmen konnte. Dann wusste man, dass hier etwas im Gange war. Also hieß es gut aufpassen und beobachten, wohin sich die Hühner während des Tages verkrochen. Wenn man Zeit und Glück hatte, konnte man fündig werden. Normalerweise geben Hühner das Legen eines Eies mit lautem „Gatzge"

„odegodegaat, odegodegaat, odegodegaat!" bekannt." Doch in solchen Fällen waren sie still, um ihre Verstecke nicht zu verraten.

Manchen Hühnern gelang es doch, ein Nest mit Eiern zu verstecken. Richtig auffällig wurde es, wenn eine Henne am Abend nicht mehr in den Stall zurückkehrte. Dann konnte man sicher sein, dass sie irgendwo hockte und Eier ausbrütete. Wenn es soweit war, ließ man sie gewähren. Tagelang sah man sie dann nicht mehr. An den Fressnapf kam sie nur gelegentlich, wo sie gierig das gereichte Futter verschlang. Sie hatte nur wenig Zeit, sie musste die Eier warm halten und bewachen, denn Feinde waren immer unterwegs. Aber wehe den Feinden, die sich an das Gelege heranwagten. Mit hochgestelltem Gefieder und wütenden Schnabelhieben wurden sie traktiert und verscheucht. Eine „Bruthenne" (Glucke) weiß sich sehr wohl zu wehren, sie verteidigt ihre Eier und ihre Brut unter Einsatz ihres Lebens! Selbst Feinde, die ihr körperlich weit überlegen sind, suchen dann besser das Weite. Drei Wochen muss eine Bruthenne auf den Eiern sitzen, bis die Jungen endlich schlüpfen. Eines Tages war aus einer Scheune ein schwaches Piepsen zu hören. Es wurde allmählich lauter und vielstimmiger. Ein paar „Hile" (Küken) waren „gschloffe" (geschlüpft) und ständig wurden es mehr. Von innen hatten sie die Eierschalen aufgepickt und sich mit ihren kleinen Körperchen durch die entstandenen Öffnungen ins Freie gezwängt. Mit ihren langen Beinchen purzelten sie ans Tageslicht. Ein Wunder der Schöpfung! Innerhalb von nur drei Wochen hatte sich aus einer klebrigen Eimasse (Eiweiß und Eidotter) ein Lebewesen mit Kopf und Schnabel, einem zarten Körper, langen dünnen Beinen und einem Federkleid entwickelt. Die Küken waren schon so stark, dass sie sich aus eigener Kraft ein Loch in die harte Eierschale picken konnten. Sobald dieses groß genug war, schlüpften sie heraus. Oft klebten noch Eierschalenreste an ihrem Gefieder. Zu vorlauten, naseweisen jungen Menschen sagten die Älteren früher: „Was witt denn du schu sage, du hoscht ja no d'Oierschala hind'r de Ohre." (Was, du willst schon mitreden? Du hast ja noch Eierschalen hinter deinen Ohren!).

Die Küken waren bald trocken und stolperten mit ihren unbeholfenen Beinchen zur Mama. Von den zehn Eiern im Gelege blieben drei ungeöffnet. In ihnen regte sich nichts; sie waren „luter" (unbefruchtet). Nun hatte die Bruthenne mit ihrem siebenköpfigen Nachwuchs viel zu tun. Kaum dass die Küken trocken waren, ging die Mutter mit ihnen auf Futtersuche. Küken werden nicht gesäugt! Ihnen wird auch nicht, wie den Jungvögeln im Nest, von den Eltern das Futter in die sperrangelweit offen stehenden Schnäbel gesteckt. Die „Hennemama" geht mit ihren Schützlingen zur Futterstelle oder aufs Feld. Dort scharrt sie mit Füßen in der Erde und auf dem Mist. Sobald sie ein Käferlein oder ein Würmchen entdeckt hat, lockt sie die Kleinen mit „tuck, tuck, tuck" an die Fundstelle. Diese springen schnell herbei und picken den

Fund auf. So geht es stundenlang. Größere Brotbrocken oder andere Futterreste wurden von der Hennemama in viele kleine mundgerechte Stückchen zerhackt. Manchmal hatte sich im hohen Gras ein Küken verirrt und die Mama nicht mehr gefunden. Piepsend rannte es umher, bis es schließlich von der Mutter gefunden wurde. Die Bruthenne hatte viel Arbeit, denn alle Küken wollten einen Anteil erwischen. Wenn die Kleinen müde waren, schlupften sie unter das Federkleid der Mutter, wo sie Wärme und Schutz fanden. Bei Regenwetter ging die Glucke mit ihrer Brut an einen sicheren, trockenen Platz in der Nähe des Hauses oder in die „Hiletrucke" (Holzkiste), die in der Nähe bereitstand.

Bruthenne mit ihren Küken

Nachts brachte man die Kükenschar samt Mutter in diese Holzkiste und trug sie ins Haus. An kalten Tagen stellte man diese in den warmen Kuhstall oder unter den Kachelofen in der warmen „Stube" (Wohnzimmer). Die Kiste war groß genug, dass man die Tiere darin füttern konnte, bis es wieder wärmer wurde. Sobald es ging, stellte man sie wieder ins Freie und öffnete das Türchen. Wenn Gefahr in Verzug war, dann raste die Mutter mit ihren Jungen zurück in die Kiste. Die Küken wurden mit jedem Tag lebendiger und größer. Solange die sieben Kinder noch klein waren, fanden alle gleichzeitig unter dem Federkleid der Mutter Schutz. Doch je größer sie wurden, desto enger mussten sie zusammenrücken. Schließlich aber waren sie so groß, dass nicht mehr alle unter dem Federkleid Platz fanden, die restlichen steckten nur das Köpfchen unter die Federn und schmiegten sich an den Körper der Mutter. Die Küken wuchsen heran und wurden mit jedem Tag größer und selbstständiger. Man nannte sie nun

54

nicht mehr „Hile" sondern „Bibele". Am Anfang sahen noch alle Küken gleich aus, aber nach einigen Monaten konnte man am „Kamm" erkennen, dass auch Gockel darunter waren. Die Mutter kümmerte sich nun immer weniger um ihren Nachwuchs. Dieser konnte sich selbst das Fressen suchen; sie hatte ihre Pflicht getan und gesellte sich wieder zu ihren Kolleginnen. Wenn sie Lust verspürte, legte sie sogar wieder Eier. Manchmal gab es auch Bruthennen, die wenig Geduld hatten und das Gelege schon nach vierzehn Tagen verließen. Doch was tun? Nun hatte man angebrütete Eier, die niemand so richtig essen wollte. Wenn zufällig noch eine andere Henne brutig war, konnte man sie auf die Eier setzen und diese von ihr ausbrüten lassen. Einem Bauern kam da der Zufall zu Hilfe, denn der „Kemekehrar" (Kaminfeger) kam ins Haus.

Kaminkehrer und Frau Bihler – um 1940

Kleines Mädchen schlüpft aus dem Hühnerstall – um 1950

Früher hatte man nur Schlupfkamine. Der Kaminfeger musste in den Kamin steigen, um den Ruß herunter zu kratzen. Da der Zylinder bei dieser Arbeit hinderlich gewesen wäre, legte er ihn beiseite und setzte eine Kappe auf. In der „schlechten Zeit" schenkte man den „Glücksbringern" öfters mal ein paar Eier, die sie in ihrem Zylinder verbargen. Der Obengenannte hatte sechs Eier in seinem Zylinder. Während er nun den Ruß aus dem „Kemat" kratzte, tauschte der Bauer die angebrüteten Eier gegen diese aus. Die weitere Geschichte ist nicht bekannt. Es gab auch Menschen, die den angebrüteten Eiern eine gesundheits- und potenzfördernde Wirkung zuschrieben! Nach etwa einem Dreivierteljahr hatten die Junghennen die Legereife erreicht und fingen an Eier zu legen. Bei den ersten Versuchen waren die Eier noch klein und rundlich und hatten etwa die Größe eines Tischtennisballes. Aber das änderte sich bald. Junghennen sind legefreudiger und rentieren sich deshalb besser als alte Hühner. Die Hälfte der Bibele war männlichen Geschlechts. Diese wurden zwar groß gezogen, doch wenn sie eine gewisse Größe erreicht hatten, wanderten sie in die Bratpfanne, noch bevor es zu Kämpfen mit den Artgenossen kam. Im Winter war die Legefreudigkeit nicht besonders groß, das änderte sich erst, wenn es Frühjahr wurde und die Hühner ins Freie konnten. In einer Legeperiode (Jahr) legten sie etwa 120 bis 150 Eier. Heute legen Hühner dank besserer Züchtung, besserer Aufstallung und Fütterung bis zu 300 Eier pro Jahr. Nach zwei oder drei Legeperioden ließ die Legeleistung der Hühner allmählich nach. Im Alter von drei, vier Jahren wurden sie unrentabel und landeten im Suppentopf. Ihr Fleisch war „zäh wie a olte Suppehenn", doch weil sie fett waren, gab es dennoch gute Suppen mit vielen Augen. Man ließ die Hühner nicht allzu alt werden, denn „junge Henna und olte Küh bringet s'Geld". Am Kamm konnte man das Alter der Hühner erkennen. Junge Hühner hatten einen steifen Kamm. Mit zunehmendem Alter wurde er allmählich welk und hing seitlich herunter. Das Schlachten der Hühner ging schnell und schmerzlos vor sich. Man schnappte sich eine Henne, holte ein scharfes Beil. Mit einem einzigen Hieb auf dem „Spridlstock" (Hackstock) wurde der Kopf vom Körper getrennt. Nun musste das Tier noch kurz an den Beinen festgehalten werden, damit das Blut auslaufen konnte, aber auch um zu verhindern, dass die Henne ohne Kopf noch einige Meter durch die Gegend flog. Die Federn mussten alsbald weggerupft werden. In schwierigen Fällen nahm man dafür auch heißes Wasser. Anschließend wurden die Innereien herausgenommen und der Körper in einem kühlen Raum zum Ablagern aufgehängt. Mit einer alten Suppenhenne konnte man in der Nachkriegszeit allerhand nützliches erwerben. Da sagte ein Bub zu seinem Lehrer: „Morge bring i dir a Henn." (Morgen werde ich Ihnen ein Huhn bringen.) Der Lehrer wunderte sich, freute sich aber auf den versprochenen Hühnerbraten. Doch am nächsten und übernächsten Tag kam der Bub ohne die Henne in die

Schule. Daraufhin fragte der Lehrer den Buben um den Verbleib der Henne. Worauf dieser sagte: „Sie ischt widr groate!" (Die ist wieder gesund geworden)

Frei herumlaufende Hühner auf den Dorfstraßen waren stets unberechenbar. Da mussten Radler, Motorrad- und Autofahrer immer gut aufpassen, um sie nicht zu überfahren. Wenn die Tiere auf der Straße waren und es kam ein Fahrzeug daher, sprangen zunächst alle auf die Seite. Doch schon Augenblicke später kamen sie wieder auf die Straße und wollten auf die andere Seite. So ging es einige Mal hin und her, bis man endlich gefahrlos vorbeifahren konnte.

Bei stürmischem Wetter hatten Hühner stets ihre Probleme, wenn sie um eine windige, zugige Hausecke gehen wollten. Der Wind blies ihnen dann so kräftig in das Hinterteil, dass die Federn in die Höhe standen und die Tiere ein paar Meter fort getragen wurden. Kinder hatten ihre Freude daran, sie warteten schon auf solche Windspiele. Kleine Kinder sind meistens neugierig und wollen ihre Umgebung entdecken. Wenn das „Henneloch" (der Eingang) groß genug war, schlüpften sie durch diese Öffnung in den Hühnerstall, um zu sehen, was da drinnen los war.

Sie verstanden sich gut mit den Hühnern und betrachteten sie als Spielgefährten. Bei einer kleinen Schar kannten sie alle und gaben jedem Tier einen Namen. Da wurde mit den Tieren geredet und gespielt. Jedem Huhn gaben sie etwas zu Fressen. Natürlich nicht jeden Tag, nur wenn sie Lust dazu hatten. Einmal kam ein Nachbarbub mit etwa fünf Jahren zu mir. Voll Trauer und mit verweinten Augen sagte er: „Du Bentele, bei uns isch a Henn gschtorbe!"

Auf manchen Hühnerhöfen gab es sogenannte „böse Goggelar" (angriffslustige Hähne). Unser Nachbar hatte einen solchen, der sich zwar nicht generell gegen die Menschen stellte. Jedoch den Hausherrn, ein großer stattlicher Mann, den konnte er nicht leiden. Jedes Mal, wenn der Mann das Haus verließ, wurde er von seinem Goggelar angegriffen. Gab er dem Hahn mit dem Fuß einen „Ginggar" (Fußtritt), so dass dieser taumelte, gleich war er wieder auf der Höhe und ging erneut zum Angriff über. Seiner Frau und den anderen Mitbewohnern tat er übrigens nichts. Deshalb sagte sie süffisant: „As ischt it so schlimm, er goat wenigstens bloß uf de Ma los!" (Es ist nicht so schlimm, denn er geht nur auf meinen Mann los!) Aber, je mehr der Mann sich wehrte, desto aggressiver wurde der Hahn. Schließlich wurde es dem Bauern aber doch zu dumm und er sagte sich: „Dr Gschid'r git no!" (der Gescheitere gibt nach) und schaute vor dem Verlassen des Hauses nach, auf welcher Seite des Hauses der Gockel gerade war, um dann auf der anderen Seite das Haus zu verlassen.

Die Hausfrauen waren immer froh, wenn genügend Eier im Hause waren. Eier sind vielseitig verwendbar und haben einen hohen Nährwert und man konnte damit schnell ein paar nahrhafte Gerichte machen: z. B. „Ochseauge" (Spiegeleier), Rühreier, „Kratzate" (Kaiserschmarren), „Pfannekuche" (Omelett) und Spätzle sowie noch viele andere Gerichte. Auch in der modernen Küche sind Eier nicht wegzudenken. Damit man auch in der legearmen Zeit Eier hatte, wurden schon während der Herbstmonate Eier ins Kalkwasser gelegt und so konserviert. Früher waren Eier oft Mangelware. Bei einem sehr frühen Osterfeste hatte der Osterhase seine Probleme, denn es gelang ihm nicht immer, genügend Eier für die Osternester und für das Osterkörbchen, das man am Ostersonntag in die Kirche zur Weihe bringen wollte, bereitzustellen. Solange die Hühner wegen Schnee und Kälte im Stall bleiben mussten, war die Legeleistung nur gering.

Wie sehr die Hühner Bestandteil des Alltags waren, lässt sich auch an unserem Sprachschatz erkennen. Da wurden die lieben Mitmenschen mit ihnen verglichen: „Die springet umanond wie d'Henna", oder „a närrscha Goggelar", „a blöde Henn". Wenn jemand mit erhobenem Kopf durchs Dorf lief, hieß es: „Heit stellt er/sie de Kamme wid'r gut in d' Höhe!" Wer mit den Hühnern ins Bett ging, ging noch bei Tageslicht zu Bett. Wenn jemand in einer Sache einen einfachen Vorschlag machte, meinte man: „Da lachen ja die Hühner." Wenn man einem Bekannten begegnete, der Zahnlücken hatte, fragte man ihn spöttisch, ob er in der Mauser sei (in der „Mauser" verlieren die Hühner ihre Federn!).

Weil die Hühner meistens einen freien Auslauf hatten, waren sie überall zu finden: auf den Wegen, vor den Häusern, auf den Höfen, auf den Eingangstreppen. Sie gehörten zum Alltag und waren eine nette Bereicherung des dörflichen Lebens. Der Verkehr war wenig und langsam. Die Pferdefuhrwerke waren keine Gefahr für sie. Jahrhundertelang haben die Hühner das Dorfleben bereichert. Das änderte sich mit Beginn der 1950er Jahre. Immer mehr Motorfahrzeuge drängten auf die Straßen. Motorisierte Händler mit Lieferwagen kamen auf die Märkte und in die Dörfer, um junge Legehühner zum Kauf anzubieten. Man konnte sich damit die eigene Nachzucht ersparen. Auch der Futtermittelhandel hatte sich den Bedürfnissen der Hühnerhalter angepasst und nicht nur Grisch, Getreideschrot und Körnerfutter angeboten, sondern auch speziell zusammengestellte Futtermischungen für Junghennen und Legehühner. Ein paar mutige Unternehmer ließen Hühnerställe für ein paar hundert Hühner bauen. Die Fütterung wurde rationalisiert. Das Ausbrüten der Eier übernahm ein Brutapparat. Infrarotlampen ersetzten das Federkleid und die wohlige Wärme der Hennen Mama. Die Bruthennen wurden arbeitslos. Sie hatten ausgedient. Die Hühner hatten aber noch große Laufflächen und oft auch ein Freigehege.

Das änderte sich jedoch im Laufe der folgenden Jahre. Allmählich entstanden Großbetriebe, die die Hühnerhaltung ständig weiter entwickelten und kommerzialisierten.

Sämtliche Arbeitsvorgänge wurden vollautomatisiert. Man hörte Begriffe wie Käfighaltung, Hühnerfarmen, Legebatterien und andere Wortschöpfungen. In den Hühnerfarmen wurden nicht nur hunderte sondern hunderttausende von Hühnern gehalten. Auf kleinsten Flächen mussten die Hühner ihr Dasein fristen. Auf einem Quadratmeter Fläche wurden bis zu 18 Legehennen gehalten. Inzwischen gibt es eine Legehennen-Verordnung, in der eine Mindestfläche von 30 x 25 cm pro Legehenne festgelegt ist. Die Käfigböden werden schräg angelegt, so dass die Eier nach dem Legen gleich auf ein Fließband rollen müssen. Vom Fließband kommen die Eier in die Sortiermaschinen, wo sie sortiert, klassifiziert, bedruckt und in Schachteln verpackt werden. Dann werden sie kartonweise auf Paletten in die Lastzüge verladen und zu den Verbrauchermärkten gefahren. Inzwischen soll es schon Hühnerfarmen geben, die eine Tagesproduktion von über zwei Millionen Eier haben. Das sind einige Lastzüge voll.

Da hatten es die freilaufenden Hühner in früherer Zeit doch besser. Sie waren zwar der Witterung und den natürlichen Feinden ausgeliefert, mussten ihr Fressen selbst suchen und ihren Nachwuchs füttern und verteidigen. Ansonsten aber hatten sie wenig Leistungsdruck und viele Freiheiten. Der Kraftfahrzeugverkehr wurde in vergangenen Jahrzehnten auch in den Dörfern ständig größer und schneller. Für die freilaufenden Hühner gab es kaum noch Überlebenschancen. Große Einfriedungen mit hohen Zäunen konnte und wollte man nicht machen. Der Schnee im Winter hätte sie zusammengedrückt. Viele Kleinbauern suchten sich ein zweites Standbein und gingen zur Arbeit in nahe gelegene Betriebe oder Fabriken und verpachteten ihre Felder. Die verbleibenden Betriebe wurden immer größer. Für das Halten von Hühnern blieb keine Zeit. Eier sind heute zur Massenware geworden und jederzeit überall erhältlich. Die Zeit der bäuerlichen Hühnerhaltung scheint vorbei zu sein. Heute sieht man freilaufende Hühner nur noch selten. Sie sind verschwunden, wie auch schon viele Obst- und Gemüsegärten und wie die Lattenzäune entlang der Straßen.– So viel zur Hühnerhaltung!

Brennmaterial herrichten

Da man im kommenden Winter wieder eine warme Stube haben wollte, wurde es jetzt höchste Zeit zum „Wase rusdue" (Torf stechen) und diese zum Trocknen auszulegen. Das war zu dieser Jahreszeit meistens eine ungeliebte Arbeit – denn im Hochsommer schwirrten hunderttausende von blutrünstigen Stechmücken und Bremsen in den „Wasemöser und Mooslöch'r umanond." Wer kein Wasenmoos sein eigen nannte, hatte manchmal ein so genanntes „Stichrecht", d. h. das Recht auf einer bestimmten Fläche eines fremden Grundstückes Torf zu stechen. In der Gemeinde Stiefenhofen gab/gibt es einige kleinere Moore: Balzhofer Moos, Großmoos, Krähen-Moos, Hopfner Moos, Bucher Moos, Genhofer Moos, Giessner Moos, Lisen-Moos und das Thaler Moos. Die hiesigen Moore sind Hochmoore, die nicht allzu tiefgründig sind. In zwei bis zweieinhalb Meter Tiefe kommt bereits eine Lehmschicht. Die meisten Moore wurden schon vor Jahrzehnten erschlossen und sind teilweise bereits abgebaut. Um das Wasser abzuleiten, waren Gräben gezogen worden. Beim Torfstechen wird zuerst die oberste Schicht, der Graswasen (Soden) entfernt, dann die obere noch lockere Torfschicht. Erst dann kommt die brauchbare, speckige, kompakte schwarze Masse – das Torf. Mit einem Spaten wurde diese feste Masse in Würfeln von etwa 20 x 20 x 20 cm herausgestochen und mit einem Schubkarren auf eine frisch abgemähte Streuwiese geschoben und dort zum Trocknen ausgelegt.

Beim Torfstechen – nahe Isny um 1950

Nach ein paar Tagen wurden diese Würfel mit einem Spaten in dünnere Scheiben zerkleinert. Diese wurden, nachdem sie trocken waren, „ufghislet" (aufgehäuselt). Zwei Scheiben werden aufgestellt und schräg gegeneinander gelehnt, dann wird links und rechts je eine Scheibe angelehnt und schließlich wird oben eine Scheibe als Dach draufgelegt – fertig ist das Häuschen. Mancherorts wurden die Wasenstücke auf

60

Holzgestellen in überdachten, aber an drei Seiten offenen „Wasemooshitta" (Wasen-mooshütten) getrocknet. Das Trocknen ging hier wesentlich schneller, weil der Wind hindurch streichen konnte und weil die „Wasen" bei Regen nicht nass wurden. Nach etwa 4–5 Wochen waren sie soweit trocken und leicht, dass man sie nach Hause fahren konnte. Zuhause mussten sie trocken gelagert werden. Sie waren ein beliebtes Brennmaterial und besonders geeignet für eine lange anhaltende Wärme in einem Kachelofen. In der energiearmen Kriegs- und Nachkriegszeit wurde viel Torf gestochen, selbst für die Beheizung von Fabriken und Lokomotiven wurde Torf verwendet. Ein Bauernhaushalt brauchte pro Jahr etwa fünf bis sechs cbm getrockneten Torf.

Zwei Männer beim Holz absägen mit einer Waldsäge um 1950

Die Beeren in den Gärten waren reif geworden und mussten gepflückt und einge-macht werden. Bei dieser zwar leichten, aber eintönigen Arbeit durften alle mithelfen. Auch die Heidelbeeren waren reif geworden. Wer Kinder hatte, schickte sie zum „Hoidlbeere" in die nahen Wälder und Moore. Man ließ nichts verkommen! Die Hausfrau freute sich, wenn im Herbst die Keller mit Obst, Marmelade und Einge-machtem gefüllt waren.
Wenn man noch Zeit hatte, ging es jetzt ans „Brennholz mache". Andernfalls musste es unterm „Ohmadheibe" bei schlechtem Wetter gemacht werden. Schon im Winter

hatte man Stockholz und „Knebel" (Äste) aus dem Wald ans Haus her gefahren und gestapelt. Auch ein Fuder Äste samt Reisig wurde hergebracht und hier gelagert, um sie bei Gelegenheit aufzumachen. Leider hatte man in den vergangenen Wochen dafür keine Zeit gehabt, andere Arbeiten waren vordringlicher gewesen. Nun wurden sie vom Reisig befreit; übrig blieben die kahlen Äste. Die Knebel, wie man sie nannte, mussten nun in herdgerechte, etwa 25 bis 30 cm lange Stücke abgesägt werden. Für den Kachelofen durften die Scheite dicker sein und eine Länge von 50 bis 80 cm haben.

Zur Abfuhr gelagertes Brennholz – um 1970

Nach ein paar Tagen harter Arbeit lagen auf dem Holzplatz hinter'm Haus große Haufen von „Schitr" (Scheite) oder „Spridla" (Spreideln). Man musste sie jetzt nur noch „ufbige" (stapeln), damit sie besser trockneten. Mit Körben oder einem Schubkarren wurden sie an einen regengeschützten, sonnigen Platz unter dem Vordach des Hauses oder eines Schuppens gebracht und dort gestapelt. An dem Lagerplatz, wo das „gemachte Holz" immer gestapelt wurde, standen einige lange Pfähle in einem Abstand von zwei bis drei Metern senkrecht in der Erde. Zwischen diese Pfähle mussten die Spreideln gestapelt werden. Um die Spreideln schön gleichmäßig stapeln zu können, wurden diese beiden Stangen mit einem breiten Brett, das an die Stangen festgenagelt

wurde, verbunden. Beim Stapeln des Brennholzes achtete man darauf, dass die Spreideln möglichst schön gleichmäßig und im rechten Winkel an das Brett gestoßen wurden, damit es eine schöne glatte Frontseite geben sollte. War das Holz so hoch wie
das Brett, wurde dieses gelöst und etwa 30 cm höher erneut befestigt. So ging es weiter, bis der Stapel die gewünschte Höhe hatte. Die möglichst im rechten Winkel abgesägten Spreideln mussten so gelegt werden, dass die schöne Seite immer zum Betrachter zeigte. Schräge Schnittstellen und krumme Hölzer wurden nach hinten gelegt.

Beim „Brennholz machen" in Stiefenhofen – um 1950

Die Stapel erreichten eine Höhe von zwei bis zweieinhalb Metern. Schon auf den
Schubkarren oder dem Korb wurden die Scheite parallel geschichtet und so zum Lagerplatz gebracht. Die fertige „Spridlbig" (Holzstapel), zwei bis vier Meter lang, sollte möglichst senkrecht stehen. Sicherheitshalber wurden die Holzstapel mit einigen
„Spera" (schrägen Stützen) gesichert. Hatte jemand sehr viel Holz, dann waren oft
viele Holzstapel nebeneinander oder hintereinander aufgereiht. So ein öffentlicher
Weg an der Holzlege vorbeiführte, dann musste besonders genau gearbeitet werden,
„damit die Leute nichts zu reden hatten." Trotz aller Sorgfalt, die Holzstapel musste

man immer im Auge behalten. Beim Stapeln ist das Holz meistens noch nass und grün. Die der Sonne zugewandte Seite der Holzstapel trocknet immer schneller als die Innenseiten. Weil das Holz beim Trocknen „schwindet" (schrumpft), hat das zur Folge, dass ein Holzstapel sich nach innen wölbt und kopflastig wird. Er würde nach geraumer Zeit umfallen, wenn man ihn nicht gestützt hätte. Jemand, der das nicht beachtete, musste bald erfahren, dass sein Holzstapel umgestürzt war.

Opa Bihler beim Holz spalten – um 1950

Nachdem das Holz einige Wochen oder auch Monate an der Sonne war, war es trocken und wurde ins Haus gebracht und in der „Holzlege", die in der Regel nahe der Küche ist, wieder gestapelt. Das Abtragen der Holzstapel war nicht immer ganz einfach, denn oft hatten Wespen in den Holzstößen ihre Nester gebaut. Hunderte wütender und angriffslustiger Wespen wehrten sich gegen die Zerstörung ihrer Wohnungen.

64

Wer da noch weitermachen wollte, musste unbedingt Mütze, lange Hosen und „an Schope" (eine Jacke) mit langen Ärmeln tragen. Aber es gab auch sehr Mutige, die ein freigelegtes „Wepsenescht" behutsam an einen anderen Platz getragen haben. Die Wespen haben sich bald dorthin verzogen. Die Arbeitswespen, die gerade mit ihrem Nektar vom Außendienst kamen, wussten nicht Bescheid und waren aggressiv, weil ihr Nest nicht mehr an der gewünschten Stelle war. Am nächsten Tag hatte sich die Lage beruhigt und man konnte unbehindert weiterarbeiten. Jedoch ohne Wespenstiche ist man bei solchen Arbeiten selten davongekommen. Bei der Einbringung und Einwinterung in die Schöpfe sollte das Holz gut trocken sein. Um aber sicher zu gehen, wurde das Holz nur bei übergehendem Mondzeichen ins Haus gebracht, damit noch vorhandene Restfeuchtigkeit aufsteigen und sich verflüchtigen sollte.

Bauernmagd „beim Buschla mache" in Hopfen – um 1940

Aus dem Tannen- oder Fichtenreisig wurden „Buschla" (Büschel) gebunden. Das Reisig wurde in Längen von etwa 50 cm abgeschlagen oder gebogen und büschelweise in einen sog. „Buschlbock" gelegt, wo es mit einer Kette zusammengezurrt und mit einem „Buschldraht" gebunden wurde. Die dürren „Buschla" waren sehr beliebt, um in den Kachelöfen Feuer zu entfachen. Fuderweise wurden sie früher an die Bäckereien oder Wirtschaften gefahren.

Schweinehaltung

In unserer Gegend dürfte die Schweinehaltung in früherer Zeit überhaupt keine Rolle gespielt haben. Die wenigen Abfälle, die damals angefallen sind, wurden an die Hühner verfüttert. Da die Menschen oft nur das Nötigste hatten, um sich selbst ernähren zu können, konnten keine Schweine gefüttert werden. Das Schwein ist ein Allesfresser und veredelt die Produkte, die ihm gefüttert werden, in Schweinefleisch. Für die Umwandlung wird wertvolle Energie verbraucht. Deshalb wurden in den beiden Weltkriegen die Schweinebestände auf das äußerste eingeschränkt mit der Begründung, dass das Schwein in der Ernährung Konkurrent des Menschen sei, weil es viele von diesem unmittelbar zu verwertende Nahrungsmittel verbrauche. So ist es auch nicht verwunderlich, wenn im Jahre 1826 bei einer Viehzählung in der Gesamtgemeinde Harbatshofen von 160 landwirtschaftlichen Betrieben insgesamt nur 18 Schweine gehalten wurden. Erst als die Milchwirtschaft und die Verarbeitung der Milch zu Käse in einem größeren Umfange betrieben wurden, ist eine Zunahme der Schweinehaltung festzustellen. Bei der Verarbeitung der Milch zu Käse fällt Molke (Käswasser) an – je 100 Liter Milch etwa 70 Liter Molke. Molke, für die man keine besondere Verwendung hatte, die sich aber als Futter für die Schweine vorzüglich eignete. Bis etwa 1970 gab es im Allgäu noch viele kleine Sennereien und solange es diese Sennereien gab, hatte wohl jeder Milchlieferant eine kleine Schweinehaltung, damit er die ihm zustehende Molke verfüttern konnte. Auch der Anbau von Kartoffeln dürfte die Schweinehaltung positiv beeinflusst haben. Die Kartoffel wurde hier in unserem Gebiet erst im Jahre 1780 bekannt.

Junger Bub hütet die Schweine bei Isenbretshofen – um 1950

Die Molke war ein billiges Schweinefutter und daher legte jeder Milchlieferant großen Wert darauf, dass er auch die ihm zustehende Menge an Molke bekam. Wer eine größere Menge Milch abgeliefert hatte, bekam mehr Molke und konnte mehr Schweine halten. Die nahe dem Sennlokal wohnenden Bauern stellten jeden Morgen auf Schubkarren und im Winter auf Schlitten ihre leeren Molkefässer und „Molkestanden" vor die Sennerei. Die „Auswärtigen" brachten am Morgen beim „Millfurtdu" ihre Fässer oder Standen und legten sie auf den so genannten etwa 60 cm hohen „Molkebock" am Sennerei Gebäude. Die vollen Molkengefäße nahmen sie abends beim Milch abliefern mit heim. Für die Sennen war es immer schwierig, die Molke ohne großen Aufwand gerecht zu verteilen. Am Vormittag etwa gegen 11.00 oder 11.30 Uhr waren die Sennen mit Käsen fertig und die angefallene Molke konnte verteilt werden. Mittels einer Pumpe und mit einem langen Schlauch wurde die Molke aus den Käskesseln in die vor der Sennerei bereitstehenden Gefäße verteilt. Da die Pumpen keinen Durchlaufzähler hatten, oblag die Verteilung dem Einfühlungsvermögen des jeweiligen Sennen. Die nahe bei der Sennerei wohnenden Bauern holten die

Molke gegen Mittag ab und fütterten sie an ihre Schweine, solange sie noch warm war. Die Schweine wurden am Tag dreimal gefüttert. Der Molke wurden meistens, um sie wertvoller zu machen und um damit den Masterfolg zu beschleunigen, Nachmehle oder Getreideschrote beigemengt. Später gab es von der Futtermittelindustrie fertige Mischungen mit allen notwendigen Zusatzstoffen.

Mutterschwein mit Mischlingen - um 1960

In unserem Gebiet wurden hauptsächlich das veredelte Deutsche Landschwein (weiß) sowie das Schwäbisch-Hallische Schwein (schwarz-weiß) gehalten. Jeder Bauer hatte in seinem Kuhstall einen oder auch zwei Verschläge mit je etwa fünf qm Fläche, die ausreichend waren für drei Schweine. Man hatte meistens drei kleinere und drei größere Schweine. Einige Bauern hielten „Schwimuttra" (Schweinemuttern), die für den Nachwuchs sorgen mussten. Andere hielten einen Eber. Eine Bauersfrau aus Genhofen trieb ihre Muttersau während der Brunfttage auf der Straße zu einem Eberhalter nach Zell. Mit einer kleinen Rute lief die Frau nebenher, um die Richtung anzugeben. Nach ein bis zwei Tagen, wenn die Paarung vorbei war, holte sie das Tier auf dem gleichen Wege wieder ab. Die Trächtigkeitsdauer eines Schweines beträgt 115 Tage. Oder, wie man früher sagte, damit man es sich leichter merken konnte: drei Monate, drei Wochen und drei Tage. Eine Schweinemutter kann in einem Jahr zweimal etwa acht bis vierzehn Junge zur Welt bringen. Eine ausgewachsene Muttersau war schwer, sie hatte ein Gewicht von vier bis fünf Zentnern und brauchte einen größeren Stall (Box).

Die Geburt der jungen „Sile" (Schweinchen) ging in der Regel problemlos vor sich. Es konnte aber auch vorkommen, dass die Muttersau beim „Werfen" recht ungestüm war oder Schmerzen hatte und die bereits geborenen Jungen mit dem Rüssel an die Wand warf. Daher war es immer gut, wenn während der Geburt jemand in der Nähe war, der den Vorgang beobachtete und im Falle eines Falles die bereits geborenen Jungen in Sicherheit bringen konnte. Nur in wenigen Fällen wurde ein Tierarzt gebraucht. Wenn alles seinen normalen Gang ging, war in etwa zwei Stunden die Geburt vorbei und 8 bis 14 Junge suchten Wärme und Schutz bei der Mutter. Bald schon hatten die jungen Schweinchen Hunger und instinktiv suchten sie am Gesäuge der Mutter nach einer Zitze. Eine Muttersau hat vierzehn Zitzen. Nach einigen Tagen hatte jedes Schweinchen „seine" eigene Zapfstelle gefunden. In den vorderen Zitzen geben die Schweine mehr Milch als in den hinteren. Das haben die jungen Schweinchen ziemlich bald mitbekommen und die Stärkeren haben sich die guten Plätze erkämpft.

Die Schwächeren mussten mit dem vorlieb nehmen, was übrig blieb. Wenn alle einen Platz hatten, hörte man bald darauf ein sonores, gleichmäßiges Schnarchen seitens der Mutter und wusste, dass die Milch eingeschossen war und die Kleinen eifrig am Zutscheln waren. Die kleinen Mägen waren schnell voll und bald schon fielen den jungen Schweinlein die Äuglein zu und sie schliefen friedlich an der Mutterbrust ein. Alle paar Stunden wiederholte sich dieser Vorgang. Für eine schwere Muttersau war es sicherlich eine schwierige Aufgabe, sich hinzulegen, ohne eines der quirligen Kleinen einzuquetschen. Sie senkte sich ganz behutsam mit allen Vieren gleichzeitig nieder und schon beim geringsten Schrei eines Jungen stand sie auf, um gleich darauf diesen Vorgang erneut zu wiederholen. Endlich lag sie am Boden, drehte sich dann langsam soweit auf eine Seite, dass alle vierzehn Zitzen von den Kleinen zu erreichen waren. Um zu verhindern, dass die jungen Schweinchen im Stall an die Wand gedrückt werden, hatte man seitlich an den Boxenwänden in einem Abstand von 10 cm und etwa 10 cm über dem Boden lange Stangen angebracht. Unter diesen Stangen war ein Hohlraum entstanden – so wurden die Kleinen nicht eingequetscht und konnten bei Gefahr fliehen.

Es gab auch Schweinehalter, die kein Risiko eingehen wollten und die jungen Schweinchen gleich nach dem Saugen der Mutter wegnahmen und in eine Kiste oder in einen kleinen Verschlag nebenan getan haben, damit ihnen nichts passieren sollte. Während des Tages mussten die jungen Schweinchen etwa alle zwei bis drei Stunden der Mutter zum Saugen gebracht werden – nachts zweimal. Das war schon mit Arbeit verbunden. Wo immer man bei der Arbeit oder einem sonstigen Anlass war, man durfte nicht vergessen, die jungen „Sutzele", wie man sie auch nannte, nach drei Stunden wieder zur Mutter zu bringen. So konnte es vorkommen, dass man sich auf der Straße mit einem Nachbarn längere Zeit unterhielt oder dieser in einer Wirtschaft nebenan beim Kartenspielen war und plötzlich entschuldigend sagte: „ Jetzt muss i abr gnot hui gong und d'Sua nalong!" (Ich muss jetzt schnell nach Hause um die jungen Schweinchen der Mutter zum Säugen zu bringen). Die ersten Tage nach der Geburt war es schon gut, wenn jemand die jungen Schweine beim Saugen überwachte. Nach einer Viertelstunde waren alle satt und man brachte sie wieder in die Kiste zurück.

Praktischer als die Kiste war ein kleiner Verschlag direkt neben dem Schweinestall der Muttersau. Mittels einer kleinen Öffnung in der Wand, die mit einer „Falle" (Klappe) verschlossen werden konnte, waren die beiden Abteile miteinander verbunden. Die Öffnung in der Wand war so klein, dass nur die Schweinchen durchgehen konnten, die Schweinemutter nicht. Anfänglich wurde die Klappe nur bei Bedarf geöffnet und hinterher wieder geschlossen. Wenn die Kleinen größer waren, ließ man den Durchgang offen. Damit es die jungen Tierchen auch abseits der Mutter schön warm hatten, wurde der Fußboden mit Streue ausgelegt und in das Abteil eine Infrarotlampe gehängt. Unter dieser Wärmeglocke gefiel es den Schweinchen gut – sogar so gut, dass sie gleich, nachdem sie sich an der Mutterbrust genährt hatten, wieder unter den Wärmestrahler verschwanden. Für den Schweinehalter war es natürlich wesentlich einfacher, wenn die jungen „Siile" (Schweinlein) einen ungehinderten Zugang zur Mutter hatten.

Nicht an allen „Dudda" (Zitzen) kam gleich viel Milch. Je größer die Jungen wurden, desto mehr wollten sie trinken. Wenn an ihrer Zapfstelle nichts mehr zu holen war, versuchten sie an andere Zitzen zu gelangen und wollten ihre Artgenossinnen verdrängen. Dabei kam es zu lebhaften Raufereien. Je größer die Anzahl der jungen Tiere, desto größer war der Kampf um gute Plätze. Die kräftigen Schweinchen drängten dabei die Schwächeren von ihren Plätzen. Diese ließen sich das nicht kampflos gefallen und wehrten sich. Angreifer wie auch die Verteidiger bissen sich gegenseitig in die Ohren, sodass ihnen das Blut an den „Ohrewatschla" herunterlief. Nach einigen Tagen hatten die Schweinchen viele Kratzer und Risse an den Ohren und im Gesicht. Auch die Mutter kam nicht ungeschoren davon; sie hatte Kratzer und Schrammen am Euter und an den Zitzen. Junge Schweine haben sehr spitze Eckzähne. Um zu verhindern, dass es im Saustall aussah wie auf einem Schlachtfeld, wurden den jungen Tierchen mit einem „Sue- zängle" (spezielle Zange) die spitzigen Enden der Eckzähne abgezwickt. Das ging schmerzlos vor sich. Danach wurde es im Stall wieder ruhiger.

Es kam auch vor, dass eine Schweinemutter mehr Junge zur Welt brachte, als sie Zitzen hatte. Dann wurde den „Schweinchen ohne Saugstellen" mit einem „Ähmele" (Budel – Saugflasche) Kuhmilch gegeben. Schnell wuchsen die Jungen heran. Je älter sie wurden, desto weniger reichte die Milch der Mutter. Schon nach wenigen Wochen schnupperten die Jungen an Mamas Futtertrog und fraßen zaghaft mit. Nun gab man ihnen in einem eigenen „Baare" (Barren) eine Mischung aus Milch und Molke, der man Kleie, Saumehl und Getreideschrot beigemengt hatte. Die männlichen Schweine wurden im Alter von etwa fünf Wochen kastriert. Danach nannte man sie „Barg". Es gab in jedem Dorf jemanden, der die Aktion machen konnte. Weibliche Schweine wurden mit „Los" bezeichnet. Die Milch der Mutter wurde allmählich weniger und mit einem Alter von acht Wochen wurden die Jungen abgesetzt (der Mutter weggenommen). Einige Tage später war die Muttersau schon wieder „ruslig" (rauschig) und wurde zu einem Eber gebracht. Der Kreislauf konnte erneut beginnen!

Da man nicht alle Ferkel selbst aufziehen konnte und wollte, wurde ein Teil verkauft. „Schöne Ferkel" oder „Läuferschweine zu verkaufen" war in den Inseraten der Lokalzeitungen zu lesen. „Angebot und Nachfrage bestimmen den Preis!" So war es früher und so ist es heute noch. Bei großem Angebot und kleiner Nachfrage wurde um jede Mark lange gefeilscht. Wer keine eigene Muttersau hatte, musste die jungen „Färle" (Ferkel) kaufen, entweder in der näheren Umgebung oder man fuhr mit einem Nachbarn, der schon einen Traktor hatte, auf den „Saumarkt" nach Wangen. Der Saumarkt war mitten in der Altstadt. Hier trafen sich Bauern und Händler, Käufer und Verkäufer. Wenn Verkäufer und Käufer sich geeinigt hatten, traf man sich in einer der umliegenden Wirtschaften zu einer Maß Bier und einer Brotzeit. Kleine Bauern kauften zwei bis drei Ferkel, größere auch mehr. Wenn jemand seine Ferkel auf dem Markt bei verschiedenen Bauern oder Händlern kaufte und zusammen in einen Stall steckte, kam es zu schweren Kämpfen zwischen den Rivalen. Wollte man solche Raufereien vermeiden, dann musste man sämtliche Schweinchen mit Obstler einreiben. Danach hatten alle denselben Geruch und die Ruhe war hergestellt. Bei einem Kauf in der Nachbarschaft steckte man die Ferkel in eine Kiste und zog oder schob sie mit einem „Zweirädler" oder im Winter mit einem „Hornerschlitten" nach Hause.

Nach einer Mast von vier Monaten waren aus den kleinen Ferkeln Mastschweine mit einem Gewicht von 90 bis 100 kg geworden und sie wurden an einen örtlichen Metzger verkauft.

In der Nachkriegszeit hatte ein Mann aus dem Bregenzer Wald im „Dütsche dussa" (draußen in Deutschland) einen „Wurf Ferkel", etwa 10 Stück, mit einem Gewicht von rund 15 kg je Tier gekauft. Nun wollte er die Tiere unverzollt über die Grenze bringen. Das musste geräuschlos geschehen. Damit dieses Vorhaben leichter zu verwirklichen war, machte man die Schweinchen mit Obstler betrunken. Man gab ihnen warme Kuhmilch, der man Schnaps beigemischt hatte und Brotbrocken, die man in Obstler einweicht hatte. Die Schweinchen hätten alles gierig aufgefressen und seien schon bald darauf eingeschlafen. Nun wickelte man die kleinen Tierchen in rupfene Tücher und steckte sie einzeln mit dem Kopf nach oben in die Rucksäcke. Ein paar Träger standen bereit. Man musste nur noch warten bis „die Luft rein war" (also keine Grenzer in der Nähe waren), dann konnte die Aktion starten. Im Schutze der Nacht, einzeln und in zeitlichen Abständen passierten die Träger unbehelligt die Grenze. Einige Träger hätten zwar nasse Rücken bekommen, aber nicht nur vom Schwitzen oder aus Angst erwischt zu werden, sondern weil die Schweinchen auch mal mussten. Wenn junge Schweine zur Weitermast verkauft oder Mastschweine einem Metzger zum Schlachten gegeben wurden, mussten sie transportiert werden; entweder der Käufer holte sie mit seinem Fahrzeug oder der Verkäufer musste sie bringen. Einmal hatte ein Bauer in seinem VW-Kombi eine Muttersau samt ihren Jungen zu befördern. Damit die Tiere schön weich liegen konnten, legte er eine Lage Stroh auf die Ladefläche hinter den Sitzen. Das Mutterschwein und ihre Jungen wurden verladen und die Hecktüre geschlossen. Los ging die Fahrt über die rauen und holprigen Kieswege. Das Muttertier legte sich ins Stroh. Die neugierigen Jungen wollten die Umgebung entdecken und sind ungehindert im Wagen herumgesprungen. Weil eine Kuh plötzlich von der Weide auf die Straße kam, musste der Fahrer bremsen, doch das ging nicht. Stattdessen quiekte ein Schweinchen, das sich unter dem Bremspedal des Fahrzeugs aufgehalten hatte und eingeklemmt wurde. Der Fahrer erschrak – nahm den Fuß vom Bremspedal und das Schweinchen konnte abhauen. Passiert ist nichts.

Als man die Schweine noch mit Pferdefuhrwerken zum Metzger fahren musste, stellte man eine „Suetrucke" (Sautruhe) auf den „Millwage" oder den „Millschlitte". In diese Saukiste, wie man sie auch nannte, wurden die Tiere geladen. Dann wurden das Pferd oder die Pferde an das Fahrzeug gespannt. Der Fuhrmann setzte sich auf den Sitzbock und die Fahrt konnte losgehen. Zuerst mussten die Tiere gewogen werden, um ihr Gewicht festzustellen. Viele Metzger hatten eine eigene Waage. In Oberstaufen beim Gasthaus „Greiter" (Gemse) war eine öffentliche Waage. Oft gab es einen ziemlichen Andrang, so dass man warten musste. Dabei konnte man so manches beobachten. Ein Bauer hatte eine Muttersau an einen „Staufner" (von Oberstaufen) Metzger verkauft und sollte sie am Montagmorgen bringen. Er musste sich zwar beeilen, war aber rechtzeitig da. Hier musste er kurz warten. Schließlich war er an der Reihe. Er fuhr mit seinem Traktor näher an die Waage heran, öffnete die Heckklappe des Anhängers, um die Sau herauszulassen. Doch da kam keine heraus, denn er hatte

„vor lutr pressiere" (in der Eile) vergessen das Tier aufzuladen. Das Gelächter und der Spott der Umstehenden waren ihm sicher.

Wegen des Gewichts der Tiere kam es immer wieder zu Differenzen und Wortwechseln. Manchmal konnte ein Bauer einfach nicht glauben, dass sein Schwein nur 95 kg auf die Waage brachte und nicht mindestens 100 kg wie er meinte. Beim „Greiter" hatte man aber zwei Waagen; eine Viehwaage und eine Heuwaage. Auf der Viehwaage wurden, wie der Name schon sagt, Tiere gewogen und auf der Heuwaage ganze Wagenladungen mit Heu. Da ein Bauer mit dem angezeigten Gewicht seines Tieres partout nicht zufrieden war, stellte er sich selbst auf die Viehwaage und anschließend auf die Heuwaage und ließ sich wiegen. Es war köstlich anzusehen, wie der kräftige, untersetzte Mann verloren auf der großen Ladefläche der Heuwaage stand und einfach nicht glauben wollte, dass die beiden Waagen ziemlich genau das gleiche Gewicht, nämlich 90 kg, anzeigten. Mit einem unverständlichen Gemurmel verließ er den Ort des Geschehens und verschwand durch die rückwärtige Türe des Gasthauses „Gemse", um in der Gaststube seinen Ärger zu ertränken.

Nicht alle Schweine wurden zum Schlachten verkauft; zwischendurch wollte man auch selbst etwas Schweinernes essen. Man kann sich heute ein Mittagessen ohne Fleisch kaum noch vorstellen. Früher war das nicht so. Noch vor 40, 50 Jahren gab es Fleischgerichte nur an Sonn- oder Feiertagen oder an besonderen Anlässen. Es gab aber Familien, die sich auch an Sonntagen kein Fleisch leisten konnten. Da man weder Kühlschränke noch Gefriertruhen hatte, wurde in der warmen Jahreszeit das am Sonntag übrig gebliebene Fleisch schon am nächsten Tag gegessen. Aber meistens ist nichts übrig geblieben. Kühlgeräte kamen für Otto Normalverbraucher erst in den Jahren nach 1950 zum Einsatz. Wenn man früher ein Schwein schlachtete, dann nur in der kalten Jahreszeit. Es sollte ein dickes, fettes Schwein sein und schon ein Gewicht von drei bis vier Zentner haben. Man schlachtete ein Schwein nicht nur wegen des Fleisches, denn genauso wichtig war das Fett. Die leer gewordenen „Schmolzhäfe" (Schmalztöpfe) mussten wieder gefüllt werden, damit man für die schwere Arbeit im Sommer auch nahrhafte, fettreiche Gerichte kochen konnte. Schmalz, ob Butter- oder Schweineschmalz, wurde fast jeden Tag zum Mittagkochen gebraucht, aber auch zum „Grumbra broate" (Kartoffeln rösten) für das Abendessen.

Wenn ein Schwein soweit gemästet war und in den nächsten Tagen kaltes Wetter zu erwarten war, fragte man einen Hausmetzger in der Nachbarschaft, der die nötige Erfahrung mitbrachte. Am vereinbarten Tag kam er mit seinem Rucksack, in dem er den Bolzenschussapparat, verschiedene Messer, Wetzstahl, Glocke, Winde mitbrachte. Der Fleischbeschauer musste informiert werden. Er musste das Fleisch begutachten, und setzte, wenn alles in Ordnung war, einen runden Stempelaufdruck auf das Fleisch.

Das Schlachten eines Schweines machte normalerweise keine großen Probleme. Doch in Zeiten der Zwangswirtschaft (Kriegs- und Nachkriegszeit) brauchte man dazu eine behördliche Genehmigung, die meistens nicht ganz einfach zu bekommen war. Es mussten schon triftige Gründe vorhanden sein, damit man eine solche bekam. Bei den vierteljährlich stattfindenden Viehzählungen wurde der gesamte Viehbestand erfasst: Pferde, Esel, Kühe, Schweine, Hühner, Gänse, Enten, ja sogar Kaninchen mussten angegeben werden. Jedes Tier musste erfasst werden. Die Viehzähler fragten sogar die Kinder, ob und wie viele Kaninchen sie haben. Die Zähler gingen von Haus zu Haus und waren gehalten, die angegebenen Stückzahlen zu überprüfen. So war es also nicht einfach, ein Schwein „schwarz" (verbotenerweise) zu mästen, geschweige denn schwarz zu schlachten. Späher und Neider gab es überall! Da Schweine meistens laut quieken, wenn sie aus dem Schweinestall getrieben oder gezogen werden, musste man sehr behutsam mit ihnen umgehen, damit sie still blieben. Gar mancher ließ in der fraglichen Stunde mit der Kreissäge Brennholz absägen, damit das kreischende Sägeblatt das eventuelle Schreien des Schweins übertönen konnte. Fremde Menschen und Kinder durften nicht mitbekommen, dass hier etwas Verbotenes im Gange war. Da man beim „Metzge" (Schlachten) viel heißes Wasser brauchte, wurde meistens der Waschkessel aus dem Schopf oder dem Keller geholt, den man auch beim Waschen der großen Wäsche benutzte und damit es nicht auffallen sollte, wurde auch Wäsche auf der Leine aufgehängt.

Schlachten eines Schweines

Wenn der Metzger einen Bolzenschussapparat hatte, wurde das Schwein damit getötet, andernfalls bekam es mit der stumpfen Seite einer schweren Axt einen Schlag auf die Stirn und war bewusstlos. Dann wurde die Halsschlagader geöffnet, damit das Blut auslaufen konnte. Das Blut ließ man in ein Gefäß laufen. Um das Gerinnen des Blutes zu verhindern, musste es kurze Zeit mit einer Kelle kräftig gerührt werden. Man brauchte es später für Blutwurst und Roten Pressack. Sobald das Blut ausgelaufen war, wurde das tote Schwein in einen Zuber oder eine alte Badewanne gelegt und mit heißem Wasser „gebrüht" (die Borsten entfernt). Mit scharfen Messern und einer so genannten Glocke wurden die Haare fein säuberlich entfernt.

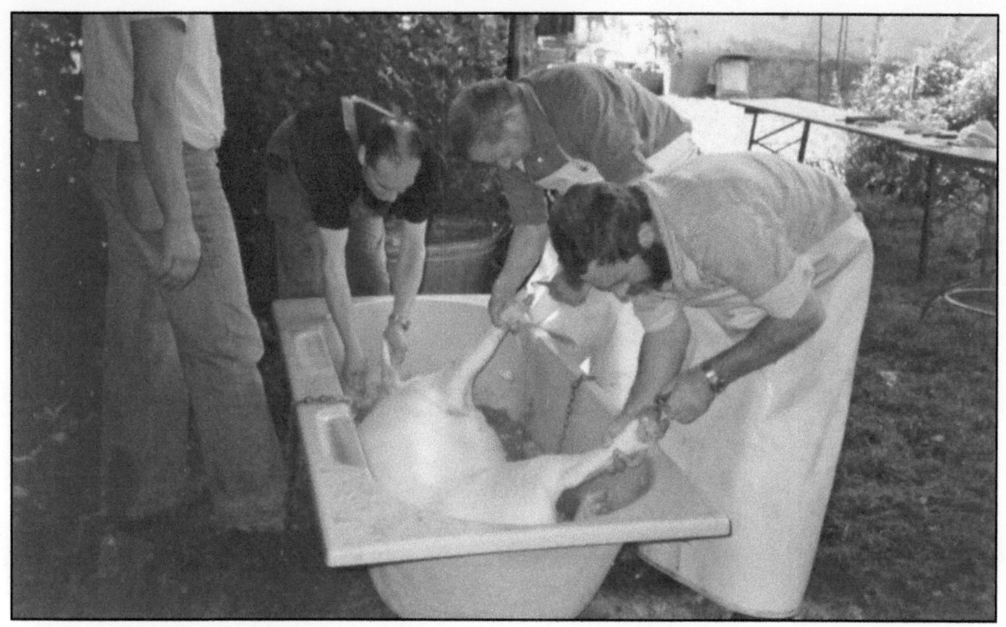

In einer alten Badewanne wird das Schwein „gebrüht" (die Borsten entfernt)

Wollte jemand die Borsten ganz sauber entfernen, dann musste meistens Vaters Rasiermesser herhalten. Man konnte aber auch Brühpech verwenden. Es wurde auf das tote Tier gestreut und hatte zur Folge, dass sich die Borsten verklebten und dann mit einer feingliedrigen Kette abgerubbelt werden konnten. Danach wurde das Tier aufgehängt, geöffnet und die Innereien ausgenommen. (Beim „Schwarzschlachten" wurde der Fleischbeschauer verständlicherweise nicht informiert!).
Kopf, Füße und zum Teil auch die Schwarten wurden im Waschkessel gekocht. Danach wurden die Teile aus dem Waschkessel genommen und klein zerschnitten. Die Brühe wurde mit Speckwürfeln, Salz, Pfeffer, Majoran und anderen Gewürzen (so man hatte) angereichert und in Pergamentdärme gefüllt. Für den roten Schwartenmagen wurde neben obigem mageren Fleisch auch das gekochte Blut verwendet. Zum Teil wurden auch die Därme gereinigt und mit Wurstbrät oder Blut gefüllt, dann gekocht. Auch für die Schweineblasen und den Magen hatte man Verwendung. Sie wurden gereinigt und mit Leberpressack gefüllt. Die Schweinsblasen wurden aufgeblasen und bei Umzügen mitgetragen, besonders bei der Schwäbisch-Alemannischen Fasnet.
Die schönen Fleischstücke und die Speckseiten legte man zur Seite. Das Fleisch wurde entweder in Gläser „eingerext" oder in Blechdosen eingemacht. Einige schöne Stücke wurden in eine Salzlake gelegt. Nach etwa vier Wochen konnte man sie herausholen und zum Räuchern in den Kamin oder eine Räucherkammer bei einem

Nachbarn hängen. Dann musste man den Speck mit scharfen Messern in kleine Würfel schneiden – je feiner, desto besser. Wenn man viele Speckseiten hatte, war das eine Menge Arbeit, die in der heißen Küche gemacht wurde. In früheren Jahren sollen bei dieser Arbeit auch junge Nachbarn geholfen und die Mädchen dabei gesungen haben: „Ich sitze hier und schneide Speck, wer mich lieb hat, holt mich weg!" Später hat man den Speck durch den Fleischwolf gedreht. Die Würfel kamen in eine große Messingpfanne auf dem Küchenherd und wurden bei großer Hitze gekocht und geschmolzen. In das durch die Hitze flüssig gewordene Fett wurden ständig Speckwürfel nachgelegt. Wenn eine Pfanne voll war, wurde das flüssige Fett abgeschöpft und durch ein Sieb geseiht in irdene Häfen abgefüllt. Im Sieb hatten sich kleine Krusten, die Grieben, angesammelt. Sie wurden in den Tagen danach unter die Bratkartoffeln gemischt oder zu Griebenschmalz verarbeitet.

In der Küche war es dementsprechend heiß geworden. Wenn viele Hände mitgeholfen haben, war die Arbeit in einigen Stunden erledigt. Der Speck war versorgt – die „Schmoalzhäfe" (irdene Töpfe) wieder voll – man hatte für die nächsten Monate wieder Schmalz, um zu kochen. So ein Vier-Zentner-Schwein hatte allerhand Material geliefert, nicht alles konnte konserviert werden und musste bald verzehrt werden. Es gab deshalb etwa 14 Tage nach dem Schlachten bei jeder Mahlzeit etwas „Schwines". Beim Morgenessen Bratkartoffeln mit Blutwurst und Grieben, zum „Vespere" am Vormittag weißen oder roten Pressack. Zum Mittagessen einen fetten Schweinebraten mit Sauerkraut und bei der abendlichen Brotzeit wieder Leberpressack oder ähnliches. Am Anfang schmeckte alles herrlich, doch im Laufe der Tage wurde es allmählich des Guten zu viel. Wenn die Temperaturen auch in den darauf folgenden Tagen noch tief waren, ist nichts verdorben. Der nächste Schlachttag war noch weit weg. Das geräucherte Fleisch konnte nach drei bis vier Wochen aus dem Kamin geholt werden und war nun monatelang haltbar. Es wurde meistens in einem wenig benutzten kühlen Zimmer aufgehängt. Aufgehängt deshalb, damit es die Mäuse nicht erreichen konnten. Der Metzger bekam zu Zeiten der Zwangswirtschaft für seine Arbeit neben seinem Lohn ein paar schöne Stücke Fleisch als Schweigegeld. In den Notzeiten während des Krieges wollte man bei einem Bauern ein Schwein schlachten, eine Genehmigung hatte man nicht bekommen. Doch der Hunger war da und man hatte ein Schwein gemästet, folglich wollte man eben „schwarz metzge" (verbotenerweise schlachten). Das musste in aller Stille erfolgen, damit die Nachbarn nichts mitbekamen. Mit der gebotenen Vorsicht zogen Vinzenz und sein Bruder Nikolaus das arme Schwein aus dem Stall, um es in den Schopf zu bringen, das Schwein aber roch den Braten, es entkam den beiden und rannte schreiend ins Freie. Die beiden haben das Schwein bald erwischt und geschlachtet. Spät abends, man war gerade dabei, den

Schweinespeck „auszulassen" und hatte wegen der Hitze in der Küche das Fenster einen spaltbreit aufgemacht, klopfte es an der Tür. Man öffnete vorsichtig und sah einen Polizisten vor der Türe stehen. Der Schreck war sehr groß. Doch der Polizist wollte nur erinnern, dass durch die nicht richtig geschlossenen Fenster ein Lichtstrahl nach außen dringe und man doch bitte die Fenster besser verdunkeln solle. Dann ging er weiter. Während der Kriegszeit musste alles verdunkelt werden, wegen der feindlichen Flugzeuge.

Bei einem anderen Bauern hatte eine Kuh gekalbt und das Kälbchen wurde nach einiger Zeit geschlachtet – wofür er keine Genehmigung hatte. Die „Millweagar" (Milchkontrolleure) kamen einmal im Monat zu den Bauern in die Ställe und mussten die morgens wie auch abends gemolkene Milchmenge jeder einzelnen Kuh wiegen und fein säuberlich in ein Buch eintragen. Ebenso musste jede Änderung im Bestand genau erfasst und aufgeschrieben werden. Jede Kuh, die gekauft oder verkauft wurde, musste registriert werden. Jedes Kalb, das geboren wurde, sowie dessen Geschlecht wurde festgehalten. Die Kälbchen bekamen Ohrmarken. Auf die Frage des Milchwieger, wann die Kuh gekalbt habe, welches Geschlecht das Kälbchen habe und was mit dem Kälbchen passiert sei, sagte man ihm, dass dieses gleich nach der Geburt verendet sei. Er trug die genannten Daten in sein Buch ein. Tage später kam ein Kontrolleur und fragte nach, was denn mit dem Kälbchen geschehen sei. Das sei verendet und man habe den Kadaver vergraben, sagte man ihm. Da dieser Mann aber ein 100%iger war, wollte er das genauer wissen und nachprüfen. Man zeigte ihm die Stelle im Wald, wo der Kadaver vergraben wurde. Kaum hatte man ein paar Schaufeln Erde weggenommen, da kam ein bestialischer Verwesungsgeruch aus der Grube. Nun war der Mann zufrieden und der Fall damit erledigt. Das Herzklopfen des Bauern hatte sich gelegt, denn er hatte den Kontrolleur an eine Stelle geführt, wo er einige Tage zuvor seinen toten Hund verscharrt hatte.

Bei einem Bauern war der Metzger, um ein Schwein zu schlachten. In der „schlechten Zeit" war es üblich, dass man dem Metzger neben seinem Lohn auch ein Stück Fleisch mit gab. Der Metzger hatte wohl manchmal schlechte Erfahrung gemacht und sich vorsorglich selbst bedient. Als er mit der Arbeit fertig war, fragte ihn die Bäuerin nach der Schuldigkeit. Der Metzger nannte eine bestimmte Summe. Die Bäuerin rundete den genannten Betrag auf und fügte hinzu, dass sie ihm gerne ein Stück Fleisch mitgegeben hätte, aber nachdem sie gesehen habe, dass er schon ein Stück Fleisch im Rucksack habe- sich also selbst bedient hat – müsse sie davon absehen.

Mit der Auflösung der kleinen Sennereien um 1970 wurde auch die kleinbäuerliche Schweinemast allmählich aufgegeben. In den Großmolkereien wird die Molke zu Molkepulver verarbeitet und findet in der kommerziellen Schweinemast Verwendung.

Der Waschtag

Trotz den vielen Arbeiten, welche Bäuerinnen und Mägde (wenn vorhanden) auf einem landwirtschaftlichen Betrieb in Stall und Feld, in Hof und Garten verrichten mussten, durfte dennoch die Arbeit in Haus und Familie nicht zu kurz kommen. Feuer anmachen, kochen, backen, spülen, Kinder waschen und windeln, füttern und anziehen, Nachttöpfe leeren, Betten machen, Zimmer herrichten, putzen, nähen, flicken, Wolle spinnen, stricken, waschen und bügeln und noch vieles mehr. Und dann kam noch der Waschtag. Die kleine Wäsche: Kinderwäsche, Windeln, Blusen, Unterhemden und -hosen, Strümpfe, Socken, Taschentücher und andere kleine Wäschestücke wurden zwischendurch so nebenbei erledigt. Sie wurden auf dem Küchenherd in dem so genannten „Rexkessel" in einer mit Waschpulver versetzten Lauge gekocht, am „Förggar" (Spülstein) gebürstet, gespült, ausgewrungen und anschließend an der warmen Hauswand oder an den Herd- und Ofenstangen zum Trocknen aufgehängt. Alle acht bis zehn Wochen war die große Wäsche zu machen. Im Sommer öfters, im Winter nur wenn es unbedingt sein musste, man konnte sie nicht ewig verschieben, denn wie sagte ein Sprichwort: „waschen, zinsen und beichten soll man nicht aufschieben – es kommt immer mehr dazu"!

Da man in den meisten Häusern weder eine Waschküche noch einen dazu geeigneten Keller hatte, musste im „Freien" gewaschen werden. Doch bevor man Waschen konnte, waren einige Vorbereitungen zu treffen. Die Wäsche musste eingeweicht werden, dazu waren Gefäße erforderlich. Die älteren Gefäße, wie Zuber, Bottiche und Schaff waren aus Holz, die neueren Wannen und Gelten aus Blech. Die Holzgefäße lagerte man nicht gerne in feuchten Kellern, da sie dort schneller kaputt gingen als in trockenen Räumen und oftmals auch modrig gerochen haben. Weil für diese Geräte innerhalb der Wohnung meistens kein Platz war, wurden sie in einem Schopf oder „oba doba uf d'r Obrate" (oben auf dem Dachboden) untergebracht.

In den feuchten und kalten Monaten gab es mit den hölzernen Bottichen keine Probleme, doch in den trockenen und heißen Sommermonaten schrumpfte das Holz durch die Wärme etwas. Die Gefäße wurden „leacher" (undicht). Die Dauben wurden mit blechernen Bändern (Ringen) zusammengehalten. Diese Bänder waren locker geworden und man musste sie mit einigen Hammerschlägen auf die Eisen wieder „anziehen" (spannen), damit die Dauben dicht zusammengedrückt wurden. Hinterher musste man die Gefäße noch „schwalle" (schwellen). Dazu wurden sie mit Wasser gefüllt oder, wo man die Möglichkeit hatte, in einen Weiher geworfen. Das Holz nahm die Feuchtigkeit auf, dehnte sich aus und die Zuber waren wieder dicht. Mit den Blechgelten und Blechwannen hatte man diese Sorge nicht. Auch auf die Farbe des Waschwassers musste geachtet werden. Die meisten Höfe, besonders in den Außenbereichen, hatten eine eigene Wasserversorgung. Die „Brunnenstuben" (Quellfassungen) wurden in der Regel von Oberflächenwasser gespeist und lagen nicht immer auf dem eigenen Grundstück, sondern oft auf dem Feld eines Nachbarn. Da war es gut, wenn man sich kundig machte und den Nachbarn fragte, ob er in den letzten Tagen auf dem besagten Grundstück Gülle oder Mist ausgebracht habe oder am nächsten Tag ausbringen wolle. Wenn man das nicht beachtete, konnte man eine böse Überraschung erleben, wenn das Wasser etwas dunkel gefärbt war, konnte die Wäsche nach dem Waschen schmutziger sein als vorher.

Waschtag in Jungensberg um 1930

Am Waschtag wollte man trockenes und schönes Wetter haben, damit die Wäsche noch am gleichen Tag trocknen konnte und trocken wurde. Die große Wäsche bestehend aus: Bettwäsche (Leintücher, Bett- und Kissenbezüge), Tischdecken, lange Hemden und Hosen, Schürzen, Röcke und Arbeitskleidung. Wenn zu erwarten war, dass das Wetter am nächsten Tag schön sein werde, traf man die Vorbereitungen dazu. Schon am Vortage wurden die Wäschestücke in allen zur Verfügung stehenden hölzernen Zubern, Bottichen, Schaff, verzinkten Blechwannen und Blechgelten in einer Seifenlauge eingeweicht. Zum Einweichen wurde manchmal auch Regenwasser verwendet, das man bei Regenwetter am „Da'hkehnar (der Regenablaufrinne) gesammelt hatte. Regenwasser ist weich und eignet sich gut zum Waschen. Zudem noch kostenlos. Man konnte damit Soda und Kernseife sparen. In früheren Jahrhunderten hat man Buchenasche zum Waschen von Wäsche verwendet. Das uns bekannte PER-SIL Waschpulver gibt es erst seit 1907, wie vor einigen Jahren der Zeitung zu entnehmen war.

Damit man sich beim Auswinden nicht zu sehr bücken musste, wurden die Zuber und Bottiche auf drei- oder vierbeinige Holzböcke gestellt. Wer laufendes Wasser hatte, konnte sich glücklich preisen. Wer keines hatte, musste es von einem nahe gelegenen Brunnen, Weiher oder Bach hertragen. Am nächsten Tag, dem Waschtag, wurde schon am frühen Morgen der Waschkessel aus dem Schopf oder Keller geholt und ins Freie getragen, dort mit Wasser gefüllt und Feuer angemacht (entfacht). In einigen Waschküchen gab es schon in den 1930er Jahren Waschkessel mit einer doppelten Außenwand, die an die Wasserleitung angeschlossen werden konnten und dann ständig mit Wasser gefüllt waren. Die Hitze des Ofens konnte damit besser ausgenützt werden. Wenn man warmes Wasser brauchte, öffnete man den Wasserhahn an der Außenseite des Mantels. Das warme Wasser floss unten heraus und oben floss kaltes Wasser nach. Somit hatte man warmes Wasser, solange das Feuer im Kessel brannte. Dazu war aber ein Wasserdruck notwendig. Nachdem das Wasser im Kessel genügend heiß war, konnten die Wäschestücke zum Kochen hineingelegt werden.

Mit einem speziellen Stock musste immer wieder im Kessel gerührt werden, um die Wäsche zu bewegen, und vor allem musste sie immer wieder hinunter gedrückt werden. Damit das Feuer im Schürloch nicht ausging, musste immer wieder Holz nachgelegt werden. Nach etwa einer Stunde Kochzeit holte man die Wäsche heraus und legte sie auf den „Wäschtisch“, einen großen Tisch mit einer hölzernen Platte, wo sie mit mehr oder weniger feinen Bürsten gebürstet wurde. Kleinere Wäschemengen wurden mit einem „Stössl“ (Wäschestampfer) und dem Waschbrett bearbeitet. Seit etwa 1850 gibt es das Waschbrett! Das Waschbrett wurde in einen Wäschezuber gestellt, die Wäsche aus der Lauge gezogen und an der rauen Oberfläche des Brettes gerieben. Danach kamen die Wäschestücke wieder in den Waschkessel zum Kochen. Dort wurden sie nochmals kurz aufgekocht und dann herausgenommen und in einem Bottich mit kaltem Wasser ein paar Mal „gliched“ (geschwenkt). Schließlich wurden die Teile „usgwunde“ (ausgewrungen). Das war eine schwere Arbeit. Bei großen Stücken mussten sich zwei Personen helfen. Beim Auswringen wurde mit dem Wasser der letzte Schmutz herausgepresst. Je weniger Wasser noch in der Wäsche zurückblieb, desto leichter trocknete sie. Mancherorts hatte man bereits schon in den 1930er Jahren Wäschemangen. Mit ihnen konnte das Wasser aus der Wäsche gepresst werden. Zwischen zwei eng beisammen liegenden hölzernen Walzen, die mittels Zahnrädern und einer Handkurbel gedreht wurden, mussten die Wäschestücke gelegt werden. Der Abstand zwischen den Walzen konnte verstellt werden, so dass sowohl dünne wie auch dicke Wäsche durchgequetscht werden konnte. Da das Auswinden eine schwere Arbeit war, durften auch „Mannsbilder" (Männer) mithelfen. Im Winter war das Waschen nicht nur eine nasse, sondern meistens auch eine kalte Angelegenheit und schon deshalb unbeliebt. Inzwischen hatte man im Garten oder auf einer Wiese in etwa 1,80 Meter Höhe ein langes „Wäschsoil" (Wäscheleine) gespannt, das alle paar Meter mit langen hölzernen Wäschestützen hochgehalten wurde. Wo keine Bäume im Garten standen, hatte man meistens einige feste Holzpfosten in die Erde eingegraben und konnte daran das Wäscheseil fest spannen und befestigen. In einem Korb oder einer Gelte brachte man die Wäsche zum Wäscheseil, wo sie mit hölzernen „Kluppa" (Wäscheklammern) am Seil befestigt wurde. Damit sich die Waschfrau nicht ständig nach den Wäscheklammern bücken musste, trug sie einen „Kluppeschurz", eine Schürze mit einer Tasche auf Brusthöhe, in der die Wäscheklammern lagen.

Hier wurde die Wäsche zum Trocknen unter dem Vordach am Balkongeländer aufgehängt – Isenbretshofen um 1940

Die großen, nassen Wäschestücke waren schwer und mussten an der Wäscheleine gut befestigt werden. Wenn man viel Wäsche hatte, brauchte man mindestens 40–60 Meter Wäscheseil und ein paar hundert Wäscheklammern, damit alles aufgehängt werden konnte. Das Wäscheseil musste straff angezogen und gut verankert sein und die Wäsche mit den Klammern gut befestigt werden, damit bei einem plötzlichen Windstoß die mühsam gewaschene Wäsche nicht auf die Erde, „in den Dreck", gefallen ist. Trotz aller Sorgfalt passierte dies immer wieder. War der Abstand zwischen den einzelnen Posten, an denen das Wäscheseil befestigt wurde, ziemlich groß, wurde mittels Schrägstützen das Seil hochgehalten, damit die nasse schwere Wäsche nicht auf den Boden hing.

In den Monaten Februar, März kann die Sonne schon sehr heiß scheinen. So ein Tag war gerade recht, um draußen im Freien Wäsche aufzuhängen. Aber so schönes Wetter lockte auch schon die Bienen zum Ausfliegen. Wenn ein Bienenhaus in der Nähe war, flogen die Bienen munter auf die schön aufgehängte Wäsche und hinterließen dort ihre Verdauungsrückstände, sehr zum Missfallen der Hausfrauen. Wenngleich die Verunreinigung einer einzelnen Biene auf der weißen Wäsche kaum zu sehen war, so machte es sich bei einer größeren Zahl von Bienen erheblich bemerkbar. Manche Hausfrau hat dann die Wäsche nochmals gewaschen und in der Stube zum Trocknen aufgehängt. Die Wäschelauge wurde nicht einfach weggeschüttet, sondern wieder verwendet und darin besonders schmutzige Wäsche, z. B. das „Stallhäs" (Stallkleidung) eingeweicht und gewaschen. Nicht besonders erfreut waren die Hausfrauen, wenn die Wäsche endlich an der Leine hing und ein lieber Nachbar gerade an diesem Tag „bschitte" (Gülle ausbringen) musste. Bei einem ruhigen, windstillen Tag blieb das ohne Folgen, doch bei lebhaftem Ost- oder Westwind wurde die Wäsche zwar schnell trocken, aber der Wind hatte den intensiven Geruch der Gülle, selbst noch aus weiter Entfernung, in die feuchte Wäsche geblasen. Besonders aufnahmefähig war flauschige Wäsche wie z. B. Frotteehandtücher oder Flanellhemden. Schmutzteilchen waren zwar nicht zu sehen, doch der Duft der Landschaft war in der Wäsche noch lange Zeit zu riechen.

Wäsche hängt zum Trocknen an der Wäscheleine – bei Stiefenhofen – um 1950

Im Sommer bei schönem Wetter ist die Wäsche schnell getrocknet und konnte bald abgehängt werden. Im Winter war es dagegen immer schwierig. Bei hohem Schnee musste man zuerst schmale Wege freischaufeln, damit man einen Zugang an die Wäscheleine hatte. Bei „tragendem" (harschiger) Schnee war es einfacher, da konnte man auf dem harten Schnee gehen und die Wäschestützen in den gefrorenen Schnee stecken. In den Monaten November bis Februar sind die Tage kurz und selbst an schönen Tagen wird es früh dunkel und gegen Abend kalt. Jedenfalls wurde die Wäsche am ersten Tag meistens nicht trocken und wenn gegen Abend die Temperatur gesunken ist, hat die Wäsche bretthart an der Leine gehangen. Bei sicherer Wetterlage konnte man die Wäsche hängen lassen, aber bei unsicherem Wetter ließ man die Wäsche nur ungern über Nacht im Freien hängen. Deshalb wurde sie steif gefroren wie sie war vorsichtig abgehängt und in der warmen Stube in eng nebeneinander liegenden Reihen an die Wäscheleine aufgehängt. In der warmen Stube ist die Wäsche schnell aufgetaut, so dass man sie aufhängen konnte. Die alten Stuben waren meist niedrig, so dass die Betttücher von der Decke bis fast auf den Fußboden hinunter hingen. Man musste schon froh sein, wenn die Wäsche nicht mehr tropfte! Der Kachelofen wurde dann auch über Nacht durch geheizt, damit die Wäsche schnell trocknen sollte.

Die Stube, das Wohnzimmer, war in der Regel der einzige heizbare Raum in der Wohnung und wurde im Winter für den Aufenthalt der Familie gebraucht. Damit die Familie am Abend und am nächsten Morgen zur Einnahme der Mahlzeiten an den Tisch kommen konnte, wurde eine schmale Schneise freigehalten. Kleinere Kinder hatten meistens ihren Spaß daran und sind unter den Wäschestücken „durgschloffe" (durchgekrochen). Am anderen Morgen war die Wäsche trocken. Man konnte sie jetzt abhängen, zusammenlegen und „kalten" (wegräumen).

Da mit den früheren Waschmitteln, vor allem wenn man sparsam damit umging, die Wäsche nicht immer weiß wurde, legte man graue Wäsche im Sommer an sonnigen Tagen zum Bleichen auf eine Wiese und besprengte sie aus einer Gießkanne mit Wasser. Nach einigen Wiederholungen war die Wäsche wieder weiß. Gebügelt wurden nur die feinen Überdecken und Paradekissen, Sonntagshemden und Blusen. Beim „Werftagshäs" (Arbeitskleidung) „hoat ma it so viel v'rstellt!" Ungefähr ab 1920 hatte man in den meisten ländlichen Haushalten den elektrischen Strom und schon bald gab es elektrische „Begelise" (Bügeleisen). Weil die Stromspannung oft nicht ausreichend war, mussten, wenn man Bügeln wollte, alle anderen Stromverbraucher innerhalb des Hauses abgeschaltet werden. Manche haben noch lange mit ihren gewohnten alten Kohlebügeleisen weiter gemacht. In Schneiderwerkstätten, wo viel gebügelt wurde, hatte man einen so genannten Bügeleisenofen. Da konnten zehn und mehr Bügeleisen auf einmal aufgeheizt werden. Nur langsam änderte sich der Waschtag. In den 1920er Jahren gab es schon Waschmaschinen mit einem Handkurbel-Antrieb. Durch Drehen an einer Kurbel wurde ein Haspel im Waschkessel hin und her bewegt, der die Wäsche in Bewegung setzte. Kriegsbedingt blieb die weitere Entwicklung während dieser Jahre stehen. Erst in den Jahren nach 1950 änderte sich der Waschtag – es gab allmählich auch Waschmaschinen und Wäscheschleudern für den kleinen Mann zu kaufen. Man musste nur noch die Wäsche aus der Maschine nehmen und in die Wäscheschleuder eingeben. Auch dieser Vorgang war bei Vollautomaten, die ungefähr ab 1960 in den Handel kamen, nicht mehr nötig. Zum Trocknen der Wäsche gibt es etwa seit 1970 den Wäschetrockner und zum Bügeln elektrische Bügelmaschinen. Die vorgenannten Maschinen wurden und werden ständig weiterentwickelt, sie laufen jetzt ruhiger und sparsamer, brauchen weniger Strom und Wasser.

Geburt und Erziehung der Kinder

In den vorhergehenden Kapiteln wurden die Wohn- und Lebensgewohnheiten, die eine junge Frau nach der Einheirat auf einem mittleren landwirtschaftlichen Betrieb im Allgäu vorgefunden hat, behandelt. Nach dieser umfangreichen Einführung wollen wir nun zu der wichtigsten und schönsten Aufgabe einer Frau kommen, nämlich Mutter zu werden und Kinder aufzuziehen. Etwa ein knappes Jahr nach der Hochzeit meldete sich meistens Nachwuchs an. Der biologische Rhythmus der Frau war damals noch nicht durch Antibabypillen beeinflusst worden! Das war unter anderem auch ein Grund, warum so viele Hochzeiten im Wonnemonat Mai stattfanden. Denn, wenn alles seinen normalen Gang nehmen würde, war im ausgehenden Winter des nächsten Frühjahres mit Nachwuchs zu rechnen.

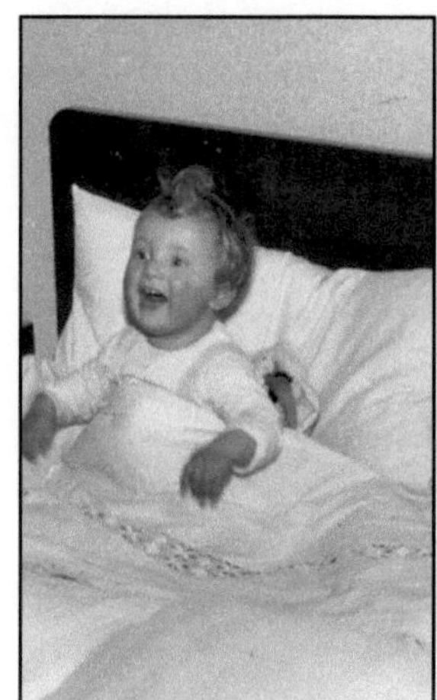

Kleiner Bub im Bett der Eltern – um 1960

Mit dem Kindswagen unterwegs – Stiefenhofen um 1930

Dann war es noch Winter und die Frühjahrsarbeit hatte noch nicht begonnen. Die junge Mutter hatte Zeit, sich ihrem Kind zu widmen – bis zum Beginn des „Heibat" (Heuernte – Anfang Juni) würde sie sich gut erholt haben, um bei der schweren Arbeit wieder fest mitarbeiten zu können. Die Lästermäuler hatten mit ihrer Vermutung, wegen einer vorzeitigen Schwangerschaft, nicht recht gehabt! Allmählich war es gut sichtbar, dass die junge Frau in „anderen Umständen" oder „gesegneten Leibes" war, wie man früher auch sagte. Aber deswegen wurde die werdende Mutter in der Schwangerschaft nicht besonders geschont. Nur die schwersten Arbeiten wurden ihr abgenommen. Die tagtäglichen Arbeiten mussten wie immer verrichtet werden. Schwangerschaft und Kinderkriegen waren wichtige Lebensabschnitte, aber eben Teil des Lebens einer Frau. Sie freute sich und war stolz, wenngleich sie eine latente Angst vor der Niederkunft hatte.

Je nach Fruchtbarkeit der Eheleute kamen die Kinder auf die Welt. Ohne Wenn und Aber. Schwangerschaftsgymnastik war unbekannt – die Frauen hatten Bewegung genug. Die Kinder wurden in aller Regel zu Hause geboren. Schon frühzeitig wurde die Dorfhebamme von dem in Kürze zu erwartenden Nachwuchs in Kenntnis gesetzt. Wenn es denn so weit war, musste jemand vom Haus oder aus der Nachbarschaft mit dem von Pferden gezogenen Rennwagen oder im Winter mit dem „Rennschlitten" losfahren, um die Hebamme zu holen. Es soll auch öfters vorgekommen sein, dass der Fahrer die Hebamme zu Hause nicht angetroffen habe, weil diese bereits zu einer anderen Geburt geholt worden war. Dann hieß es eben warten. Manchmal kam die Geburtshelferin auch erst an, wenn das Kind schon geboren war. Männer, Jugendliche und Kinder hatten bei einer Geburt im Schlafzimmer nichts „zu suchen" (keinen Zutritt), das war der Hebamme, älteren, erfahrenen Frauen aus der Nachbarschaft sowie der „Pflegare" (Pflegerin) vorbehalten. Die Pflegerin war eine vertraute Person aus dem Bekanntenkreis. Man hatte sie ins Haus geholt, damit sie der Wöchnerin in den ersten Tagen zur Hand gehen sollte. Neben der Betreuung der Wöchnerin und des Nachwuchses musste sie auch den Haushalt führen, denn die anderen im Haus befindlichen Personen mussten ja auch versorgt werden.

Ein Kind wird zur Taufe in die Kirche getragen – um 1940

Der Nachbarschaft blieb natürlich nicht verborgen, dass die Bäuerin X ein Kind zur Welt gebracht hatte. Neben der üblichen Frage, ob alles gut gegangen sei, kam gleich die Frage „Und was hot ba brocht?" Bei einem Sohn sagte der Vater voller Stolz: „An Buebe, natirle" (einen Sohn natürlich) und bei einem Mädchen „Hauptsach, as ischt alls gsund!" Die Mütter und Schwiegermütter hatten Erfahrung in der Kinderpflege und Erziehung derselben und gaben der jungen Mutter gute Ratschläge. Wegen der hohen Kindersterblichkeit in früherer Zeit wurden die Kinder schon in den ersten Tagen getauft. Die Mutter konnte der Taufe nicht beiwohnen. Wenn für das Kind akute Lebensgefahr bestand, durften die Hebamme oder die Eltern die Nottaufe vornehmen.

Bei der Namensgebung der Kinder wurden nach Möglichkeit die Namen von Vater oder Mutter, von den Großeltern, von Onkeln und Tanten sowie von Götte und Gotha (die Paten) berücksichtigt. Heilige dienten als Vorbilder und ihre Namen wurden innerhalb eines Familienverbandes ständig wiederkehrend verwendet: wenn z. B. der Großvater Georg hieß, dann auch der Vater, ein Sohn oder Enkel, die Großmutter

Maria, dann auch die Mutter, eine Tochter und eine Enkelin. Damit man die Namen von wichtigen Verwandten unterbrachte, gab man den Kindern oft auch Doppelnamen, z. B. Johann Georg, Franz Josef, Josef Anton, Maria Elisabeth, Anna Katharina und andere mehr.

Die Kinder wurden gestillt. Wenn die Muttermilch nicht ausreichte, gab man ihnen in einem „Budel" (Trinkflasche) gekochte Kuhmilch oder ein feines „Millmisle" (Milchbrei). In die Milch wurde feines, weißes Mehl gegeben und gekocht. Ausgangs des 19. Jahrhunderts, als man für die Milch einen guten Preis erzielte, beklagten sich manche Ärzte, dass die Bauern lieber die Milch verkaufen würden, als sie ihren eigenen Kindern zu geben. Die feinen „Millmisle" waren ein billiger, vitamin- und mineralstoffarmer Ersatz! Diese einseitige Ernährung war, neben den oftmals schlechten hygienischen Verhältnissen, ein Grund für die hohe Kindersterblichkeit in der damaligen Zeit! Interessant dabei ist, dass die Kindersterblichkeit in den großen Krankenhäusern der Städte viel größer gewesen sei als auf dem Land. Denn dort war die Ansteckungsgefahr am größten! Die Verstädterung und die immer besseren werdenden Verkehrsanbindungen, neben den desolaten hygienischen Verhältnissen, sollen die Ursache gewesen sein. Die Virologen Ignaz Semmelweiß, Rudolf Virchow, Louis Pasteur und noch einige andere stellten fest, dass in manchen Krankenhäusern die Ärzte von einer Obduktion unverzüglich in den Kreißsaal gingen, ohne ihre Hände zu desinfizieren. Wo viele kranke Menschen zusammenkommen oder dicht beieinander wohnen, ist die Ansteckungsgefahr groß.

Das Leben von Mutter und Kind spielte sich in den ersten Tagen hauptsächlich im Schlafzimmer der Eltern ab. Der Kachelofen in der Stube hatte einen Durchgang ins Schlafzimmer, damit konnte das Zimmer auch warm gemacht werden. Dort wurde das Kind gestillt, gewickelt und gebadet. Die Pflegerin brachte das Notwendige und versorgte die beiden. In den ersten Wochen nach der Geburt wurde die Wöchnerin geschont! Doch schon bald hatte sie der Alltag wieder.

kleiner Bub sitzt in einem Brunnentrog

Kinder baden in blechernen Wannen – um 1940

Die Pflegerin verließ das Haus und der Vater durfte wieder ins Schlafzimmer zurückkehren. Die junge Mutter versorgte das Kind und machte den Haushalt wie zuvor. Das Kind oder die Kinder musste/n gestillt, gefüttert, gewaschen und gewindelt werden. Die größeren Kinder mussten schon bald auf ihre kleineren Geschwister aufpassen. Wenn ein Kind nicht einschlafen konnte, wurde es in die Wiege gelegt und geschaukelt, bis es einschlief. Die Kinderwagen, hier „Kindswäge", „Kindswägele" oder „Kindskärre" genannt, sind noch gar nicht so alt. Um 1904 sollen die ersten Kinderwagen auf den Markt gekommen sein. Daher wurden die Kinder bei der Heuernte in ein „Ziehwägele" gelegt oder gesetzt, das man mit etwas Heu oder einer alten Wolldecke gepolstert hatte, und von der Mutter oder älteren Geschwistern aufs Feld gezogen und an einem schattigen Platz in der Nähe abgestellt. Bei der Heuernte wurden alle Familienmitglieder gebraucht, besonders wenn das Heu dürr war und sich schon am frühen Nachmittag Gewitterwolken am Himmel über den Bergen zeigten.
Die „Kindskärre" waren Wagen mit hohen Rädern, einem geflochtenen Korb und Blattfedern. Bei den damaligen rauen Wegen war eine Abfederung sicherlich notwendig. Auch die hohen Räder waren nötig, da die meisten Straßen steinig und holprig waren. Wagen mit hohen Rädern laufen leichter über unebene Wege als solche mit kleinen Rädern. Auch auf den Bauernhöfen gab es solche Wägen. Später bekamen die Kinderwagen ein hochklappbares Dach als Schutz gegen intensive Sonneneinstrahlung und gegen Regen. Einwegwindeln („Pampers") kannte man nicht, die kamen erst in den 1960er Jahren auf den Markt. Die linnenen Windeln mussten immer wieder gewaschen und getrocknet werden. Im kleinen Waschkessel auf dem Küchenherd wurde die Wäsche gekocht, in der Spüle gewaschen und an der Ofenstange oder bei Sonnenschein an einer sonnigen Hauswand zum Trocknen aufgehängt. Im Sommer trugen die meisten kleinen Kinder lange Kleidchen (auch die Buben), ohne darunter was zu tragen. Wenn sie barfuß auf den Wiesen herum sprangen, brauchten sie keine Windeln. Auf den Feldern in der freien Natur war Platz genug für ihre Ausscheidungen.
Nach dem ersten Kind folgte schon ein Jahr später das zweite. So ging das einige Jahre lang. In manchen Familien kamen innerhalb von zehn Jahren sieben, acht Kinder zur Welt. Meine Großmutter schenkte innerhalb von 16 Jahren 14 Kindern das Leben. Sechs von ihnen verstarben in den ersten zwei Lebensjahren! Man hatte damals weder eine Krankenversicherung noch gab es Kindergeld! Das wurde in der Bundesrepublik Deutschland erst 1954 eingeführt. Für die ersten zwei Kinder gab es nichts. Für das dritte und jedes weitere Kind DM 25,-- (Deutsche Mark).
Wenn man die Kinder am Abend ins Bett brachte, wurden sie mit „Weihwasser", das im „Wihwasserkächele", einer kleinen Schale am Türrahmen der Schlafzimmertüre,

angebracht war, besprengt. In dieser Schale musste immer geweihtes Wasser sein. Sobald es leer war, wurde es wieder aufgefüllt. Die Kinder wurden von der Mutter, größeren Geschwistern oder einem „Kindsmägdle" ins Bett gebracht. Dann wurde mit ihnen gebetet und bald schon mussten diese mitbeten oder auch vorbeten:

„Jesus Kindlein, komm zu mir,
mach' ein frommes Kind aus mir.
Mein Herz ist klein, kann niemand hinein,
als Du, mein liebes Jesulein.

Die Eltern mein, empfehl' ich Dir,
behüt', o lieber Gott, sie mir.
Vergilt, o Herr, was ich nicht kann,
das Gute, das sie mir getan.

Heiliger Schutzengel mein,
lass mich Dir empfohlen sein,
dass mein Herz von Sünden frei
allzeit Gott gefällig sei.
Führe mich an Deiner Hand
bis an meines Grabes Rand.
Stelle mich dem Vater vor
einst in aller Engelchor! Amen"

Eine Mutter lässt sich mit ihren Kindern an der Hauswand fotografieren – um 1920

Die Erziehung der Kinder war in der Regel die Aufgabe der Frauen. Die Männer haben sich meistens raus gehalten. Ich kann mich nicht erinnern, in meiner Kindheit einen Vater gesehen zu haben, der in der Öffentlichkeit eines von seinen Kindern herumgetragen hätte. Wenn die Mutter zum Kochen in die Küche musste, nahm sie das Kleinkind mit oder ließ die Türe zum Schlafzimmer einen Spalt weit offen stehen. Auf einem Bauernhof waren meistens verschiedene Tiere zu versorgen und zu betreuen. Kühe, Pferde, Kälber, Schweine, Schafe, Ziegen, Hühner, Katzen Hunde, Meerschweinchen, Kaninchen und Hasen. Die Kinder hatten damit oft eigene Aufgabengebiete und lernten Verantwortung zu tragen. Sie mussten auch schon frühzeitig auf die Geschwisterchen aufpassen, ihnen den Schnuller oder den Budel geben, die Wiege schaukeln, den Kinderwagen hin und her schieben, bis das Kleine eingeschlafen war, mithelfen beim Tischdecken, beim Tischabräumen und beim Spülen. Natürlich nur beim Alltagsgeschirr. Das „gute Geschirr" machten die Erwachsenen schon selbst. „Die große Kind' ziehnet die Kleine uf!" (Die größeren Geschwister ziehen die Kleineren auf!). Auf einem Hof gibt es viele Leistungen, die auch von kleinen Kindern zu verrichten waren: Brennholz aus dem Schuppen in die Küche tragen, den Hühnern etwas zu fressen hinwerfen, anstehen beim Vieh aus- oder eintreiben, beim Gartenjäten mithelfen, im Herbst „Äpfl und Bira uflese" (Fallobst aufsammeln), in der nahen Bäckerei Brot holen und einiges mehr.

Kleiner Bub hilft der Mama beim Vieh eintreiben – um 1950

Je größer die Kinder wurden, desto größer wurden ihre Aufgaben. Die Eltern waren froh ob solcher Hilfen und die Kinder waren oft stolz, wenn sie solche Aufgaben erledigen durften. Natürlich hätten sie manchmal auch lieber mit den Nachbarkindern gespielt. Doch diese hatten meistens ein ähnliches Los, auch sie mussten daheim helfen. Zum Spielen blieb immer noch genügend Zeit übrig!

Im Sommer haben die Kinder vor dem Haus, auf der Straße oder den Wiesen gespielt. Bei Regenwetter in einem Schopf oder in der Tenne. Im Winter an ganz schlechten Tagen entweder in der eigenen oder in der Stube eines Nachbarn. Wenn es Schnee halber einigermaßen ging, waren sie draußen beim Schneeburgen bauen, beim Schlitten oder Ski fahren. Das Herumspringen und Herumtollen war gut für ihre körperliche Entwicklung. Durchblutung und Kreislauf wurden gefördert, Herz und Lungen gestärkt, Muskulatur und Knochenbau gestählt. Sie lernten die Umgebung kennen, wussten, wo Gefahren lauerten und auf was man aufpassen musste. Sie lernten sich anzupassen, mussten den Größeren und den Erwachsenen folgen, Rücksicht aufeinander nehmen. Sie lernten zu teilen und freuten sich, wenn sie von anderen etwas geschenkt bekamen.

Noch vor wenigen Jahrzehnten konnten die Kinder in ihrer freien Zeit fast ungehindert auf den Dorfstraßen spielen. Das war den Bauern lieber, als wenn sie im „hohe

93

Gras", das man bald mähen wollte, herumgetrampelt wären. Auf den Dorfstraßen oder auf freien Plätzen z. B. vor Sennereien war immer etwas los. Im Frühling und Sommer wurde das Vieh durchs Dorf auf die Weide getrieben oder es kam von dort zurück. Fußgänger waren unterwegs, um im Dorf einzukaufen oder bei Bekannten einen Besuch abzustatten. Die Bauern brachten zweimal täglich die Milch zur Sennerei und schoben vormittags den „Molkekarre" zum Lokal. Die wenigen Pferdefuhrwerke kamen langsam heran – man sah und hörte sie schon von weitem. Gefahren von Straßenverkehr und landwirtschaftlichen Maschinen waren gleich null. Natürlich kam es zwischen den Kindern auch zwischendurch zu „Händel" (verbale Streitereien und Raufereien). Oftmals kamen sie mit zerrissenen und dreckigen Hosen und Röcken nach Hause. Aber weil die Kinder früher noch keine Designerklamotten getragen haben, war das nicht so schlimm. Man schimpfte sie zwar: „Ihr Grampe, kinnet'r it bessr Obacht gea!" (Könnt ihr denn nicht besser aufpassen). Die Mütter oder Großmütter flickten die Hosen und Kleider wieder. Die Hose oder der Rock hatten danach halt einen „Bleatz" (Flicken) mehr.

Die Alltagskleidung der Kinder: „Hosa, Hemeder und Röck" wurde von vielen Müttern selbst zugeschnitten und genäht. Man kaufte in einem Ladengeschäft einige Meter Stoff, besorgte sich ein Schnittmuster oder nahm Maß an anderen Kleidern. Pullover, Westen, Strümpfe, Socken, Mützen, Handschuhe wurden gestrickt – die Mädchen mussten sich schon frühzeitig daran beteiligen. Die Buben wurden verschont – für sie hatte man andere Arbeiten bereit. Die Buben trugen damals das ganze Jahr über kurze Hosen und die Mädchen Röcke. Im Sommer gingen die Kinder barfuß – auch zur Schule und zur Kirche. Jüngere Geschwister mussten die Kleider der Älteren abtragen. Jedoch, von Zeit zu Zeit, ließ man auch neue Kleider machen: ein Anzügle für die Buben, einen Rock, eine Jacke oder einen Mantel für die Mädchen. Man ließ sie bei einem örtlichen Schneider machen oder holte eine Störnäherin ins Haus. Die neuen Kleidungsstücke durften nur zu besonderen Anlässen getragen werden.

Rehkitz und Katze fressen aus einer Schüssel

Beim Klettern auf Bäumen und Büschen, beim Durchschlüpfen unter den Stacheldrahtzäunen oder bei Raufereien waren Kratzer, Risse oder Schrammen auf der Haut nicht zu vermeiden; mit Melkfett oder irgendeiner Salbe wurden sie eingeschmiert und verheilten nach einiger Zeit von selbst. Fieber, Husten, Schnupfen und Katarrh wurden mit Tee, Brust- oder Wadenwickeln behandelt. Im Winter hatten die Kinder oft laufende Nasen, denn ihr Schuhwerk war nicht immer wasserdicht, besonders bei einem „Gschluder" (Schneematsch) gab es leicht nasse Füße. Aber auch wenn sie Schnupfen und laufende Nasen hatten – zur Schule mussten sie trotzdem gehen.

Beim Spielen und Herumtollen im nassen Gras oder auf den nassen Kiesstraßen kamen sie oft schmutzig nach Hause. Gewaschen haben sie sich an einem Brunnentrog im Freien oder am Förggar in der Küche. Auch wenn die Häuser oder Wohnungen noch keine Badezimmer hatten, die Kinder mussten ab und zu auch gebadet werden. Für kleine Kinder nahm man ein hölzernes Schaff oder eine Blechgelte. Mit einem Eimer wurde das heiße Wasser dem „Schiffle" des Küchenherdes entnommen und in das entsprechende Gefäß geschüttet. Wenn mehr Wasser gebraucht wurde, heizte man den Waschkessel an und schüttete das Wasser in einen hölzernen Zuber. Damit das Wasser nicht vergeudet wurde, badete man zuerst die relativ sauberen Kinder und dann die Schmutzigen in ein und demselben Wasser. Wenn das Wasser kälter wurde, kamen ein paar Kübel heißes Wasser dazu. Mit Kernseife wurden die Kinder eingeseift und dann gewaschen. Beim Abtrocknen der Kinder nahm man solange wie nur möglich das gleiche Handtuch. Erst wenn dieses sehr nass war, wurde wieder ein trockenes genommen.

Abends mussten die Kinder zeitig zu Hause sein, noch bevor es dunkel wurde, denn sonst würde der „Nachtgiggelar" (Nachtvogel) oder der „Bullebissar" (der schwarze Mann) kommen und sie holen, wurde ihnen gesagt. In den Nächten, außer den Vollmondnächten, war es dunkel, weil weder Hoflampen noch Straßenbeleuchtungen oder Autoscheinwerfer die Nächte erhellten.

Solange Erwachsene oder „fremde" Leute (Nachbarn, Verwandte, Bekannte) am Tisch waren, mussten die Kinder gehorchen und still sein. Sie durften nur reden, wenn sie gefragt wurden. Bei einer großen Anzahl von Kindern musste Disziplin und Ordnung herrschen. Gegessen wurde das, was auf den Tisch kam – ohne Wenn und Aber. Wer nicht hungern wollte, musste zugreifen. Da gab es keinen Schrank mit Schokolade oder Süßigkeiten. Hunger ist der beste Koch! Man achtete darauf, dass die Kinder zwar genug zu essen bekamen, doch nicht übermäßig, denn „Fulenzar und Vielfressar zieht ma sell!" (Kinder sind von Natur keine Faulenzer oder Vielesser, sie werden es durch falsche Erziehung!). „Schneigge" (naschen) wurde nicht geduldet und musste sogar im 5. Gebot gebeichtet werden: „Ich habe genascht!"

Sobald die Kinder einigermaßen laufen konnten, durften sie am Sonntag bei schönem Wetter mit den Eltern oder Großeltern in die Kirche gehen. Die kleinen Kinder waren bei der Mutter oder Großmutter in der Bank. Schulkinder, ihrem Alter entsprechend, in den vorderen Bänken. Eine Person musste zu Hause bleiben und „gomme" (das Haus hüten). In der Regel eine Frauensperson. Diese konnte in der Zwischenzeit schon Kochvorbereitungen beginnen.

Gehorsam, Respekt, Ehrfurcht, Disziplin, Anpassung, Rücksichtnahme, Unterwürfigkeit, Gottesfurcht waren groß geschrieben. Wenn in einer Familie viele Menschen, Groß und Klein, auf engem Raum beisammen wohnen, musste Ordnung herrschen. Da konnte nicht jeder tun und lassen, was er wollte. Nicht umsonst heißt es im 4. Gebot: „Du sollst Vater und Mutter ehren, auf dass es dir wohl ergehe und du lange lebest auf Erden!" Wenn man anderen begegnete, musste man sie mit „Grüß Gott" grüßen. Wenn jemand „pflizge" (niesen) musste, sagte man „Helf (Dir) Gott", und bedankte sich mit „Segn (es) Gott!" Für kleine Handreichungen oder Geschenke musste man sich mit „Vergelts Gott" bedanken. Hilfsbereit sein ohne etwas zu erwarten!

Die Jahre vergingen, die Kinder kamen in die Schule. Beim Einschulen am ersten Schultag gingen die Mütter mit ihren Kindern noch mit zur Schule, doch schon in den nächsten Tagen mussten die Kleinen mit den älteren Geschwistern oder mit Nachbarskindern mitgehen. An kleineren Schulen wurden meistens alle acht Klassen in einem Raum gleichzeitig unterrichtet. In der Schule sollten die Kinder aufpassen und gehorchen.

Balzhofer Kinder spielen mit jungen Geißlein – um 1940

Wenn sie ihre Hände nicht gerade zum Schreiben, Rechnen oder Zeichnen brauchten, mussten sie diese schön brav auf die Schulbank legen und keinerlei Unfug treiben. Wenn ein Schüler in der Schule Tatzen bekommen hatte, sagte er zu Hause nichts, sonst hätte er vom Vater oder auch der Mutter mit Sicherheit noch eine Ohrfeige bekommen mit der Feststellung: „Du wirst halt frech oder faul gewesen sein!" Auch der Schulunterricht hatte vor einigen Generationen noch einen anderen Stellenwert. Neben Lesen, Schönschreiben, Rechnen wurde großer Wert auf religiöse Erziehung, Betragen, Fleiß und sittliches Verhalten gelegt. Auch die Charaktermerkmale wurden mit Noten in den Zeugnissen bewertet.

Die Kinder mussten viel mithelfen, gerade im Heibat und bei der Obsternte. Aber es gab auch andere Tage. In der arbeitsruhigen Zeit gab es viele Möglichkeiten, mit den Nachbarkindern zu spielen. In größeren Dörfern fanden sich immer Kinder, welche Zeit für Spiele hatten. Da gab es Spiele wie Ringelringelreihe, Fängerles, Versteckerles, Anschlagversteckerles, Räuber und Schandi, Himmel und Hölle, Weitsprung, Hochsprung, „der Kaiser schickt Soldaten aus", Bockspringen, „Hasebirzlar" (Purzelbäume) machen, „Hoare" (Kräfte messen). Bei Regenwetter spielte man in den Wohnungen: Karten und Ratespiele, „Mühle fahre", „Würfle", „Schinke klopfe", „Eigeloh

– Gmuidsloh" und noch einige mehr. Vor Beginn eines Spieles wurde durch Auszählen festgelegt, wer fangen oder suchen musste. Die Kinder stellten sich im Kreise auf. Einer zählte aus: „Ich und du und Müllers Kuh und Bäckers Esel, der bist du." Wer als letzter übrig blieb, musste fangen bzw. suchen.
Natürlich mussten auch die Hausaufgaben gemacht werden. Stichprobenweise wurde von der Mutter kontrolliert, ob sie gemacht wurden und ob sie richtig waren. Kontrolle musste sein!

Ringelreihe spielende Kinder in Buflings

In kinderreichen armen Familien wurden die Kinder oft schon in einem Alter von neun, zehn Jahren an einen „Platz" (Stelle) gegeben, wo sie als Hütebube oder als Kindermädchen dienten und von dort aus zur Schule gingen. Man hatte dann einen Esser weniger am Tisch! Nicht alle Plätze waren gute Plätze! Es gab solche und solche, gute und weniger gute. Oft hatten die Kinder Heimweh nach Vater und Mutter, den Geschwistern – besonders in den ersten Wochen. Wenn sie auch keine schwere Arbeit zu verrichten hatten, so war ihnen doch alles fremd, die Umgebung, die Lebensgewohnheiten, die Nachbarschaft, das Essen. An manchen Stellen wurde auch am Essen gespart und selbst wenn sie genug zu essen hatten, es war einfach alles anders. Nicht umsonst sagte man: „Dohui isch halt dohui!"(Daheim ist halt Daheim) Und doch meinten manche, dass den Kindern die Fremde gut tun würde, denn „Wenn se allat bloß dohui rumhucket weret sie reat verwehnt und hoikel" (Wenn sie immer nur zu Hause herumsitzen werden sie nur verwöhnt und heikel). „Stubehuckar weret nix!" (Stubenhocker taugen zu nichts!).

Während der morgendlichen Stallzeit waren viele Arbeiten fast gleichzeitig zu erledigen, da war der Bauer sehr auf die Mithilfe seiner Frau angewiesen. Der Stall musste entmistet und gereinigt, die Tiere gefüttert und die Kühe gemolken werden. Das Milchgeschirr gewaschen und die Milch in die Sennerei gebracht werden. Das Pferd musste geputzt und die Kälble getränkt werden. Wenn man schulpflichtige Kinder hatte, musste man diese wecken und dafür sorgen, dass sie sich „gricht machet" (waschen und anziehen). Ein warmes Morgenessen musste gerichtet und Pausenbrote gestrichen werden. Die Kinder sollten dem Wetter entsprechend angezogen sein und so rechtzeitig aus dem Haus kommen, dass sie spätestens um 8.00 Uhr in der Schule oder bereits um halb acht Uhr beim Gottesdienst in der Kirche waren. Viele Kinder in ländlichen Gegenden hatten einen Schulweg von mehr als einer halben Stunde zurückzulegen. Weiterführende Schulen waren nur einzelnen vergönnt. Nur wenige Kinder aus den ländlichen Gebieten haben früher eine weiterführende Schule besuchen können. Denn dazu waren oft die Entfernungen zu groß, die Verkehrsanbindungen zu schlecht und das Interesse seitens der Eltern zu gering. Ein Studium kam nur für Schüler infrage, die entweder „Geistliche" oder Lehrer werden wollten. Beim Erlernen eines Handwerks würden die Kinder in der Lehre das für den Beruf Notwendige erlernen. Für die Übernahme der elterlichen Landwirtschaft oder Einheirat in eine Landwirtschaft reiche die normale Schulbildung aus, war die gängige Meinung. Während die Mädchen hauptsächlich die für den Haushalt und die Kindererziehung nötigen Kenntnisse lernen mussten, hatten die Buben die in der Vieh- und Landwirtschaft notwendigen Erfordernisse zu beherrschen.

Man versuchte die Kinder zu tüchtigen Menschen zu erziehen, die hart gegen sich selbst waren und die Arbeiten, welche im Haushalt und in der Landwirtschaft anfallen, beherrschten. Daher wurden sie meistens streng erzogen, denn wenn sie einmal bei einem Meister in die Lehre kommen oder als Knechte und Mägde bei fremden Leuten in die Dienste treten mussten, hatten sie sich zu bewähren und hatten dann weniger Probleme, den harten Alltag zu bestehen. Die Arbeiten waren mit einigen Unterschieden fast überall die gleichen. Die Mentalität der Arbeitgeber jedoch verschieden. Mit manchem Arbeitgeber verstand man sich gut, mit anderen weniger gut.

Es gab eine Reihe von Redensarten und guten Ratschlägen, die den Kindern gesagt wurden, z. B. „Lehrjahre sind keine Herrenjahre!", „Jung gewohnt alt getan!", „Was du heute kannst besorgen, das verschiebe nicht auf morgen!", „Lerne ist kui Schand aber nix kinne!" (Lernen ist keine Schande, aber nichts können!) „Was Hänschen nicht lernt, lernt Hans nimmer mehr!", „Nicht für die Schule – fürs Leben lernen wir!"

Nach Besuch von acht Jahren Volksschule bekamen die Schüler das Entlassungszeugnis ausgehändigt, und waren nun „schullos", auch diejenigen, welche „huckeblibe" (sitzen geblieben) sind, also eine Klasse wiederholen durften. Danach folgten drei Jahre Fortbildungs- oder Berufsschule.

Solange man noch keine Ablenkung durch Fernseher und Computer hatte, waren die persönlichen Bindungen innerhalb der Familien und innerhalb des Dorfes noch wesentlich enger. Wenn man auch alles zu Fuß gehen musste, so begegnete man doch auf dem Wege zur Kirche, zum Einkaufen, zum Markt oder beim „Milchforttun" vielen Mitmenschen, die den gleichen Weg hatten oder am Wegrand ihrer Arbeit nachgingen. Schnell wurden ein paar Worte gewechselt und man war wieder auf dem neuesten Stand. Heute sieht man den Nachbarn oft nur noch, wenn man ihm auf der Straße mit dem Auto oder Traktor begegnet. Man bremst ein wenig und grüßt ihn mit einem Handzeichen. Trotz Auto, Telefon und Handy – man war früher oftmals besser informiert über das, was in der unmittelbaren Nachbarschaft geschah. Heute muss man die Tageszeitung lesen, um zu erfahren, was sich in nächster Nähe ereignet hat oder wer verstorben ist. Und doch sind persönliche Kontakte wichtig. In einem überschaubaren Bereich spielt sich das Leben ab. Wo man sich kennt, kann man Beziehungen aufbauen und teilnehmen an der Freude oder dem Leid des andern.

Es gab früher viele Möglichkeiten, sich zu treffen und miteinander zu reden. Da waren die Namenstagsfeste. Diese wurden in den Familien- und Dorfgemeinschaften immer gefeiert. Man wusste den Vornamen der anderen und wusste, an welchem Kalendertag sie ihren Namenstag haben. Aus einem kleinen Kreis wurden Nachbarn und Verwandte eingeladen zur Feier des Namenstages. Es waren halt diejenigen, mit denen man den meisten Kontakt pflegte. Mit den Worten: „I winsch dir Glick zum Namenstag, dass lang lebst und gsund blibst und wenn stirbst in de Himmel kumscht" wurde dem jeweiligen Namensträger gratuliert. Ein kleiner Bub begleitete seine Eltern zum Namenstag seines Onkels. Dem Bub wurde beigebracht, was er sagen sollte. Doch als es soweit war, wusste er nicht mehr ganz genau, was er sagen sollte. So sagte er unter dem Gelächter der Anwesenden: „Götte, i winsch dir Glick zum Namenstag, dass lang lebst und gsund in de Himmel kumscht!"

Bei solch einem Festtag wurde der Tisch in der Stube mit dem „guten Geschirr" gedeckt und Kaffee, Kuchen und Zopf-Brot serviert. Die Gratulanten kannten sich gegenseitig und bald schon war eine rege „Hostube" (Unterhaltung) im Gange. Was der eine Besucher nicht wusste, das wusste der andere. Wenn die Feier am Nachmittag war, kamen meistens auch ein paar Kinder mit, die dann mit den anderen Kindern spielen konnten. Nach dem Kaffee gab es schon bald eine Brotzeit. Danach wurde es für die Besucher schon wieder Zeit zum Heimgehen. Die Stallarbeit wartete. Selbst in einer kleinen Ortschaft traf man sich im Laufe eines Jahres mindestens zehn bis zwölf Mal zu solchen Anlässen. An manchen Orten kamen zur Winterzeit einige Frauen im privaten Kreise zusammen, um sich bei Kaffeeklatsch und anschließendem „Belle Geigle" (Kartenspiel) auszutauschen.

Stiefenhofener Damen beim Kaffeeklatsch – um 1930

An den Sonntagen ging man in die Kirche und nach dem Gottesdienst traf sich die männliche Bevölkerung beim Frühschoppen in einer der umliegenden Wirtschaften. Die Gaststube und die Nebenzimmer waren dann meistens voll. Es wurde diskutiert oder auch Karten gespielt. Etwa um 12.00 Uhr verließen die Herren der Schöpfung die Lokalitäten, um rechtzeitig zum Mittagessen nach Hause zu kommen.

Damit auch die Frauen nicht zu kurz kommen sollten, gab es in der Faschingszeit Kaffeekränzchen. Diese fanden meistens an einem Wochentag statt. Im Bereich der heutigen Gemeinde Stiefenhofen gab es vor einigen Jahrzehnten noch zehn Gastwirtschaften, die alle im Nebenerwerb betrieben wurden. Und beinahe in jeder dieser Wirtschaften hatte man in der „Fasnat" (Beginn nach „Heilig Drei König" bis zum Fasnachtdienstag) ein „Kaffeekränzle." Bei einem solchen Anlass kamen die Frauen des Dorfes zusammen. Zwei Tassen Kaffee und zwei Stück Kuchen waren obligatorisch. Oft waren es hundert und mehr Frauen, die in die Wirtschaft kamen, um sich mit Kaffee und Kuchen zu verwöhnen. Die Wirte halfen sich gegenseitig mit Geschirr aus. Schon bald war eine lebhafte Unterhaltung im Gange. Beginn war gegen 14.00 Uhr, das Ende war offen; mit einer Ausnahme: am Faschingsdienstag war Punkt 24.00 Uhr Schluss. Gegen Abend kamen meistens noch Geschäftsleute aus dem Dorf oder aus den Nachbarorten, um zu sehen und gesehen zu werden. Manchmal ließen sie auch eine Flasche guten Weines springen.

Am späteren Nachmittag erschien in der Regel ein Akkordeonspieler oder auch eine kleine Kapelle, um die Damen mit Gesang und Musik zu unterhalten. Sofern eine Möglichkeit zum Tanzen vorhanden war, fanden sich bald einige Damen, die in Ermangelung von Männern miteinander tanzten. Bei den Kaffeekränzchen war bis 22.00 Uhr Damenwahl. Nach Feierabend kamen oft auch einige Männer dazu. Wer jetzt noch Hunger hatte, machte Brotzeit oder bestellte ein warmes Essen. Die älteren Damen gingen gegen 20.00 Uhr nach Hause, um den „Jungen" Platz zu machen. Diese kamen in größerer Anzahl, um bei Gesang und Tanz mit dem anderen Geschlecht in Kontakt zu kommen. Ein Vater sagte zu seiner Tochter, die bei der Damenwahl einen jungen Mann zum Tanzen holen wollte: „Hol bloß den it und fang mit dem bloß nix a, sonst kriegst amol an „massige" (widerwärtige) Schwiegervater!" Weitere Veranstaltungen waren: Musik-, Sänger- und Schützenbälle oder Kränzle. In einigen Orten machte man maskierte Schlittenfahrten mit Pferden zu einem Gasthaus in einer Nachbargemeinde.

Balzhofer Jugend macht eine Schlittenfahrt nach Bad Trogen – um 1956

*Genhofer, Hahnschenkler, Hopfner und Bucher Bürger trafen sich
in der „Fasnat" beim Gasthaus „Kreuz" in Genhofen – 1928*

In der „Fasnat" (Fasching) haben sich die Kinder oft mit bunten Kleidern, Larven und Kopftüchern maskiert. Ein bisschen Farbe ins Gesicht gemalt, einen Strohbesen unter dem Arm und fertig waren die „Mäschkerle."

Zwei Hopfner „Mäschkerle" um 1958

So zogen sie am „gumpige Dunschdag", am „broamete" oder „rußige Fridag" und manchmal noch am „schmotzige Samstag" von Haus zu Haus und sagten ihre Verslein. „I bi a kleina Fasnatbutz, i bi a kleina Bär und wie mi Gott erschaffe hoat so trottle i doher!" oder „Lustig ischt die Fasenacht, wenn mei Mutter Küchle bacht, wenn sie aber kuine macht, dann pfeif i auf die Fasenacht!" Nachdem man ihnen ein paar Küchle, Gutzle oder etwas Kleingeld gegeben hatte, gingen sie fröhlich schreiend und krakeelend weiter zum nächsten Haus.

Manchmal stellte die Musikkapelle am „Fasnatzistag" beim „Rössle" in Stiefenhofen eine „Altweibermühle" mit interessanten Verwandlungen auf. Unter großem Getöse stampfte auf der einen Seite eine alte Ziege in die Mühle hinein und auf der anderen Seite kam ein flottes junges Mädchen heraus. Oder ein lustiger Musikant ging auf der einen Seite hinein und eine alte Henne flog auf der anderen Seite heraus.

Um 24.00 Uhr am Faschingsdienstag war Schluss. Damit endete die närrische Zeit. Jetzt begann die stille Zeit, die vierzigtägige Fastenzeit. In der stillen Zeit, das ist die Advents- und die Fastenzeit, wurde nicht geheiratet. Nun war die Zeit der Generalversammlungen. Genossenschaften, Vereine, Verbände, und sonstige Gruppierungen gaben ihren Mitgliedern Rechenschaft über die geleistete Arbeit im abgelaufenen Jahr. Die Vorstandschaft wurde neu gewählt oder wieder bestätigt. Während des Jahres hatten die Gruppierungen oft Sitzungen, Proben und sonstige Treffen. Bedingt durch die große Zahl von Kindern in den Familien, hatte man viele Geschwister, Onkel und Tanten, so dass man öfters zu einer Hochzeit in der Gemeinde oder auch außerhalb eingeladen wurde. Mittags und nachmittags war die Hochzeitsgesellschaft meistens unter sich. Am Abend war Tanz für alle. Weitere schöne Anlässe waren Neujahrsblasen und Konzerte von Musikkapelle oder Männerchor. Kirchliche Feste wie Ostern, Pfingsten, Fronleichnamsfest und Weihnachten. Bittgänge, Wallfahrten, Maiandachten in der Kirche und in den Außenkapellen. Taufen und Erstkommunion. Sowie Martiniritt, Nikolausfeiern, Jahrmärkte, Vieh- und Krämermärkte in der Umgebung und einiges mehr.

Im Alter von neun Jahren gingen die katholisch getauften Kinder zum Kommunionunterricht. Nach Abschluss des Unterrichtes durften sie das erste Mal zur Beichte gehen und am „Weißen Sonntag" zum ersten Mal den „Leib des Herrn", die Hl. Kommunion, empfangen. An diesem Tag waren alle festlich gekleidet: die Mädchen trugen weiße Kleidchen, weiße Strümpfe und ein weißes Kränzchen im Haar sowie eine große, weiße Kerze und ein weißes Handtäschchen. Die Buben trugen meistens dunkle Anzügle mit kurzen Hosen und lange dunkle Strümpfe und ebenfalls eine weiße Kerze. In den Not- und Kriegszeiten konnte man solche Kleidungsstücke kaum noch kaufen; man half sich gegenseitig aus und lieh sich diese Ausstattungsstücke innerhalb der Verwandtschaft oder Nachbarschaft. Es war in den Kriegszeiten kein großes Fest. Das Mittagessen wurde zu Hause eingenommen, es war etwas reichhaltiger als an normalen Sonntagen. Zum Andenken an diesen Tag bekam man von den Nachbarn und Bekannten ein Glückwunschkärtle.

Im Alter von rund 10 Jahren kamen die Kinder zur Firmung. Die Stiefenhofener Kinder mussten zur Firmung in die Pfarrkirche Oberstaufen. Jedes zweite Jahr war Firmung – zwei Jahrgänge wurden immer zusammengenommen. Jeder Firmling hatte einen Paten. Die Mädchen eine „Firmgotta" und die Buben einen „Firmgötte". Die männlichen Firmlinge bekamen von ihrem „Firmgötte" meistens eine Uhr als Geschenk – früher war es eine Taschenuhr, die an einer Kette hing und in der Westentasche getragen wurde, später war es eine Armbanduhr. Für so ein Geschenk musste mancher Pate, oft war es ein lediger Onkel oder eine ledige Tante, die als Knecht, Magd oder als Handlanger einen kärglichen Lohn hatten, einige Monate arbeiten. Doch Firmpate/Patin zu sein, war eine Ehre und da ließ man sich nicht lumpen. Die Mädchen bekamen von der „Firmgotta" entweder eine Armbanduhr, einen Armreif oder eine Halskette. In den Kriegs- und Nachkriegsjahren wartete mancher Firmling vergeblich auf eine Armbanduhr. Doch die Paten konnten damals nirgendwo eine Uhr bekommen

Firmling und Firmgötte – um 1960

Meine Schwester kam in den Kriegsjahren zur Firmung. Sie hatte schon längst eine Firmpatin. Doch einen Tag vor der Firmung bekam sie eine Karte, in der ihr mitgeteilt wurde, dass die Patin nicht kommen könne, weil ihr eine „Bruthenne" auf die Füße getreten sei. Die Patin wohnte einige Wegstunden von Stiefenhofen entfernt und telefonisch war sie damals nicht zu erreichen. Die Schwester war untröstlich und weinte stundenlang. Die Eltern versuchten sie zu trösten und meinten, dass sich da jemand einen üblen Scherz erlaubt habe, weil die Postkarte überhaupt nicht abgestempelt sei. Die Firmgotta werde aber ganz sicher kommen! Und tatsächlich am nächsten Morgen um acht Uhr stand sie mit ihrem Fahrrad vor unserer Haustüre. Der Tag war gerettet. Vater spannte das Pferd an den Rennwagen und fuhr mit Tochter und Firmgotta nach Oberstaufen zur Firmung. Der Rennwagen wurde bei einer Gastwirtschaft abgestellt. Das Pferd ausgespannt und in den Gaststall der dortigen Wirtschaft gebracht, wo es der „Hausl" (Hausknecht) versorgen musste. Mutter musste zu Hause bleiben und Haus und Hof hüten. Die schulpflichtigen Geschwister mussten in die Schule.

An Firmtagen war die Pfarrkirche in Oberstaufen stets ganz voll. Nach der Firmung gingen die meisten Paten mit ihren Patenkindern in eine Wirtschaft, um das Mittagessen einzunehmen. Bei dieser Gelegenheit gaben die Paten ihren Firmlingen das von diesen schon sehnlich erwartete Geschenk. Am späteren Nachmittag fuhren die Firmleute mit ihren Fahrzeugen zurück zum Elternhaus der Firmlinge. Dort klang der Firmungstag bei Kaffee und Kuchen oder Zopfbrot aus. Die in der Nähe wohnenden Paten gingen am gleichen Tag wieder nach Hause.

Die Jahre vergingen, ein Jahr reihte sich an das andere, doch keines war wie das andere. Schneereiche Winter wechselten sich mit schneearmen ab. Es gab nasse und verregnete, aber auch heiße und trockene Sommer. Wobei im Allgäu die nassen Sommer meistens überwiegen. Im Winter freute man sich auf den Frühling und hoffte auf ein zeitiges Frühjahr, damit die knapp gewordenen Heuvorräte noch langen würden, bis das Vieh wieder auf die Weide getrieben werden konnte. Man freute sich auf schöne, heiße Sommertage, damit man Heu und Ohmad trocken und dürr nach Hause bringen würde, und war doch froh, wenn es zwischendurch einen oder mehrere Regentage gab, wo man etwas ausruhen konnte. Bei einem schönen langen Herbst konnten viele Arbeiten noch erledigt werden, die man aufgeschoben hatte, dazu gehörten auch die Wartungsarbeiten im „Holz" (Wald). Das Jungholz war nachgewachsen und stand zu dicht beisammen. Dürre und zu eng beisammen stehende Hölzer mussten entfernt werden. Auch im Hochwald mussten einige Tannen und Fichten weichen, damit sich die „Unterständer" (darunter stehendes Jungholz) besser entwickeln konnten und wieder mehr Licht in den Wald kam.

In einer Zeit, als man noch keine Motorsägen hatte, wurden die Bäume mit Waldsägen gefällt. Dafür braucht man zwei Personen. Einer zieht rechts und der andere links an der Säge. Wenn noch ein rüstiger Vater oder Schwiegervater da war, gingen diese meistens mit in den Wald. Wo das nicht der Fall war und die Kinder für solche Arbeiten noch zu klein waren, musste die Bäuerin ihrem Mann helfen. Stangen und dünne Hölzer sind schnell umgesägt. Doch für eine normal große Tanne brauchte man schon eine gute Stunde. Bei der schweren Arbeit des Holzaufladens holte man in der Nachbarschaft Hilfe. Vom angefallenen Reisig wurden im darauf folgenden Jahr, wenn es dürr geworden war, „Buscheln" gemacht.

Außer den Arbeiten in Haus und Hof gab es für die Hausfrau auch noch viele andere Dinge des täglichen Lebens zu erledigen. Sie musste zum Einkaufen, um Dinge für Familie und Haus zu kaufen, die selbst nicht erzeugt oder gefertigt wurden: Esswaren, Kleidung, Schreibwaren, Schulsachen, diverse Haushaltsgegenstände und vieles andere mehr. Weil man früher weder ein Auto noch ein Motorrad hatte, musste sie radeln, sofern man in der Familie überhaupt schon ein Fahrrad hatte, oder halt zu Fuß gehen, um solche Besorgungen zu erledigen.

Gottseidank hatte man mit den Kindern wenige Probleme gehabt. Sie haben fleißig mitgearbeitet, waren kaum krank; außer den üblichen Erkältungen, sowie Kratzer und Abschürfungen, die sie sich beim Arbeiten oder bei Stürzen mit dem Fahrrad geholt hatten. In der Schule sind sie gut mitgekommen und dann haben alle eine Lehrstelle bekommen.

Nun sind sie flügge (erwachsen) geworden, wollen abends ausgehen. Die ersten Liebschaften bahnen sich an. Einerseits war es den Eltern recht, wenn die Kinder allmählich selbständig wurden, anderseits wollten sie doch, dass die Kinder fragten, wenn sie ausgehen wollten und hinterher erzählten, wo sie waren, was sie gesehen haben und wen sie getroffen haben. Die Kinder brachten Partner mit nach Hause und nun galt es abzuwägen, ob das wohl der oder die Richtige wäre. Meistens waren es Freunde, Freundinnen aus der mittelbaren Umgebung, so dass man deren Lebensverhältnisse kannte oder erfragen konnte, denn wenn die Freunde in geordneten Familienverhältnissen aufgewachsen waren, war anzunehmen, dass sie das, was sie in ihrem Elternhause gesehen und mitbekommen haben, auch in die Ehe mitbringen. „Der Apfel fällt nicht weit vom Stamm."

Der älteste Sohn sollte, so war es früher üblich, den Hof bekommen. Die anderen Kinder haben Berufe erlernt, haben geheiratet und sind weggezogen oder haben irgendwo eingeheiratet. Der Hoferbe sollte eine Partnerin haben, die Liebe zur Landwirtschaft und zu den Tieren hat. Bei der Partnersuche half der Familienverband mit. Es sollte doch ein Partner, eine Partnerin sein, von dem/der man wusste, dass sie gute

Voraussetzungen mitbringen würde. Sie sollten halt in etwa zusammenpassen und sollten sich auch mit den zukünftigen Schwiegereltern verstehen, denn Alt und Jung hausten früher miteinander am selben Tisch, da sollten die Voraussetzungen schon in etwa passen.

Der Sohn hat eine Partnerin gefunden, die ein Interesse an der Landwirtschaft und Freude an den Tieren hat. Die Eltern haben inzwischen das Rentenalter erreicht und den Betrieb an die Jungen übergeben. Um aber die Rente überhaupt zu bekommen, muss der Betrieb übergeben oder verpachtet werden. Bis zum Jahre 1958 gab es keine Landwirtschaftliche Altersrente. Seit 1958 gibt es diese. Zu Beginn war die monatliche Altersrente bei DM 100.-- für Ehepaare, für Alleinstehende DM 60.--. Wenn es auch nicht viel war, so war es doch besser als zuvor, als es gar nichts gab. In den Übergabeverträgen wurde mit dem Übernehmer freie Kost und Wohnung vereinbart, auch sollte der Übernehmer den Übergebern eine monatliche Leibrente bezahlen. Sie ziehen sich zurück ins Altenteil und machen sich im Betrieb noch nützlich, solange es eben geht. Allmählich wurde das Treppensteigen doch zu beschwerlich, so dass die Alten in die Oberstube ziehen, wo ihnen die Jungen oder die Enkel das Essen bringen. Die Oberstube hatte zwar keine separate Heizung, doch in der unteren Stube konnte eine Falle (Klappe) gezogen werden, so dass die Wärme nach oben steigen konnte und die Oberstube wenigstens etwas temperiert war. Seit es die Elektrizität gab, konnte man auch ein kleines „Öfele" (Öfchen) in das Zimmer stellen. Nachwuchs stellt sich ein – Enkel werden geboren. Die Oma hat ein neues Aufgabengebiet. Sie darf jetzt „ab und zu" Kindsmagd machen und die Kleinen betreuen, wenn es notwendig ist.

Neben den Arbeiten auf dem Hof gibt es in der Dorfgemeinschaft noch eine Reihe von anderen Anlässen, bei denen sich die Nachbarn einbringen müssen. Da müssen in der Verwandtschaft oder Nachbarschaft Krankenbesuche gemacht werden. Da müssen Elternversammlungen in der Schule besucht werden. Bei Hochzeiten im Dorf schmückte die Nachbarschaft die Haustüre und die Hochzeitskutsche des Brautpaares. Bei Krankheiten oder Unglücksfällen in der Nachbarschaft musste man aushelfen, bis man dort eine Hilfe gefunden hatte. Wenn jemand im Dorf verstorben war, wurde von der Nachbarschaft Reisig geholt und damit Kränze geflochten. Solange die Verstorbenen noch zu Hause aufgebahrt wurden, betete man im Hause des Verstorbenen den Totenrosenkranz. Bei der Beerdigung des Verstorbenen trugen fünf Männer aus dem Dorf das Kreuz und den Sarg. Die Frauen des Dorfes übernahmen das „Grab richte" (das Schmücken des Grabes).

Solange die jetzigen Austragsbauern noch jung waren und Bäume ausreißen konnten, ging ihnen die Arbeit leicht von der Hand, aber mit zunehmendem Alter meldeten sich nicht nur Wehwehchen, sondern allmählich Schmerzen. Sie bekamen Rücken- und Gelenkschmerzen, Rheuma, im Gebiss zeigten sich Lücken, die Gelenke waren abgenutzt, das Treppensteigen wurde von Jahr zu Jahr schwieriger. Ein etwas ältere Dame hat es einmal so formuliert: „As fehlt afange ibrall! Dr Buckl, d'Füß und d'Händ duent mir weah, dr Schnufar duet numma mit, mit de Zähne hon i Läscht, dr Kopf und d'r Mage duent weah und sunscht be i au nix meah!"

Die „Jungen" waren froh, dass sie mit den Eltern/Schwiegereltern „noch keine Arbeit hatten" (sie nicht pflegen mussten). Doch der körperliche Abbau machte sich mit jedem Jahr mehr bemerkbar. Der Tag des Abschiednehmens rückte näher. Die Vorbereitungen wurden getroffen. Man ließ den „Herre" kommen, der den Kranken die Kommunion brachte, damit man „gricht" (bereit) war für den Tag des Abschieds. Der Vater hatte zuerst das Zeitliche gesegnet, einige Wochen später folgte die Mutter. Der Abschied kam recht bald. Ihre Kräfte schwinden. Sie fühlt sich mit jedem Tag matter und schwächer und ihre Tage sind gezählt. Der Kreislauf schließt sich. Junge Hände stehen bereit, werden ihren Platz einnehmen, ihre Arbeiten fortzuführen.

„Ein erfülltes Leben ging zu Ende" stand in der Todesanzeige. „Gott der Herr über Leben und Tod hat unsere liebe Mutter und Oma zu sich heimgeholt." Sechs Kinder und Schwiegerkinder sowie zahlreiche Enkel trauerten um Mutter und Oma. Ein großer Trauerzug begleitete die Mutter auf ihrem letzten Gang. Der Pfarrer hob die Verdienste der Verstorbenen lobend hervor.

Auf ihrer Todesanzeige und dem Sterbebildchen finden sich die Worte:

„An Liebe reich ein Mutterherz,
hat aufgehört zu schlagen.
Wie ist es so schwer den Schmerz
der Trennung zu ertragen,
Doch wird dein Geist, so rein und mild
uns segnend hier umwehen:
Und tief im Herzen lebt dein Bild
bis wir uns wieder sehen."

Der Leichenwagen der Gemeinde Stiefenhofen – um 1960

Über die Lebensverhältnisse von Knechten und Mägden im Westallgäu aus der Zeit vor dem Jahre 1800 ist wenig bekannt und selbst für die Zeit danach sind kaum fundierte Aufzeichnungen zu finden. Das liegt zum einen daran, weil die Dienstboten selbst nur wenig geschrieben haben und zum anderen: Wer hat sich denn schon für die Lebensweise von Knechten und Mägden interessiert? Wichtig war, dass sie anständig, bescheiden und folgsam waren, gut gearbeitet und sämtliche anfallenden Arbeiten ohne Murren verrichtet haben. Die Arbeitgeber vertraten oft die Meinung: „Dia sollet froh si, wenn se a Da'h ibr'm Kopf hond und ebbas z'easset kriaget!" (Die Dienstboten sollen sich glücklich preisen, wenn sie ein Dach über dem Kopfe haben und etwas zu essen bekommen). Weil die landwirtschaftlichen Betriebe im Westallgäu bis zur Vereinödung (1750–1820) noch relativ wenig erzeugt haben, in der Hauptsache nur das für den Eigenbedarf Notwendige, wurde kaum fremdes Dienstpersonal benötigt. In vielen Betrieben waren Familienmitglieder da: Brüder und Schwestern oder Onkel und Tanten des Betriebsinhabers, die nicht zum Heiraten kamen oder nicht heiraten konnten, weil sie weder Besitz noch das dafür notwendige Einkommen hatten. Zudem war bei den meisten Berufssparten eine kleine Landwirtschaft dabei, wo das für das Leben Notwendige erzeugt wurde: Getreide, Milch, Butter und Käse, Fleisch, Kraut und Bohnen, Rüben, Obst, Gemüse, Wolle und Leinen. Erst als bei der Vereinödung die Felder, die bis dahin aus vielen, kleinen Parzellen bestanden, zu größeren Einheiten zusammengelegt wurden, war ein rationelleres und damit auch produktiveres Arbeiten möglich. Endlich konnten die Bauern frei auf ihren Feldern arbeiten, ohne dem Flurzwang und der gemeinschaftlichen Arbeit unterworfen zu sein. Die bis dahin im Allgemeinbesitz des Ortes befindlichen Viehweiden wurden nach Winterfuhren aufgeteilt und fortan konnte sie ein jeder nach eigenem Gutdünken bewirtschaften.

Gefördert wurde die Entstehung von großen Höfen mit reichlich Bedarf an Arbeitskräften auch durch die allgemeine wirtschaftliche Entwicklung am Beginn des 19. Jahrhunderts. Da für die wirtschaftliche Entwicklung einer Region gut ausgebaute Wege unentbehrlich sind, hat Kaiser Franz Josef von Österreich bereits gegen Ende des 18. Jahrhunderts den Ausbau des Wegenetzes in den vorarlbergischen Landesteilen vorangetrieben – auch im Westallgäu, das noch bis zum Jahre 1806 teilweise zu Österreich gehörte. Die Straßen Bregenz – Weiler – Dreiheiligen und Weiler – Hahnschenkel wurden in den Jahren 1766–1768 neu angelegt bzw. verbessert und ausgebaut. Neu angelegt wurde im Jahre 1784 die Straßenverbindung Harbatshofen – Grünenbach. Wer vorher mit seinem Fahrzeug von Harbatshofen nach Grünenbach wollte, musste über Schönau fahren. Auch in Bayern blieb man nicht untätig; mit dem Ausbau der Straßenverbindungswege über Seltmans – Sibratshofen – Schüttentobel nach Ebratshofen und weiter über Schönau – Röthenbach in Richtung Lindau wurde 1812 begonnen.

Die Milch der Muttener Bauern wird nach Thalkirchdorf gefahren – um 1920

Mit der Erzeugung von Emmentaler Käse (Beginn etwa um 1830) war man endlich in der Lage, transport- und lagerfähigen Käse herzustellen. In den bis dahin vernachlässigten Straßenbau wurde nun viel Geld investiert. Die Zeit der napoleonischen Kriege mit vielen Truppendurchmärschen und Einquartierungen war vorbei. Die Abschaffung der Zollschranken belebte Handel und Märkte. Ebenso brachte die Umwandlung der Lehensgüter in eigene Güter einen regen wirtschaftlichen Aufschwung. Eine zunächst noch verhaltene Industrialisierung begann. Zeitgleich mit der Einführung der Emmentaler Käserei im Allgäu wurde auch der Güllewirtschaft eine stärkere Beachtung geschenkt. So wurde damals, wie Peter Dörfler in seinem Buch „Der Notwender" schreibt, von Johann Althaus, einem Sennen aus dem schweizerischen Emmental, der um 1820 ins Allgäu kam, neben dem Wissen über die Herstellung des Emmentaler Käses auch die Verbesserung der Güllewirtschaft eingeführt. Vorher flossen die Mistabwässer, auch „Bauwässer" genannt, weitgehend ungenutzt in die Gräben oder auf die „Hoffflächen" unterhalb der Höfe hinunter. Dörfler lässt in diesem Buch den Althaus sagen: „Die dummen Lütt, lassen die Lache (Anm.: Gülle) in die Bäch und Sumpf abfließen. Das kommt mir grad so vor, als wenn der Winzer seinen Most in den Graben abfließen ließe!" Die Schweizer hatten schon Erfahrung mit Sammeln und Lagern von Gülle und Abwässern in Gruben (Lachenkasten), um sie dann auf die Felder zu bringen und dort zu verteilen. So wurden in den Jahren nach 1830 in den meisten landwirtschaftlichen Anwesen im Allgäu unter den Viehställen so genannte „Lachenkasten" oder „Gschäl" (Güllegruben) gemacht.

Verbunden mit der Umstellung auf die Milchwirtschaft und Verbesserungen bei der Düngung stieg die Nachfrage nach Arbeitskräften in der Landwirtschaft stark an. In einer Zeit, als auf den Höfen noch sämtliche Arbeiten von Hand getan werden mussten, brauchte man dafür viele helfende Hände. Nicht alle Familien waren große Familien, es gab auch Familien ohne Kinder. In anderen Familien waren nur Vater und Mutter und eine Reihe kleinerer Kinder da, so dass auch diese Betriebe auf die Mithilfe von fremden Arbeitskräften angewiesen waren. Auf größeren Höfen waren stets fremde Hilfskräfte im Einsatz. Dagegen hatten andere Familien viele Kinder und damit Personen, die froh waren, wenn sie irgendwo Arbeit bekommen konnten. Auf den relativ kleinen Höfen des Westallgäus brauchte man zwar nicht so viele Arbeiter wie auf den großen Höfen des Unterlandes, die wegen des dort betriebenen Ackerbaues sehr arbeitsaufwändig waren. Aber dennoch sind im Jahre 1840 einer Aufzeichnung des Gemeindevorstehers King zufolge allein im Bereich der damaligen Gemeinde Harbatshofen 52 Knechte und 54 Mägde zu verzeichnen gewesen.

Wenn auch die landwirtschaftlichen Betriebe keinen großen Bedarf an Knechten und Mägden hatten, einen Bedarf an Arbeitskräften hatten Gastwirtschaften, Fuhrbetriebe, Sägewerke, Mühlen und Handwerksbetriebe.

Mühlenfuhrwerk vor dem Gasthaus Krone in Simmerberg – 1930

Wohl jede Gastwirtschaft in einem ländlichen Gebiet hatte im Nebenbetrieb eine Landwirtschaft, eine Metzgerei oder Bäckerei. Mit den Erträgen aus der Wirtschaft konnte man nicht leben, das war zu wenig. Die Knechte und Mägde waren meistens nachgeborene Bauernsöhne und Bauerntöchter oder Kinder von „Söldnern" (Kleinhäuslern). Im Westallgäu war es lange Zeit üblich, dass der älteste Sohn oder, wo man keine Söhne hatte, die älteste Tochter den elterlichen Hof bekam. Kinderlose Paare mit Besitz nahmen oftmals einen Neffen oder eine Nichte an Kindesstatt an. Der- oder diejenige musste für ein Taschengeld arbeiten und sollte auch später einmal die Adoptiv-Eltern versorgen. Dafür wurde ihnen das Versprechen gegeben, dass sie einmal das Anwesen bekommen werden, was meistens auch eingehalten wurde. Den „Betrieb übernehmen" bedeutete aber zugleich, dass der Übernehmende die Eltern oder Zieheltern übernehmen und sie bis an ihr Lebensende versorgen und wenn notwendig pflegen musste. Hinzu kam noch die ungeschriebene Verpflichtung, den Hof zu erhalten und weiterzuführen. Die „weichenden" Erben erhielten eine kleine Abfindung und bekamen im elterlichen Hause ein „Winkelrecht" zugesprochen, solange sie noch ledigen Standes waren und keinen eigenen Besitz hatten. Das Winkelrecht war ein Anrecht auf einen Raum im elterlichen Hause, in dem sie, wenn sie arbeitslos waren, einen Arbeitsplatz mit Unterkunft hatten, also „hausen" konnten.

In dicht bewohnten armen Gebieten des Schwarzwaldes, aber auch im Allgäu suchten viele junge Menschen, aber auch Kleinlandwirte, die sich etwas Geld erspart hatten, im 18. und 19. Jahrhundert ihr Heil in der Auswanderung nach Amerika, nach Ungarn oder Russland. In der Heimat hatten sie oft keine Möglichkeit, sesshaft zu werden, und den drückenden Lasten durch Fronarbeiten bei den Feudalherrschaften versuchten viele durch Auswanderung zu entrinnen. Hunderttausende sind ausgewandert und haben die Last der wochenlangen Überfahrt über den Atlantik ertragen, die wochenlangen Fahrten durch die Ebenen Amerikas oder Russlands, um einer unbekannten Zukunft entgegen zu gehen. Doch „lieber als Sklave in einem fremden Land zu arbeiten, als Bürger in meiner Heimatgemeinde zu sein" schrieb ein Auswanderer an seine Familie in der Heimat.

Die nachgeborenen Bauernsöhne und -töchter waren trotz des Winkelrechts gehalten sich nach anderen Verdienstmöglichkeiten umzuschauen. Wenn es irgendwie möglich war, erlernten sie einen Handwerksberuf, der ihnen Arbeit und Brot versprach. Doch weil die Ausbildungsplätze in früheren Jahren auch schon rar waren und die Eltern dem jeweiligen Meister sogar noch Lehrgeld zahlen mussten, waren viele genötigt sich als Handlanger und Tagelöhner zu verdingen, oder ihr Brot als Knechte und Mägde bei „fremden Leuten" zu verdienen. Oft wurden schon Kinder an einen „Platz" gegeben, an dem sie mitarbeiten und von wo aus sie in die Schule gehen mussten. Meist war nicht Herzlosigkeit der Grund dafür, sondern die pure Not in schlechten Zeiten.

Gesindemärkte wie es sie in anderen Gegenden Deutschlands und in der Schweiz gab, sind hier nicht bekannt. In der Schweiz hießen sie „Meitschimärit" (Mädchenmarkt). Es wurden auf diesen Märkten nicht nur Mädchen, sondern auch Burschen gehandelt. Auf solchen Märkten standen die Knechte und Mägde auf der einen Seite des Marktes und die Herrschaften auf der anderen. Mit einem Handschlag von Herr/Herrin und Knecht oder Magd war der Arbeitsvertrag abgeschlossen. In diesem Zusammenhang sei auch an das Los der „Schwabenkinder" erinnert. Das waren Kinder aus Tirol und Südtirol, die im 19. Jahrhundert während der Sommermonate bei Bauern in Oberschwaben beschäftigt waren. Hunderte von Kindern zwischen 9 und 15 Jahren wanderten jedes Jahr im Monat März in tagelangen Fußmärschen über den Reschen- und Arlbergpass in Richtung Bregenz. In Bregenz wurden sie eingeschifft und nach Friedrichshafen gefahren, von dort ging es weiter auf die Märkte in Ravensburg, Wangen und Waldsee. Auf den Märkten standen die Bauern bereit und suchten sich die Kräftigsten von ihnen aus. Im Herbst musste sie der Bauer neu einkleiden und sie bekamen für ihre Arbeit während des ganzen Sommers drei bis acht Gulden als Entlohnung. Dann ging der Treck wieder zurück in die Heimatorte. Daheim mussten sie das verdiente Geld abgeben. Die Kinder waren stolz, wenn sie mit dem verdienten Geld einen Beitrag zur Versorgung der kinderreichen, Not leidenden Familien leisten konnten. Im nächsten Frühjahr gingen die meisten von ihnen wieder in die Fremde. Man kann zwischen den Zeilen erahnen, welche Not, wie viel Tränen und wie viel Heimweh die kleinen, armen Geschöpfe erleiden mussten und mit welchem Stolz sie im Herbst die mühsam verdienten Gulden ihren Eltern abgegeben haben. Sie haben in diesen Monaten in der Fremde keine Schule besucht, während die Kinder der oberschwäbischen Bauern die Schule besuchen konnten (siehe Otto Uhlig: „Die Schwabenkinder aus Tirol und Vorarlberg").

Das Ziel der meisten jungen Menschen jedoch war: Geld zu verdienen, um sesshaft zu werden und eines Tages eine eigene Familie gründen zu können. In der vorindustriellen Zeit gab es nur wenige Arbeitsplätze. Zu Hause wollte und konnte man nicht alle Kinder unterbringen. Bei ihren Arbeitgebern erhielten die Knechte und Mägde Kost und Wohnung, dazu einen kleinen Lohn, auch die Wäsche wurde ihnen gemacht; sie waren also versorgt, wenn auch zuweilen sehr dürftig. Doch bevor sie sich zu Hause unbeliebt machten, nahmen sie auch „Plätze" (Arbeitsstellen) an, bei denen sie ausgenützt wurden und ein menschenunwürdiges Dasein fristen mussten. Viele junge Männer versuchten irgendwo einzuheiraten oder bei einer Witwe Knecht zu machen, natürlich stets in der vagen Hoffnung, dort früher oder später einheiraten zu können. So mancher junge Mann hat mit großem Fleiß und bei geringem Lohn gearbeitet, ist jahrelang hingehalten worden, um dann schließlich doch nicht zum Zuge zu kommen! Den Mädchen bot sich des Öfteren die Möglichkeit, in einem frauenlosen Haushalt als „Husare" (Haushälterin) zu arbeiten, auch hier mit dem Hintergedanken verbunden, dort einheiraten zu können. Bei der großen Müttersterblichkeit in den vergangenen Jahrhunderten bot sich für Mädchen immer wieder die Möglichkeit, einen Witwer mit einigen Kindern zu heiraten. Es gab auch eine Redensart, die da sagte: „Weiber sterben, das bringt kein Verderben, aber Küh' verrecken, kann die Bauern strecken!"

Mit jeder neuen Frau kam immer etwas Geld ins Haus! Geld, das man dringend brauchen konnte. Geld war schon immer wichtig. Daher bemühten sich die jungen Menschen Geld zu verdienen, damit sie eines Tages eine Ehe eingehen konnten. Doch hier machten viele Gemeinden nicht mit; sie gaben bis gegen Ende des 19. Jahrhunderts die Erlaubnis nämlich nur an Heiratswillige, bei denen die finanzielle Grundlage gesichert war: entweder durch den Nachweis eines landwirtschaftlichen Betriebes, eines Hauses und eines gesunden Berufes oder einer entsprechenden finanziellen Ausstattung. Doch trotz aller Vorsichtsmaßnahmen kamen immer wieder Menschen durch Krankheits- oder Unglücksfälle in Notlagen. Wenn ein Arbeiter beim Holzfällen oder beim Arbeiten in einem Steinbruch schwer verunglückte und zum Krüppel wurde, dann fiel der Ernährer aus, und da es weder eine Berufsgenossenschaft noch eine Unfall-, Kranken- oder Rentenversicherung gab, fielen die armen Geschöpfe früher oder später den Gemeinden zur Last. In jeder Gemeinde gab es so genannte Armenhäuser, in denen die Armen unterkommen konnten; doch leben mussten sie auch. Deshalb wurde von den steuerpflichtigen Gemeindebürgern eine Umlage für den Armenfonds erhoben. Noch bis zu Beginn des 19. Jahrhunderts gingen die Armen im Dorf reihum, von Haus zu Haus. Jeder Hausbesitzer musste sie einen oder zwei Tage bei sich aufnehmen und versorgen. Dann war der Nachbar an der Reihe. War die Reihe zu Ende, ging es wieder von vorne weiter. Jahrein, jahraus, bis der Tod einen solchen armen Menschen schließlich erlöste. Die armen Kreaturen nannte man „Umgender" (Umgehende).

Im Jahre 1876 wurden die Standesämter eingeführt und mit Einführung der Sozialversicherungsgesetze um 1880 den Gemeinden die Unterhaltspflicht für ihre Armen abgenommen. Doch bis sich die neuen Gesetze überall durchgesetzt hatten, vergingen noch viele Jahre. Um 1880 schrieb der damalige Bürgermeister der Gemeinde Harbatshofen an das Königl. Bezirksamt Lindau in Erwiderung eines Fragebogens „Die Wirtschaftliche Lage der Bevölkerung" betreffend: „Schuld ist die freie Verehelichung, wie wir sie jetzt haben", und „wenn einer, der sich verheirathen will, nichts braucht, als ein vielfach schlechtes Frauenzimmer, wo vielleicht vor der Verehlichung 1–3 Kind hat und dann die Gemeinde binnen ein, zwei Jahren die ganze Familie zu ernähren hat." Jedenfalls haben viele Söhne und Töchter eine Arbeitsstelle als Knecht oder Magd angenommen, damit sie dem Elternhaus nicht länger zur Last fallen mussten oder aber, damit sie dem Schwager oder der Schwägerin nicht mehr im Wege waren. In der arbeitsreichen Zeit (Sommer) waren die Dienstboten bei allen Arbeitgebern willkommen, doch sobald es Herbst und Winter wurde, wendete sich das Blatt. Man brauchte sie nicht mehr und sie mussten sich nach einem anderen Arbeitsplatz umsehen.

Mein Onkel (Mitte) als Knecht bei einem Bauern in Buflings – um 1925

Am neuen Arbeitsplatz wurde ihnen meistens eine kleine, einfache und nicht heizbare „Kammer" (Zimmer), manchmal war es auch nur eine „Rumpelkammer", in einem oberen Stockwerk zugewiesen. Ein einfaches Bett, anstelle einer Matratze hatte es einen „Helbesack" oder nur einen Strohsack, dazu eine schwere Zudecke, einen Stuhl, vielleicht ein Tischlein und einen kleinen Schrank – das war in etwa die Ausstattung eines Zimmers. Wenn kein Schrank vorhanden war, wurden die wenigen Kleider, die die Dienstboten in früheren Jahren hatten, an ein paar Haken oder Nägeln an der hölzernen Zimmerwand aufgehängt und kleinere Sachen eben im hölzernen Koffer gelassen. Die Wände und der Boden der Räume waren oft noch roh und naturbelassen. Da die Räume fast immer schlecht isoliert gewesen sind, waren sie im Sommer heiß und im Winter eisig kalt. Wenn ein Bauer mehrere Knechte hatte, kamen alle in das gleiche Zimmer. Die Kammern der Mägde waren meist besser ausstaffiert als die der Knechte! Aus anderen Gegenden ist bekannt, dass die Fuhr- und Stallknechte/Mägde in den Ställen schlafen mussten, die Lehrlinge und Gesellen in den Handwerksberufen auf den Fußböden der jeweiligen Werkstätten.

Mägde mussten in landwirtschaftlichen Betrieben in etwa die gleichen Arbeiten verrichten wie die Knechte, mit Ausnahme von Arbeiten, die viel körperliche Kraft erforderten, während die Knechte keine Arbeiten in den Haushalten zu machen hatten. Knechtliche Arbeiten waren im bäuerlichen Sprachgebrauch körperlich schwere, schweißtreibende Arbeiten mit Pickel und Schaufel, mit Sense und Ladgabel, mit Pflug und Hacke, mit Säge und Axt usw. Die Stallarbeiten zählten zu den leichteren

Arbeiten, das Melken der Kühe auch. An „strengen Tagen" (arbeitsintensiven Tagen) bei der Heuernte freute man sich sogar aufs Melken von Hand, „Do ka ma wenigstens na'Hucke und a bizle Usgrube", sagte man (Beim Melken kann man sitzen und sich etwas ausruhen).

Winterlicher Alltag

Lassen wir einen Wintertag, anfangs der 1920er Jahre, auf einem mittleren Bauernhof im Westallgäu Revue passieren. Gott sei Dank hatte man auf dem Hof ein paar Jahre zuvor den elektrischen Strom bekommen und damit Licht im ganzen Haus. „D'r Weckar goht ra" (der Wecker rasselt), es ist fünf Uhr morgens. Also, Zeit um aufzustehen. Die Bettdecke fühlt sich eisig an; sie ist „briemt" (mit Raureif überzogen). Der Atem der vergangenen Nacht an der Bettdecke gefroren. Der Knecht steht auf und tastet sich im Dunkeln an der Wand entlang, um den Lichtschalter zu suchen, der an der Wand in der Nähe der Zimmertüre angebracht ist. Nach geraumer Zeit wird er fündig und „zündet" (schaltet) das Licht an. (Um keine unnötigen Kosten zu haben, hatte man bei der Installation in den meisten Zimmern nur eine Lampe und nur einen einzigen Lichtschalter installiert.) In Ermangelung eines Schlafanzuges hat er nachts in dem gleichen knielangen Hemd, das er auch während des Tages am Leib getragen hatte, geschlafen. Rasch schlupft er in die kalte lange Hose, die auf dem Boden neben dem Bett liegt und stopft das lange Hemd, das die kurze Unterhose ersetzt, in die Hose. Hastig geht er durch den „Sohlar" (der Flur im 1. Stock) über die Treppe zum Hausgang hinunter. Dann geht er schnell zum „Hisle" (Plumpsklo mit einem Holzdeckel), das in einer Ecke des Schopfes eingebaut ist.

Überall ist es kalt, in den Gängen und Schöpfen und ebenso auf dem „Leibele", wie das Klo auch genannt wird. Bei windigem und kaltem Wetter ist es hier sehr zugig und ungemütlich. Für die speziellen Bedürfnisse hängt klein geschnittenes Zeitungspapier an einem gebogenen Nagel an der Wand, das anstelle des heutzutage üblichen Klopapiers verwendet wurde. Wenn jemand genügend Zeit hatte, konnte er hier bei Tageslicht das Notwendige mit dem Angenehmen verbinden und Zeitung lesen. Ärgerlich war nur, dass man beim Lesen eines Artikels nur zu oft das richtige Anschlussblatt nicht finden konnte. Natürlich verweilt er hier nicht länger als unbedingt notwendig. Im Schopf legt er das „Stallhäs" (Stallkleidung) an, eine blaue Stallhose, eine ebensolche „Stallbluse" und eine „Stallkappe" (Stallmütze), schlüpft mit bloßen Füßen in die eiskalten Holzschuhe und freut sich auf die wohlige Wärme, die ihn im Kuhstall erwartet. Dort ist es selbst in kalten Winternächten noch 12–14 Grad warm. Das ist zwar nicht viel, doch beim Arbeiten wird es ihm schon warm werden. Das „Stallhäs" wird lieber im kalten Schopf als im warmen aber „klammen" (feuchten)

Stall aufgehängt. Das Tragen einer klammen Kleidung ist sehr unangenehm, gerade wenn man darunter kaum etwas an hat.

Der Bauer ist inzwischen auch in den Stall gekommen. Mit einem „guete Moarge" begrüßen sich die beiden und ohne weitere Worte zu verlieren gehen sie an die tagtäglich anfallenden Arbeiten: „Pflätt'r" (Kuhfladen) abziehen, dann den Mist, der sich über Nacht im „Schorrgraben" (Kotrinne) angesammelt hat, mit der Gabel zur Stalltüre hin zu schieben. Sobald dort ein größerer Haufen ist, wird die zum Misthaufen führende Stalltüre geöffnet und der Mist mit einer Gabel auf den Misthaufen hinausgeworfen oder auch mit einem Mistkarren auf einer Rampe dorthin geschoben und umgekippt. Die Arbeit muss schnell erledigt werden, damit nicht zu viel kalte Luft in den Stall hineinströmt. Ist das getan, wird das Wasser aus den „durchgehenden" Barren abgelassen und die „Bäre usgrummet" (die Barren gesäubert). Danach erhalten die einzelnen Kühe je eine „Hompfl" (eine Handvoll) „Miet", die aus Futtermehl und „Grisch" (Kleie) besteht. Das macht der Chef selbst. Anschließend werden einigen Tieren die lose gewordenen Schwänze, die deshalb schmutzig geworden sind, in einem Kübel mit Wasser gewaschen und wieder an einem „Schwanzspagen" (Schnur) festgebunden. Wenn nötig, müssen auch die stark verschmutzen Flanken der Tiere mit warmem Wasser gewaschen werden. Schließlich wird mit einem Birkenreisigbesen alles sauber zusammen gefegt, der eventuell nasse Stallgang mit Sägemehl bestreut, damit niemand ausrutscht und zu Fall kommt, und schon gehen die beiden in die Scheune, um Futter für die Tiere zu holen.

In der kalten „Schinde" (Scheune) werden „Heuwische" (Heubüschel) mit etwa 60–80 cm Durchmesser von Hand zusammengedreht. Für jede Kuh individuell groß – der Milchleistung entsprechend. Diese Arbeit macht der Bauer meistens selbst. Dem Knecht werden die Heuwische in die Arme gedrückt, er darf sie in den Stall tragen und dort in die Raufen oder „Hälslinge" der einzelnen Tiere stecken. Die Tiere bekommen jeden Morgen und jeden Abend je einen Wisch Heu und einen Wisch Ohmad. Wenn alle Tiere den „ersten Wisch" (die erste Portion) bekommen haben, gilt es die Arbeit im „Roßstall" zu erledigen: den Stall ausmisten, dem Ross zwischendurch immer wieder eine Ross-„Miet" (gehäckseltes Heu) geben und in einem Holzeimer Wasser zum Saufen hinstellen. Schnell wird das Pferd noch „ib'rhops" (provisorisch) geputzt denn, wenn es später zum „Milchforttun" gebraucht wird, soll es sauber sein. Die grunzenden Schweine im „Saustall" warten auf ihre Mahlzeit. Drei Kübel Molke sind noch in der „Molkestonde" (hölzernes Gefäß) drin. Mit der bloßen Hand wird „Saumehl" (Hartweizenmehl oder Vierermehl) und Grisch in der Molke verrührt, damit die Brühe einen größeren Nährwert bekommt. Dieses Gemisch wird den Schweinen in den „Suebarre" (hölzerner Trog) geschüttet. Danach wird der Schweinestall ausgemistet und frische Streue auf die Liegestatt geworfen.

Inzwischen hat der Knecht das „Milchgeschirr" hergerichtet. Mit dem Melken der Kühe kann nun begonnen werden. Die beiden „Melker" nehmen den „Uifüßlar" (Einfüßler = Melkschemel mit einem Fuß) aus der Halterung an der Wand und schnallen sich ihn mit einem Riemen um den Körper. Jeder kennt seine Kühe, denn in der Regel werden immer die gleichen Kühe vom gleichen Melker gemolken. Jede Kuh hat ihre Eigenart und will entsprechend behandelt werden. Man setzt sich auf den Melkstuhl und lehnt sich mit dem Kopf an die Flanke einer Kuh an. Ehe man mit dem Melken beginnen kann, muss man „wepfe", das heißt das Euter wird mit einem trockenen Lappen gesäubert und massiert, bis die Milch eingeschossen ist. Dann beginnen die Melker mit ihrer Arbeit. Der Melkkübel wird zwischen die Beine geklemmt und mit „fuschte" (Schließen und Öffnen der Faust) die Milch Strahl um Strahl aus den „Strichen" (Zitzen) der Kühe gedrückt. Langsam steigt die Milch im Eimer an. Wenn ein Melker seine Arbeit versteht, die Kühe leicht melkbar sind und viel Milch geben, dann schäumt es beim Melken im Eimer. Nicht umsonst fragten manche Viehhändler, wenn sie während des Melkens zu einem Bauern in den Stall kamen „Schummet as?" (schäumt es beim Melken, geben die Kühe viel Milch?). Zu den übrigen Tageszeiten sagten sie beim Betreten eines Kuhstalles: „Wünsch Glück im Stall!"

Beim Melken werden zuerst die beiden vorderen Viertel des Euters gemolken und wenn diese „leer" sind, die beiden hinteren. Zum Schluss wird noch kontrolliert, ob alle vier „Striche" (Euterteile) leer sind, damit die Kühe keinen „Biss" (Euterentzündung) bekommen. Acht bis zehn Minuten sind inzwischen vergangen, im Eimer sind etwa sieben Liter Milch. Die Milch wird durch ein Sieb in die bereitstehende Milchkanne geschüttet und gleich geht's weiter zur nächsten Kuh. Während des Melkens wird kaum geredet – man muss sich beeilen. Auf manchen Höfen sollen die „Stallar" (Stallarbeiter) während des Melkens auch den „Rosenkranz" gebetet haben. Zwischendurch muss dem Ross immer wieder eine „Miet" gegeben werden. Man gibt ihm nicht zu viel auf einmal zu fressen, damit er das Futter nicht „vrdrielet" (versaut) und es danach nicht mehr frisst. Eine Kuh muss vergaltet werden, sie gibt nur noch wenig Milch und diese „rähelet" schon (schmeckt herb). Eine Kuh ist eine „Meis" sie wird „gmeiset". Sie muss eine Laktationsperiode überspringen, weil sie nicht rechtzeitig trächtig wurde. Man wünscht, dass die Kühe in den Monaten Oktober-November abkalben! Nach einer schwachen Stunde sind alle Kühe gemolken – zwei Kühe sind „galt" (stehen trocken). Einmal im Monat kommt der „Millweager", auch „Probemelkar" genannt (Milchwieger oder Milchkontrolleur), um die Milchleistung jeder einzelnen Kuh zu kontrollieren und sie in einem Büchlein einzutragen. Dazu bringt er eine spezielle Waage, die „Milchwaage", mit. Die gemolkene Menge wird gewogen. Mit einer Pipette nimmt er von jedem Gemelke eine kleine Probe aus dem Eimer und füllt sie in ein Fläschchen. Diese Fläschchen werden zur Untersuchung des Fett- und Eiweißgehaltes in ein Labor eingereicht! An zwei hintereinander folgenden Melkzeiten kommt der Milchwieger – am Abend und am drauffolgenden Morgen. Auf diese Weise kann man die Jahresleistung jeder einzelnen Kuh in Milch- und Fett-Kilogramm hochrechnen. Tiere mit guten Leistungen sind für die Züchter und Milcherzeuger interessanter! Während der „Zwangswirtschaft" (Kriegs- und Nach-kriegsjahre) war das „Milchwiegen" Pflicht. Die erzeugte Milch, abzüglich eines knapp bemessenen Eigenverbrauches, musste mit den in die Sennerei gelieferten Milchmengen in etwa übereinstimmen! Bei einer großen Differenz konnte der Bauer mit einer Strafanzeige rechnen.

Inzwischen haben die Tiere den „ersten Wisch" gefressen, die Barren und die Raufen sind leer. Die „Kälberkuh", sie hatte vor zwei Tagen gekalbt, ist noch zu melken. Das macht der Bauer, während sich der Knecht am laufenden Brunnen die Hände und das Gesicht mit kaltem Wasser wäscht und anschließend „gricht macht" (umzieht), um die Milch in die Sennerei zu bringen. Vor der Türe muss er noch den über Nacht ge-fallenen Schnee wegschaufeln. Der „Milchschlitten" wird aus dem Schopf geholt. Der Bauer hilft dem Knecht beim Aufladen der schweren Milchkanne auf den Milch-schlitten; auch das Molkenfass darf nicht vergessen werden. Danach will er dem Pferd das Kummet samt „Liib" (Futter) über den Kopf stecken, dieses aber will gera-de nicht und bäumt sich auf. Nach einigem guten Zureden klappt es schließlich. Dann wird ihm der „Ruckschlag" auf den Rücken gelegt und am Kummet eingehängt. Half-ter, Zaumzeug und Leitseil dürfen nicht fehlen. Mit Halfterriemen, Bauchgurt und Schwanzriemen wird das „Geschirrzeug" am Pferd befestigt und schon geht es hinaus an den Schlitten, wo das Pferd eingespannt wird. Damit das teure Kummet nicht nass wird, kommt bei Regen und Schnee eine so genannte „Kummatdecke" darüber.

Im Winter wird es am Morgen lange nicht hell und abends früh dunkel, deshalb muss der Knecht beim Milch weg bringen die „Sturmlaterne" anzünden und an den Schlit-ten hängen. Auch darf er nicht vergessen, dem Pferd ein „Gröll" (Schellengeläute) umzuhängen, damit das Gefährt in der Dunkelheit gesehen und gehört wird – so will es eine Vorschrift. Die Straße ist stark verweht, weil es über Nacht geschneit hat und noch immer schneit. Das Pferd ist den Schnee gewohnt und watet durch die hohen „Gähwinda" (Schneewehen) auf der ihm bekannten Strecke. Nach etwa einer Viertel-stunde sind sie beim „Sennlokal" angelangt. Dort wird das Pferd an einem eisernen Pfosten festgebunden und zum Schutz gegen Kälte und Nässe wird ihm eine „Ross-decke" auf den Rücken gelegt. Dann bringt der Knecht das leere Molkenfass auf den

„Molkebock." Da ihm die Kanne mit den 60 Litern Milch zu schwer ist, um sie allein in die Sennerei zu tragen, muss er sich nach einem Helfer umschauen. Das ist aber kein Problem, man hilft sich gegenseitig. Wenn niemand da ist, muss ein Untersenn oder der Obersenn behilflich sein. Die Milch wird dann in eine spezielle Kanne geschüttet, gewogen und anschließend in einen Käskessel geschüttet. Die leere Kanne wird mit warmem Wasser gewaschen und schon fahren sie wieder heimwärts. Zu Hause angekommen wird das Pferd zurück in den Stall gebracht und des Geschirres entledigt. Die Milchkanne und der Milchschlitten werden unters Dach gebracht.

Die Tiere bekommen nun den „zweiten Wisch", diesmal Ohmad. Das Milchgeschirr muss noch gewaschen werden, bevor die beiden zum „Morgeeasse" (Frühstück) in die Küche gehen, das die Bäuerin schon zubereitet hat. Die Kinder sind bereits fort zur Schule. Wie jeden Morgen gibt es auch heute für jeden eine große Kaffeeschüssel mit Milchkaffee („Muckefuck") und dazu Schwarzbrot. Das Schwarzbrot wird in die Kaffeeschüssel eingebrockt, damit es weich wird. Dann löffeln alle drei mit Suppenlöffeln in stetem Wechsel sowohl die eingeweichten Brotbrocken aus der eigenen Kaffeeschüssel als auch das „Rallenmus" (Mehlmus) aus der großen, gemeinsamen Schüssel, die mitten auf dem Tisch steht und für alle gut erreichbar ist. Während des Essens werden ein paar dürre Worte verloren. Vor und nach dem Essen wird ein kurzes Gebet gesprochen. Ziemlich bald sind sowohl die Kaffeeschüsseln wie auch die „Musschüssel" leer gegessen. Nach diesem frugalen Essen geht es umgehend zurück in den Stall.

Die Futterbarren werden gesäubert und mit frischem, laufendem Wasser gefüllt, auf das die durstenden Tiere bereits gierig warten. Hernach wird der gesamte Viehbestand „gestriegelt und gebürstet!" Mit dem Striegel werden die gröberen und hartnäckigen Schmutzteile entfernt. Für die Hinterfüße, insbesondere für die Kniegelenke eignet sich ein runder Federstriegel. Mit der Bürste wird hauptsächlich der Staub aus dem Nacken- und Rückenbereich der Tiere ausgebürstet. Die Tiere lieben diese Behandlung und warten bereits darauf. Man legt großen Wert auf einen sauberen, gepflegten Viehbestand, der der Stolz eines jeden Bauers ist. Es gab sogar die Redensart: „Gut geputzt ist halb gefüttert!" Bei einer größeren Herde kann man dazu schon mit einer Stunde Arbeit rechnen. Ist das erledigt, wird der Stall nochmals entmistet und saubere, trockene Einstreu auf die Liegeflächen verteilt. Schließlich wird alles fein säuberlich mit einem Besen aus Birkenreisig zusammen gekehrt. Einige losgewordene Kuhschwänze müssen wieder an einem langen „Schwanzspagen" (Schnur), der von der Decke herunterhängt, festgebunden werden. Die morgendliche Arbeit im Kuhstall ist getan, es ist Ruhe eingekehrt, einige Tiere haben sich bereits gelegt und beginnen gemächlich mit „idrucke" (wiederkäuen).

Im „Rossstall" wird das Pferd nun sauber gebürstet und gestriegelt. Dann muss der Mist aus dem Pferde- und Schweinestall entfernt werden. In beiden Ställen wird eine frische Einstreu ausgebreitet. Der Misthaufen muss „verlegt werden" (in Form gebracht werden), das ist die Arbeit für den Knecht, der danach noch das „Hei herrichte" muss (das Futter für die nächsten zwei „Mahlzeiten" vorbereiten muss). Auf dem Scheunenboden liegen viele „Heublumen" herum, die wertvolles Futter sind. Will man sie verwenden, so muss der Staub heraus gesiebt werden, „Heibluma reade" sagte man dazu. Drei verschieden grobe Siebe werden dafür verwendet. Mit dem gröbsten Sieb werden zunächst die groben Teile wie große Blätter und längere Halme aussortiert. Der verbleibende Rest wird dann durch ein zweites, feineres Sieb geschüttelt, hier werden feinere Teile abgesondert und zum Schluss folgt ein sehr engmaschiges Sieb, das Staubsieb. Hier werden Staub, Erde und feine Schmutzteile von den Heublumen getrennt. Der Staub und die Erde werden auf den Misthaufen geworfen. Übrig bleiben die „Heublumen", die bei den nächsten Mahlzeiten mit Kleie vermischt an die Tiere verfüttert werden. Sie werden von den Tieren gerne gefressen und sollen für ihre Gesundheit sehr förderlich sein. Wegen der starken Staubentwicklung war diese Arbeit schon immer unbeliebt. Für jemanden, der mit seiner Lunge Probleme hatte, war das keine geeignete Beschäftigung.

Anschließend muss der Knecht in der Scheune die Futterrationen für die nächsten zwei Mahlzeiten herrichten (Heu und Ohmad dem Heustock entnehmen und aufschütteln). Wenn das Heu im Sommer schön dürr und trocken eingefahren wurde, ist die Qualität gut. War es dagegen zu wenig dürr und noch etwas feucht, dann ist es im Heustock grau und schimmlig geworden. Bei einem solchen Heu hat man große Mühe, um den Staub herauszuschütteln. Da der Januarschrot zu Ende geht, muss er einen neuen „Schrot abrumme" (das über dem Heu liegende Ohmad wegräumen, damit er an das darunter liegende Heu herankommt). Im Sommer wird das Heu (der 1. Schnitt) zuerst eingebracht und lagert deshalb in der Scheune unten. Darüber wird das Ohmad, der 2. und 3. Schnitt, gelagert. Mit einem sichelförmigen Schneidewerkzeug, einer etwa 20 cm breiten „Schrote", die einen 80 cm langen Stiel hat und sehr scharf gewetzt sein muss, wird die gewünschte Menge Heu senkrecht vom Heustock heruntergeschrotet. In altgewohnter Weise wurde das Heu in der Scheune in sechs gleich große Abschnitte eingeteilt. Für jeden Wintermonat war ein „durchgehender Schrot" (quer durch die Scheune gehender Sektor) zugeteilt. Diese Futtermenge musste für einen Monat ausreichen! Auf diese Weise konnte man ziemlich genau erkennen, wie lange wohl das vorhandene Futter noch ausreichen wird. Um „Lichtmeß" (2. Februar) ist Wintermitte, da sollte unbedingt noch mindestens die Hälfte des Heuvorrates vorhanden sein, damit man auch bei einem „späten Frühjahr" noch ausreichend Futter für die Tiere hatte.

Nach etwa einem Monat war ein „Schrot" des Heustocks senkrecht von oben bis unten (etwa sieben Meter Höhe) herausgeschnitten. Nun konnte man an den verschiedenen Lagen des Heustocks die Qualität des fest zusammengepressten Futters klar erkennen. Der erste Meter hatte junges gutes Futter, dann kam eine Schicht von 60 cm mit verwittertem Heu (das Heu hatte zehn Tage im Regen gelegen) die weiteren zwei Meter sind zwar gut, aber das Heu ist leider schon alt und grob geworden. Nach etwa vier Metern Höhe ist das Heu zu Ende, jetzt folgt das Ohmad (vom 2. Schnitt). Die erste Lage ist gut eingefahren worden. Bei der zweiten Schicht ist eine „braune Ader" dabei. Man hatte innerhalb weniger Tage viel schweres Ohmad eingefahren. Eine Schicht von etwa 30 cm Höhe ist beim Fermentieren „heiß" und damit braun geworden.

Nach Beendigung dieser staubigen Arbeit ist es 10.00 Uhr geworden. Bauer und Knecht gehen in die Küche zum „Vespere" (Brotzeit machen). Am „Förgger" (Ausguss) kann sich der Knecht waschen und schön machen. Vielleicht nimmt er mit einer Waschschüssel warmes Wasser aus dem „Schiffle" und wäscht sich etwas ungenierter im warmen Kuhstall. Gebadet wird sowieso nur alle „heiligen Zeiten" wie zu Ostern, Pfingsten und Weihnachten. Zum Vespern gibt es Brot, Butter und Käse, heißen Hagebuttentee oder auch einen Krug Most. Die Beiden überlegen, was heute zu tun ist – außer der normalen Arbeit. Die „Miet" (auch „Gsod" genannt, ein kurz geschnittenes Heu) für das Pferd gehe allmählich zu Ende und „Streibe" (Streue, Einstreu) müsste auch wieder geschnitten werden, meinte der Knecht. Gsod wurde lange Zeit mit einem langen Messer am „Gsodstuhl" geschnitten. Die Entwicklung ging weiter; es kam der Gsodstuhl, den man mit einem „Dribl" (Handkurbel) drehen musste und wohl viele Jahre getrieben hat, bis der gusseiserne „Göppel" entwickelt wurde, der mit Pferden, Ochsen und auch Kühen gedreht wurde. Etwa um das Jahr 1930 wird schließlich eine moderne Häckselmaschine mit einem fahrbaren Elektromotor gekauft. Solange das Gsodschneiden noch von Hand gemacht wurde, war es nicht allzu gefährlich, doch nach der Motorisierung hat mancher Bauer oder Knecht das Streugut zu tief in den Gsodstuhl „nigschoppet" (hinein gedrückt) und kam dabei mit den Fingern in die Walze, wo ihnen von einem schnell laufenden Messer in Sekundenschnelle einige Fingerkuppen weggeschnitten wurden.

Bauernknecht „beim Mist schlitten" – um 1940

Der Bauer meint, der Misthaufen an der Mistlege beim Haus sei hoch geworden und es wäre gut, wenn hier Platz geschaffen würde, zudem habe man zur Zeit eine gute Schlittbahn und man sollte jetzt einige Fuhren Mist auf die weit vom Haus gelegene Wiese „schlitten." Im Frühjahr sei man froh, wenn auf der dortigen Wiese schon ein größerer Dunghaufen liege. Auch das „Lacheloh" sei wieder voll und müsste bald geleert werden. Doch weil das Wetter gut ist und einen sicheren Eindruck macht, entschließt man sich „Mist zu schlitten." Auf den Wiesen liegt der Schnee hoch, das bedeutet für den Knecht, dass er zuerst einen Weg zu der besagten Wiese freischaufeln muss. Obwohl er den Weg nicht sauber freizuschaufeln braucht, eine Sohle von ca. 40 cm Höhe lässt man auf jeden Fall noch stehen, dauert es doch fast zwei Tage, bis die Schlittbahn fertig ist. Der Mistschlitten, mit seitlichen Brettern, wird nun aus dem Schopf geholt, das Pferd eingespannt und dann wird zunächst mit dem leeren Schlitten auf dem geöffneten Weg hin und her gefahren, bis sich eine gute, feste Fahrbahn ergibt. Danach fährt der Knecht mit dem Gespann an den Misthaufen und lädt händisch mit einer Mistgabel eine Fuhre voll. Damit auf der Fahrt durchs Dorf nichts verloren geht, wird der Mist mit einem „Dätscher" (Holzbrett) an dem spitzen Fuder fest geschlagen. Für die nächsten paar Tage ist der Knecht damit beschäftigt – immer nach dem vormittägigen Vesper bis kurz vor Mittag und nach der Mittagspause wieder, bis es Zeit wird, in den Stall zu gehen. Jeweils gegen Mittag wird diese Arbeit unterbrochen – er muss mit dem Pferdefuhrwerk die noch warme Molke bei der Sennerei abholen, damit werden die Schweine gefüttert.

Endlich ist Mittagspause, das Pferd kommt in den warmen Stall, wird dort gefüttert und getränkt. Es ist gegen ein Uhr, als die Bäuerin „zum Easse häret" (zum Mittagessen ruft) und die Familie sich bald am gedeckten Tisch versammelt. Die Kinder sind inzwischen von der Schule zurück und warten hungrig und ungeduldig auf das Essen. Vor und nach dem Essen wird kurz gebetet. Während des Essens haben die Kinder den Mund zu halten (nicht zu schwätzen), es sei denn, sie werden etwas gefragt. Vorneweg gibt es immer eine Suppe für den ärgsten Hunger, dann folgt werktags als Hauptgericht meistens eine Mehlspeise: Krautkrapfen, Kässpätzle, Schliefernudeln, Kratzate, Scheiterhaufen mit Apfelmus, Dampfnudeln oder ähnliches. Fleisch gibt es nur an Sonntagen und wenn davon etwas übrig ist, den Rest am Montag. Während sich der Bauer in den Wintermonaten ein Mittagsschläfchen auf dem Kanapee gönnt, sorgt der Knecht im Stall für Ordnung. Auf den Liegeflächen der Tiere muss der Kot entfernt und die Einstreu wieder neu gemacht werden. Das Pferd hat inzwischen gefressen und so werden am Nachmittag nochmals einige Fuder Mist aufs Feld gefahren. Gegen 16.30 Uhr wird mit dieser Arbeit Schluss gemacht, das Pferd kommt zurück in den Stall, wird ausgeschirrt und wieder gefüttert. Die Bauersfamilie geht in die Küche und nimmt das „Abendessen" ein.

Wieder gibt es Kaffee und Brot und dazu eine volle Pfanne mit gerösteten Kartoffeln oder zur Abwechslung eine Pfanne mit „Stopfer" aus Maismehl oder Griesmehl gemacht. Um 17.00 Uhr beginnt immer die abendliche Stallarbeit, die ähnlich verläuft wie am Morgen: ausmisten, füttern, melken, Milch weg bringen, fertig machen. Etwa um 19.30 Uhr haben die beiden Feierabend. Man geht in die Stube, wo der Kachelofen noch eine behagliche Wärme ausstrahlt. Dann sitzt die Familie beisammen, liest die Zeitung und nimmt noch eine kleine Brotzeit zu sich oder isst auch nur ein paar Äpfel. An bestimmten Anlässen wird der Rosenkranz gebetet und bald schon ist es Zeit, die kleineren Kinder ins Bett zu bringen, denn sie müssen am nächsten Morgen wieder früh aufstehen und den weiten Weg zur Schule antreten. Das macht die Mutter fast immer selber. Die Bäuerin oder auch die Magd werden noch ein Weilchen stricken, Socken stopfen oder Hosen und Strümpfe flicken. Doch bald ist es 21.30 Uhr und damit Zeit, ins Bett zu gehen. Sie werden weder von einem Radio noch einem Fernseher daran gehindert.

An kalten Winterabenden kostet es den Knecht schon einige Überwindung, sich im kalten Zimmer auszuziehen und in das eiskalte Bett zu schlüpfen. Die ersten fünf Minuten muss er mit den „Füßen" (Beinen) fest „streble" (strampeln), damit es ihm einigermaßen erträglich warm wird. Die linnenen Bett-Tücher und Bettbezüge waren sehr kalt – im Gegensatz zu den heutigen, flauschigen Bezügen. Bald hat er sich im

„Helbesack" eingebuddelt und die schwere Federdecke macht ihm warm. Er ist jung und braucht daher noch keine Bettflasche. Nach kurzer Zeit schläft er ein. Wenn das Zimmer an der Nordseite des Hauses gelegen war, blieben im Winter die Eisblumen oft den ganzen Tag am Fenster. Nachts gefror der Atem an die Bettdecke. Der heutige Tag, ein ganz normaler Wintertag, ist zu Ende – der morgige Tag wird ähnlich verlaufen! Für die Dienstboten, egal ob Knechte oder Mägde, gibt es neben der normalen tagtäglichen Stallarbeit immer etwas zu tun.

Viehpflege

Großen Wert wurde auf sauberes Vieh gelegt. Denn „gut geputzt ist halb gefüttert!" Im Winter hatte man dazu mehr Zeit. Das Vieh wurde jeden Tag von Kopf bis Fuß mit Striegel und Bürste geputzt. Am Sonntag nahm man es etwas „ibrhops" (nicht so genau). Damit sich die Tiere nicht so stark verdrecken konnten, musste man während das Tages auf den Liegeflächen immer wieder „Pflättr razieh und d'Streibe narichte" (die Kuhfladen abziehen und die Einstreu zurecht rücken). Stark verdreckte Tiere wurden am Morgen mit warmem Wasser abgewaschen. Die Schwanzquasten der Tiere mussten oft gewaschen werden, weil sie über Nacht lose geworden waren und in der Dreckbrühe gelegen haben. Die Schwänze hatte man an den Schwanzhaaren an langen beweglichen „Schwanzspage" (Spagat = Schnur) aufgebunden.

Horn stellen: Im 20. Jahrhundert wurde großer Wert auf ein gepflegtes Aussehen der Rindviecher gelegt, dazu gehörten auch schön geformte Hörner. In der Regel wachsen beim Jungvieh beide Hörner gleichmäßig gebogen nach vorne und nach oben. Doch Ausnahmen gab es immer wieder. Zum Beispiel wuchs nur das linke Horn in der gewünschten Form nach oben, das rechte dagegen richtete sich nach unten aus. Solche Fehlstellungen versuchte man mit Korrekturen wieder in die gewünschte Haltung zu bringen, was leicht geht, solange die Hörner am Wachsen sind. An den beiden Hornspitzen wurden mit einem dünnen Hornbohrer kleine Löcher gebohrt. In diese Löcher wurde ein Draht eingezogen und leicht gespannt, so dass sich die Hörner beim weiteren Wachsen langsam in die Höhe richteten. Andere Fehlstellungen suchte man mit Hilfe eines „Hornstellers" zu korrigieren. Der Hornsteller war aus Holz und etwa 50 cm lang. Er hatte an den Enden zwei ausgehöhlte Rundungen und wurde fest an die Hörner angebunden. Genauso wie man mit Zahnspangen das Gebiss von jungen Menschen korrigieren kann, konnte damit die Hornstellung der Schumpen reguliert werden. Man musste nur rechtzeitig, sobald eine Fehlentwicklung zu erkennen war, damit beginnen. Nach einigen Wochen hatten die Hörner die gewünschte Form und die Hornsteller konnten entfernt werden. Die Schumpen hatten ein sauberes Aussehen und man konnte sie, ohne eine üble Nachrede zu haben, im Frühjahr in die Berge (auf die Bergweide) bringen. Mit einem schön gepflegten Kopf war auch der Markwert höher.

Stecher anbringen: Obwohl man die neugeborenen Kälber nicht an den Muttertieren saugen ließ, sondern sie am Eimer tränkte, hatten einige von ihnen den Sauginstinkt nicht verloren. Beim Weidegang gab es immer Kälber oder Schumpen, die an den Milchkühen ihre Saugkünste ausprobieren wollten. Mit dem Essen kommt bekanntlich der Appetit und einmal auf den Geschmack gekommen, probierten sie immer wieder. Manche Kühe ließen sich das gefallen, andere nicht. Das war natürlich nicht im Sinne eines Bauern, wenn seine Kühe am Abend mit einem „leeren Euter" in den Stall kamen. Er wollte doch die Milch der Kühe in die Sennerei abliefern, wofür er Geld bekam. Nun galt es, die Tiere auf der Weide zu beobachten, um herauszufinden, wer der Täter war. Der Täter war bald identifiziert und beim nächsten Weidegang bekam er einen „Stecher" an den Kopf gebunden. Jedes Mal, wenn sich das Schleck-mäulchen an eine Kuh heranmachte, um die Milch abzuzapfen, bekam diese von dem Stecher einen Stich und vertrieb den Angreifer. Nun kamen die Kühe abends beim Eintreiben wieder mit vollen Eutern in die Ställe zurück.

Kühe decken

Einige Wochen nach dem Abkalben wurden die Kühe in der Regel rindrig und muss-ten zum Decken zu einem gekörten Stier in der näheren Nachbarschaft oder gar zum hochqualifizierten „Gmuidsmolle" (Genossenschaftsstier mit einer guten Statur und einem guten Abstammungsnachweis) gebracht werden. Im Jahr 1893 wurde die All-gäuer Herdebuchgesellschaft gegründet, deren Ziel es war, durch Züchtung und Ein-kreuzungen, gute Pflege und Haltung zu höheren Leistungen zu gelangen, sowohl was die Milchleistung als auch was den Fleischansatz betraf. An die Stiere, als Multiplika-toren, wurden große Anforderungen gestellt. Nur gekörte Stiere, die von einer Kör-kommission für gut befunden waren, durften zur Züchtung hergenommen werden. Wer zuwider handelte, wurde bestraft. Da solche Prachtexemplare von Stieren bei den Auktionen nicht gerade billig waren, kauften oftmals Viehzuchtgenossenschaften diese Tiere. Bei einem Viehhalter in der Gemeinde, der die Voraussetzungen für die Haltung des Stieres, Platz, Zeit und Leute hatte, wurde der Stier gehalten. Der „Gmuidsmolle" (Gemeindestier) der Gemeinde Stiefenhofen war bei einem Bauern in Buflings stationiert. Die Mitglieder der Genossenschaften brachten ihre rindrigen Tiere dorthin zum Decken.

Wie schon erwähnt, wurden die Abkalbezeiten der Kühe – nach Möglichkeit – auf die Monate November-Dezember gelegt. Etwa drei Monate später, also noch mitten im Winter, wurden die Tiere wieder gedeckt. Bauern, welche keinen Stier hatten, nahmen ihre rindrigen Schumpen und Kühe am Halfter und marschierten mit ihnen zum qualifizierten Herdebuchstier, damit es im Kuhstall im nächsten Vorwinter wieder Nachwuchs geben konnte. Oft war gerade dann das Wetter besonders „kähl" (schlecht), wenn man mit einem Tier zum „Molle" (Stier) gehen sollte; es schneite und stürmte, was runter ging.

Zuchtstier in Hopfen – um 1940

Auch die Tiere wären bei so einem Wetter lieber im warmen Kuhstall geblieben. Am Vormittag wartete man noch in der vagen Hoffnung, dass sich das Wetter gegen Mittag bessern würde. Doch nach dem Mittagessen musste man auf jeden Fall gehen, wie sich das Wetter auch entwickelt hatte. Der Zeitpunkt durfte nicht verpasst werden! Man musste sich halt warm anziehen und losgehen.

Weil die Tiere oft nicht laufen wollten, musste jemand mit einer Rute mitgehen und „dribe." Wenn niemand anderer aufzutreiben war, war die Bäuerin gefordert. Wie weiße Gespenster stampften dann Bauer und Bäuerin (oder der Bauer und sein Knecht) mit der Kuh im Schneesturm durch tiefen Schnee und „Gähwinda" (Schneeverwehungen) zum Halter eines solchen Stieres. Am Anfang hat sich die Kuh in der Regel wild und unbändig gebärdet, so dass man Mühe hatte, sie festzuhalten. Wenn diese Phase vorbei war, dann wurde sie trotzig und wollte nicht weiter gehen. Die einfache Wegstrecke war manchmal drei bis vier Kilometer lang. Bei schlechtem Wetter war nur wenig Verkehr; außer einzelnen Pferdeschlitten ist ihnen auf den schlecht geräumten Straßen niemand begegnet. Motorisierte Fahrzeuge waren vor sechzig, siebzig Jahren noch selten zu sehen. Nach einer knappen dreiviertel Stunde wurde der Hof des Stierhalters erreicht. In einem Schuppen wurde die Kuh angebunden und der Halter gesucht. Weil man nicht angerufen hatte oder nicht anrufen konnte, stand dieser nicht gerade wartend an der Stalltüre bis „uinar mit ar Kuh kumme ischt!" (jemand mit einer Kuh vorbeikam). Er hatte ja auch seine diversen Arbeiten und Gänge zu erledigen. Wenn er selbst nicht da war, musste ein Knecht oder jemand anderer gefunden werden, der sich getraute den Stier aus dem Stall zu holen. Nicht Jedermann konnte oder durfte einen Bullen aus dem Stall nehmen. Nicht alle Stiere waren harmlos, gerade die älteren waren Fremden gegenüber sehr kritisch. Man musste mit ihnen umgehen können! Junge Stiere waren meistens übermütig und konnten den Deckvorgang schnell vollziehen. Dagegen ließen sich ältere Stiere mit guten Zeugnissen Zeit, sie hatten oft eine starke Nachfrage und waren deshalb einfach überfordert. Man musste warten und warten und den Tieren immer wieder „gut zureden", besonders dann, wenn kurz zuvor schon ein anderer Bauer mit einer Kuh da gewesen war – dann hieß es warten und warten.

Kinder durften bei solchen Aktionen nicht zusehen, genauso wenig wie beim Kalben. Doch neugierig, wie sie waren, fanden sie meistens in einer Scheunenwand ein „Astloch", durch das sie „verstohlen" (heimlich) zuschauen konnten. Sobald der Stier seine Schuldigkeit getan hatte, ging es wieder zurück. Die Kuh hatte inzwischen Hunger bekommen und drängte nun nach Hause. Den Bauersleuten war das nur recht. Es war schon 17.00 Uhr, als die drei nass und hungrig nach Hause kamen. Schnell musste das „Abendessen" eingenommen werden. Es war wieder „höchste Zeit" für die Stallarbeit. Im Laufe eines Winters waren viele solcher Gänge zu machen, bis alle Kühe trächtig waren. Wenn ein Tier „umgschla hoat" (nicht aufgenommen hatte), musste man drei Wochen später erneut das Glück versuchen und einen solchen Gang wiederholen. Wenn ein paar Versuche fehlgeschlagen hatten, wurde ein Tierarzt oder ein Tierheilkundiger geholt, um das Tier zu untersuchen und zu behandeln. Schließlich hat es dann doch meistens noch geklappt und das Tier wurde trächtig.

Nach neun Monaten Trächtigkeit war es soweit, der Nachwuchs drängte ans Tageslicht. Die Kuh musste „kälbre" (kalben). Da die Tiere in den Wintermonaten ganztägig im Stall sind und im Sommer zu den Melkzeiten eingetrieben werden und nachts im Stall sind, können sie gut überwacht werden. Man weiß, dass z. B. die Kuh „Minka" etwa Ende November „uszöhlt" hat und hat sie daher schon länger beobachtet. Man hat gesehen, dass sie „v'rtlong hoat", es bald soweit sein wird. Schon seit ein paar Stunden ist das Tier unruhig, steht auf und legt sich gleich wieder hin, um schon Minuten später das gleiche zu wiederholen. Von den Bauersleuten wird das Geschehen genau verfolgt, um notfalls eingreifen zu können. Immer wieder wird die Einstreu erneuert, damit das Tier sauber liegen kann. Schließlich legt sie sich und beginnt zu pressen, schon bald kommt das „Wasserkalb" (Fruchtblase) zum Vorschein. Nachdem dieses aufgeplatzt ist, werden die Vorderfüße des Kälbchens sichtbar. Sie machen einen gesunden Eindruck – vielleicht sind sie etwas zu stark. Noch zwei-, dreimal steht das Tier und legt sich wieder – diesmal auf die andere Seite. Sicherheitshalber wird der so genannte „Kälberstrick" geholt und an den beiden Vorderfüßen des Kalbes befestigt.

Endlich scheint es so weit zu sein. Das Tier beginnt nun fest zu pressen. Um das Tier zu unterstützen, wird jetzt am Kälberstrick gezogen. Zunächst zieht nun eine Person, immer im Einklang mit dem Pressen des Tieres. Sollte es notwendig werden, dann ziehen auch zwei Personen. Doch es geht gut. Die Füße kommen weiter heraus und schon bald wird auch die Nasenspitze sichtbar. Noch ein kurzer Ruck und die Vorderfüße und der Kopf ragen aus dem Schoß der Kuh. Doch nun ist das Schwierigste vorbei, der Rest geht schneller. Noch ein paar Minuten und das Kälbchen liegt im Stroh auf dem Stallgang. Mit trockener Streue wird es abgerieben und schon bald will es aufstehen. Die Beine sind noch wacklig, bei den ersten Versuchen fällt es immer wieder um. Aber unermüdlich wird weiter probiert, bis das Stehen schließlich gelingt. Das war eine ganz normale einfache Geburt.

Es gab aber auch Problemgeburten, gerade in den Jahren um 1960, als man ein markantes Zuchtziel hatte. Man wollte Tiere mit einem ausgeprägten Becken, damit darunter ein großes Euter Platz habe. Die weiblichen Tiere wurden mit Stieren gekreuzt, die diese Eigenschaften nachweisen konnten. Die Folge war, dass zwar die gezeugten Kälber diese Formen mitbrachten, aber die Muttertiere die notwendige Beckengröße nicht aufweisen konnten. Das führte zu schweren, problematischen Geburten. Das Muttertier war nicht in der Lage, das Kälbchen alleine zu gebären. Man musste unbedingt mithelfen. Der Geburtsvorgang zog sich endlos in die Länge. Alle kräftigen Personen im Hause mussten mithelfen beim Ziehen, auch der Nachbar wurde geholt. Wenn alles nicht half, wurde noch der Tierarzt gerufen. Mit viel Kraftaufwand, Salatöl (Gleitöl) und Schweißtropfen wurde schließlich manch ein schweres Kalb zur Welt gebracht. Die Mutterkuh lag ermattet auf der Liegebrücke. Ganz schlimm war, wenn das Kälbchen hängen geblieben war. Das heißt, der Kopf und der Oberkörper waren heraus, doch das Becken wollte nicht kommen. Dann war Eile geboten. Durch Herumdrehen konnte oft der gewünschte Erfolg erreicht werden. Man brauchte dringend Verstärkung. Bei vielen Gasthäusern war früher eine Landwirtschaft dabei. Da es gerade Sonntagmittag war, holte man einmal einen starken Mann direkt vom Stammtisch weg. Dieser wusste wohl, dass es „pressierte" und ist, obwohl er seine gute Sonntagsjacke anhatte, ohne zu zögern an die Arbeit gegangen. Aber es hat geklappt. Minuten später lag er zusammen mit dem nassen Kalb in seinen Armen auf dem schmutzigen Stallgang. Der Beifall und das Gelächter der Umstehenden waren ihm gewiss. Inzwischen wurde das Zuchtziel umgestellt und die Anzahl der schwierigen Geburten ging schnell zurück. Erst in den Jahren nach 1970 wurden Kaiserschnitte vorgenommen. Mit dieser Maßnahme konnte das Leben beider Tiere gerettet werden.

Kälberaufzucht

Wenn eine Kuh kälberte, wurden die Vorbereitungen für den Empfang des Kälbchens getroffen: Man holte einen Wisch Streu und warf es auf den Stallgang. Für den Fall, dass es doch etwas brauchen würde, wurde ein Nachbar vorsorglich herbei gerufen. Die Vorderfüße rutschten immer ein bisschen weiter heraus, schließlich wurden Maul und Nasenspitze sichtbar. Nach ein paar Minuten war der Geburtsvorgang beendet. Ein kräftiges Kalb lag auf dem trockenen Stroh. Mit Streue wurde es trocken gerieben und damit wach gerüttelt. Etwas kaltes Wasser über den Kopf des Kalbes geschüttet weckte die Lebensgeister vollends. Schon ein paar Minuten später wurde das Kälbchen in einen Verschlag gelegt, wo es schon bald die ersten Stehversuche machte. Es dauerte gar nicht allzu lange und die Versuche waren von Erfolg gekrönt. Zwei, drei Stunden später wurde die Kuhmutter von Hand gemolken und die erste Milch dem Kälbchen zu saufen gegeben. Da die Kälbchen die Milch am Euter der Mutter saugen wollten, waren sie schon überrascht, dass sie anstatt einer Zitze der Mutter nur einen Finger des Bauern im Maul verspürten, an dem sie Zutscheln konnten und sollten. Sobald das klappte, wurde ihnen der Kopf sachte in den Eimer mit der Milch gedrückt, wo sie saufen sollten. Manche „Kälble" kapierten das schnell, bei anderen dagegen dauerte es etwas länger.

Kälbchen saugt an einem Gummizapfen – 1955

Mit jedem Tag ihres Lebens brauchten sie etwas mehr Milch. Nach etwa drei bis vier Wochen hatten sie ein Gewicht von rund 60 Kilogramm. Die Kälber wurden während der NS-Zeit nicht schwer gemacht, denn es gab da die Aussage vom Ernährungsministerium, die sagte, dass das Fett der Milch für die Volksernährung wichtiger sei als das Fleisch der Kälber. „Mollekälble" (männliche Nachkommen) wurden zum Schlachten verkauft und „Kuhkälble" (weibliche Nachkommen), wenn sie eine gute Abstammung hatten, zur Zucht aufgezogen. Weibliche Kälbchen wurden etwa ¼ Jahr mit Vollmilch aufgezogen und sobald die Kälbchen anfingen Heu zu fressen, wurden die Milchrationen gekürzt. Im Laufe der 1950er Jahre kamen so genannte Milchaustauscher auf den Markt („Millpulver"). Die Milchaustauscher bestanden aus Trockenmilch, Magermilchpulver, tierischen Fetten und Mineralstoffen. Sie wurden mit warmem Wasser angerührt und den Kälbern zu saufen gegeben. „Kälble tränke" sagte man dazu. Die Kuhmilch konnte in die Sennerei geliefert werden. Die „Abindkälble" (Anbindekälbchen), auch „Buslar" genannt, entwickelten sich prächtig. Es war früher allgemein üblich, dass die Abkalbezeit der Kühe nach Möglichkeit in die Monate Oktober/November gelegt wurde. Im Frühjahr waren die Kälble daher bereits ein halbes Jahr alt und wurden auf die Weide getrieben und die etwas größeren auch schon mit in die Berge genommen.

Weg machen und Schnee schaufeln

Die Ortsgemeinden (Dörfer) mussten im Winter die öffentlichen Wege innerhalb ihrer Dorfgrenzen freischaufeln und eisfrei halten, woran auch die Dienstboten sich beteiligen mussten. Nach jedem stärkeren Schneefall musste auf den gemeindlichen Wegen der Schnee weggeräumt werden, entweder mit einem von Pferden gezogenen Schneeschlitten oder, wenn viel Schnee lag und die Wege arg verweht waren, von Hand mit Schneeschaufeln. In Hohlgassen, die stark dem Wind ausgesetzt waren, lag der Schnee manchmal so hoch, dass man ihn über zwei Etagen weiter reichen musste. Obwohl die damaligen Ansprüche an die Beschaffenheit der winterlichen Wege nicht sehr groß waren, gab das Räumen der Wege nach jedem Schneefall eine Menge Arbeit. Mindestens eine Schaufeltiefe Schnee (etwa 30 cm) ließ man auf der Fahrbahn liegen, denn wenn der Schnee festgefahren wurde, gab das eine feste Fahrsohle. Mit Pferdeschlitten war dann gut durchzukommen. Schwere Lasten wurden nach Möglichkeit im Winter und „bei guter Schneebahn" bewegt, z. B. das Transportieren von Baumstämmen, Schnittholz oder Bausteinen. Für den Neubau der Schule Genhofen, die am 19. Januar 1901 abgebrannt war, rollten schon fünf Wochen später 23 mit Ziegelsteinen beladene Eisenbahnwaggons in den Bahnhof nach Oberstaufen. Weil man die Schneefahrbahn nutzen wollte, pressierte es und die Fracht wurde umgehend mit vielen Pferden und Schlitten nach Genhofen befördert.
Die Straßen vom Schnee freischaufeln war eine mühsame und langwierige Arbeit. Der Ortsführer (Dorfmeister) rief seine Leute zusammen, von jedem Haus musste mindestens eine Person gestellt werden. In einer Kolonne arbeitete sich die Gruppe auf den schmalen Wegen vor. Eine gute Schlittenbreite, d. i. etwa 1,40 Meter musste genügen, ab und zu machte man eine Ausweichstelle.

Schneeschaufler bei Hertnegg im Winter 1941/42

hier bei Berg/Oberstaufen – um 1938

Der Schnee wurde mit der Schaufel in Würfeln zu 20–30 cm Größe abgestochen und zur Seite geworfen. Reihe um Reihe und Lage um Lage kämpfte man sich vorwärts. Mit jedem Sturm und jedem Schneefall wurden die Seitenwände höher. Wenn endlich nach tagelanger Schipperei die Wege einigermaßen offen waren, kam nicht selten über Nacht schon wieder ein Sturm mit Schneefall; von der Arbeit der vergangenen Tage war nichts mehr zu sehen.

Doch jeder Winter geht einmal vorbei. Im Frühjahr, wenn die Straßen ausaperten, kam der Dreck, der sich den Winter über auf den Wegen angesammelt hatte, zum Vorschein: da waren die Pferdeäpfel von den vielen Fuhrwerken, die im Winter die Straßen belebten, da waren aber auch die Kuhfladen der Tiere, die man während des Winters an die dörflichen Tränken getrieben hatte, nicht zu vergessen die Hinterlassenschaften der Tiere, die man den Winter über auf den Markt, zum Stier oder zum Metzger getrieben hatte. Die Straßengräben an beiden Seiten der Straße mussten nach Bedarf geöffnet, die Hecken entlang der Straßen zurückgeschnitten oder, besser noch, ganz entfernt werden. Die Schneezeichen mussten eingesammelt, die Wasser-Ausleiter geöffnet und die Frostaufbrüche wieder neu bekiest werden. Diese Arbeiten mussten von der Dorfgemeinschaft unentgeltlich gemacht werden.

Arbeiten im Frühjahr

Einem langen Winter folgte/folgt immer ein spätes, kurzes Frühjahr. Die Frühjahrsarbeiten mussten dennoch getan werden. Nicht ganz dringende Arbeiten wurden verschoben und nach dem „Freiheibat" erledigt. Bei einem späten Frühjahr waren die Heuvorräte fast restlos aufgebraucht, bis man das Vieh endlich auf die Weide treiben konnte. In der Nähe war dann kein Futter mehr zu bekommen. Die Bauern in der Nachbarschaft hatten das gleiche Problem! Das Heu musste für teures Geld von weit her geholt werden. Wieder einmal hatte sich die Aussage, dass „Heunot schlimmer ist als Geldnot" bewahrheitet. Erst wenn die „Eisheiligen" (12.–15. Mai) vorbei waren, wurde es wärmer und die Natur holte auf. Den Garten hatte man „Gottlob" schon im Herbst umgegraben. Nach den Eismännern konnte man pflanzen und säen. Auch die Kartoffeln konnten jetzt eingelegt werden. Viele Arbeiten sollten gleichzeitig erledigt werden. „Jetzt sott ba wid'r zwoi paar Händ hong!" sagte man (Jetzt wäre es gut, wenn man zwei Paar Arme hätte!). In diesen Zeitraum fielen meistens die kirchlichen Bittgänge durch die Fluren. Aus jedem Haus sollte eine Person mitgehen, um für das Gedeihen der Feldfrüchte zu beten und den Segen für Haus und Flur nach Hause zu bringen. Bei Bittgängen in der Nähe waren viele ältere Beter dabei, bei weiteren Entfernungen durften die jüngeren Menschen diese Aufgabe übernehmen. Zu Fuß zur Kirche, zu Fuß auf den Bittgang, der hin und zurück auch drei Stunden (Stiefenhofen – Ebratshofen) dauern konnte, im Dorf noch einige Einkäufe tätigen und dann den Fußmarsch nach Hause antreten. Es war oft schon Mittagszeit, bis die junge Bäuerin nach Hause kam. Da war es gut, wenn die Schwiegermutter oder die Magd das Mittagessen bereits gekocht hatte!

Der Monat Mai war früher der Hochzeitsmonat. Da die Familien meist sehr kinderreich waren, hatte man große Verwandtschaften. Obwohl oft Kinder schon in den ersten Lebenstagen gestorben sind, haben in vielen Familien dennoch fünf, sechs Kinder das heiratsfähige Alter erreicht. Es gab immer wieder eine Hochzeit, zu der man eingeladen wurde: als Verwandte, als Paten oder Nachbarn. Wenn die Feierlichkeit in einem entfernten Nachbarort stattfand, musste man einen „Gommar" (Haushüter) her tun. Es sollte jemand sein, der die Kinder hüten wie auch die Stallarbeit besorgen konnte. Die Kühe mussten gemolken und die Milch zur Sennerei gebracht werden. Man freute sich zwar auf solche Feste, bei denen man viele Verwandte und Bekannte treffen würde, aber wieder ging ein Tag vorüber, an dem man nichts fertig gebracht hatte.

Erst vor einer guten Woche hatte man das Vieh das erste Mal auf die Weide getrieben. Das Gras war noch klein, aber man hatte keine andere Wahl gehabt – die Scheune war leer. Man musste die Tiere am Morgen mit leerem, also hungrigem, Magen auf die Weide lassen. Mit der Folge, dass die Viecher das junge Gras gierig fraßen und dabei viel Luft in ihre Mägen kam. Wenn dann noch ein kalter Wind wehte, war die Gefahr groß, dass die Tiere aufgebläht wurden. Unter solchen Umständen bilden sich Gase in den Mägen der Tiere. Die Gase dehnen sich aus. Der Pansen (Magen) wird aufgebläht und drückt dann so gegen das Zwerchfell, dass die Tiere kaum noch atmen können und zu ersticken drohen. Nicht alle Tiere waren anfällig. Das Aufblähen gab es nicht nur im Frühjahr sondern auch im Herbst, wenn das Vieh auf die „Herbstwoid" (Herbstweide) getrieben wurde und ähnliche Wetterverhältnisse herrschten.

Man wusste um diese Gefahr und hat empfindlichen Tieren kurz vor dem Austreiben mit einer Flasche etwas Lebertran eingeschüttet, der das Aufblähen verhindern sollte. Immer wieder musste jemand auf die Weide gehen und den Zustand der Tiere überwachen. An manchen Tagen gab es keine Probleme, an anderen umso mehr.

Aufgeblähte Kuh

Manchmal hatte es den Anschein, als ob nichts passieren würde, doch schon wenig später standen Tiere mit kugelrunden Bäuchen herum und konnten sich kaum noch bewegen. Man ging zu ihnen und versuchte sie durch Drücken und Kneten in den Magengruben zum „Koppen" (Aufstoßen – Rülpsen) zu bringen. Dem gleichen Zwecke diente auch der so genannte „Kopper", ein eisernes Gerät, das man den Tieren ins Maul steckte und das sie zum Kauen und Aufstoßen reizen sollte. Mit einem flexiblen „Schlundrohr", das man den Tieren durch das Maul und den Schlund in den Pansen schieben konnte, sollten die Gase entweichen.

Diese Maßnahmen hatten meist nur einen bedingten Erfolg. Das eine Mal halfen sie, das andere Mal nicht. Als letzte Möglichkeit gab es noch das „Stechen." Mit einem „Schnitzar" (feststehendes Messer) oder einem „Trokar" (Messer mit einer Hülse) wurde dem aufgeblähten Tier in der linken Magengrube ein Loch durch Haut und Magenwand gestoßen. Mit einem „Pfuzgar" (Zischen) entwichen die angestauten Gase aus dem Magen – das Tier war gerettet und konnte wieder schnaufen. Diesen Eingriff machte man nicht gerne, hinterließ er doch eine Wunde, die nur langsam zuheilte. Jedes Mal, wenn das Tier hustete, spritzte die Magenflüssigkeit wie eine Fontäne aus dem Loch heraus. Manchmal kam jedoch die Hilfe zu spät. Eine Kuh war schon erstickt und lag tot auf dem Boden, als man zu ihr kam. Sie war „v'rschnöllt!" (zerplatzt), wie man sagte. Der Ausdruck ist nicht richtig. Das Tier ist nicht geplatzt, sondern lautlos erstickt! Um das Fleisch eines solchen Tieres noch verwenden zu können, mussten noch an Ort und Stelle die Gase und das Blut aus dem Körper gelassen werden. Das konnte der Bauer selbst machen. Dann musste das Tier geschlachtet werden.

In vielen Gemeinden gab es so genannte „Buremetzgar" oder Hausmetzger (meistens Bauern, die das Metzgerhandwerk erlernt hatten). Bei Notschlachtungen wurden sie geholt. Wenn das Tier auf einem Feld verendet war, wurde der Körper umgehend auf einen Wagen geladen und nach Hause gefahren. In einem hohen Raum (Tenne, Schopf oder Stadel) wurde der Tierkörper mit einer einfachen Seilwinde (Flaschenzug), die der Metzger mitgebracht hatte, hochgezogen. Der Mann hatte sich eine Schürze umgebunden und ging gleich an die Arbeit. Die Innereien wurden herausgenommen und die Haut abgezogen. Mindestens einen Tag lang musste das Fleisch aushängen. Der örtliche Fleischbeschauer kam, um das Fleisch zu beschauen und zu bewerten. Zur Bewertung hatte er zwei Stempel, einen „runden" und einen „dreieckigen." Wenn er dem Fleisch den runden Stempel aufdrückte, war es für den menschlichen Verzehr freigegeben. Bekam es den dreieckigen Stempel musste man es „verlochen" (vergraben).

Eine Kuh mit einem Lebendgewicht von 10 Zentner hatte etwa 5 Zentner Fleisch und Knochen. Da es früher keine Tiefkühltruhen gab und man das viele Fleisch selbst nicht verwerten konnte wurde es „ausgewogen" oder „uspfindet" (auf dem Hof pfundweise verkauft). An den Anschlagtafeln der örtlichen Sennereien wurden Zettel angeschlagen: „Notschlachtung. Am Dienstagvormittag ab 10.00 Uhr wird bei Franz Huber Rindfleisch ausgewogen." Der Metzger hatte das Fleisch bereits ausgelöst, in kleinere Stücke zerlegt und auf einem Tisch ausgebreitet. Wenn man keinen großen Tisch hatte, wurden einige Dielen auf „Zimmerböcke" gelegt. Fertig war der Tisch. Eine kleine Waage mit Gewichten hatte man ausgeliehen. Die Käufer standen schon Schlange, als der Verkauf begann. Die Nachfrage nach (billigem) Fleisch war oft so groß, dass man es rationieren musste und keinem Abnehmer mehr als fünf Pfund geben konnte. In zwei Schüsseln hatte man Wechselgeld hergerichtet. Eine für Papier-, die andere für Münzgeld. Der Metzger legte das Fleisch auf die Waage – die Bäuerin packte es ein und kassierte. Die Käufer hatten meistens Schüsseln oder Packpapier mitgebracht; oft war es nur eine Zeitung. Packpapier war in den Kriegsjahren rar. Die Kuhhaut (am besten unbeschädigt) wurde an einen Gerber in Oberstaufen oder Weiler verkauft. Im Stall klaffte jetzt eine Lücke – die „Nachzucht" musste diese schließen.

Da das Vieh nur im Sommer auf die Weide gelassen werden konnte, musste in dieser Zeit auch das Winterfutter eingebracht werden. Der „Freiheibat" (der 1. Schnitt) dauerte im Normalfall von Anfang Juni bis etwa Mitte Juli. Mit dem „Ohmadheibat" (dem 2. Schnitt) wurde erst um den 1. August begonnen. Einen dritten Schnitt machte man nicht. An einer sonnigen Lage wurde vielleicht noch ein „Morgen" gemäht. Die Zeit zwischen dem „Frei-" und dem „Ohmadheibat" war keineswegs eine Zeit der Ruhe und der Erholung. Wenn man in diesen drei Wochen auch nicht heuen musste, so hatte man trotzdem jeden Tag etwas zu tun. Viele Arbeiten waren zu erledigen: die Heinzen mussten eingesammelt, die Einschläge gepflegt, der Torf gestochen und das Brennholz für den nächsten Winter gemacht werden. Auch im Garten war einiges an Arbeit angefallen. Neben den üblichen Pflegearbeiten wie Jäten und Gießen mussten jetzt die Johannis-, Him- und Stachelbeeren, die mittlerweile herangereift waren, gepflückt und eingemacht werden. Gegen Mitte Juli wurden die Kirschen reif und sollten gepflückt werden, bevor die „Vögel alles gefressen" hatten. Aber an „Madlene Tag" (22. Juli, Namenstag Maria Magdalena) durfte man nicht auf die Kirschbäume steigen, denn an diesem Tag seien schon viele Menschen beim „Krispr broke" (Kirschen pflücken) vom Baum oder der Leiter gefallen und hätten sich schwer verletzt. Um „Jakobe" (25. Juli) ging man in die „Berg" (Jungviehalpen) um nachzuschauen, ob die Hirten ihre Arbeit gut gemacht hatten und ob die Tiere noch genug zu fressen haben. Doch schön der Reihe nach. Zuerst wurden die Heinzen, die noch vom Frei-heibat in kleinen „Huizebiga" (Heinzenstapeln) an den Feldrändern herum lagen, auf Leiterwagen geladen und nach Hause gefahren. Beim Einsammeln, wie auch beim Abladen, musste man unbedingt zu zweit sein. Eine Person war auf dem „Boden" (der Erde) und reichte einer zweiten Person, die auf einem Leiterwagen stand, jeweils zwei Heinzen. Sie mussten in zwei Reihen, nebeneinander, mit der Spitze zur Wa-genmitte auf dem Wagen gestapelt werden. In einer Lage kamen etwa 20 Heinzen übereinander. Immer wieder musste mit dem Pferdefuhrwerk und später mit dem Traktor zum nächsten Heinzenhaufen gefahren werden. Eine Reihe fügte sich an die andere. Der Wagen wurde immer voller. Mit 600–800 Heinzen war er voll.

Beim Heinzen einsammeln – um 1940

Dann fuhr man mit dem Fuder nach Hause oder zum Stadel. Da die Lagerräume meis-tens sehr knapp waren, wurden die Heinzen überall untergebracht: auf der „Bohne" (Heubühne), der „Obrate" (Dachboden) oder im freistehenden Heinzenstadel. Beim Abladen wurden die Heinzen wieder paarweise an die nächsten weiter gegeben. Oft mussten sie auch nach oben gereicht werden und passierten drei Paar Hände, bis sie dort angelangt waren, wo man sie stapeln wollte. Da diese Arbeit nicht allzu schwer war, mussten auch größere Kinder „Huize biete" (Heinzen reichen). Viele Bauern

142

hatten 5000 und mehr Heinzen. Das sind rund sieben Fuhren. Arbeit für mindestens zwei, drei Tage. Jede Hand wurde gebraucht. Kaputte Heinzen wurden gleich ausgesondert, damit man sie im Laufe des Winters „flicken" (reparieren) konnte. Im Gegensatz dazu war das Abbrechen und Einsammeln der Pfähle und des Drahtes für die „Schwedenreuter", die bei uns erst in den 1950iger Jahren bekannt wurden, wesentlich einfacher. Aber auch das brauchte Zeit.

Schwedenreuter in Südtirol – 2002

Während der Heuernte konnte man der Pflege der Weiden und Viehweiden keine große Aufmerksamkeit schenken – der „Heibat" hatte Vorrang. Wenn die Tiere auf eine neue Weide getrieben werden, fressen sie zuerst das junge und gute Gras. Erst wenn davon kaum noch etwas übrig ist, gehen sie zaghaft an den verbleibenden Rest. Verschmutztes, dreckiges Gras lassen sie meistens stehen. Es wächst aber weiter, wird alt, Rot und überständig. Damit junges frisches Gras nachwachsen konnte, musste das alte Zeug („Schuppen", die stehen gebliebenen Grasreste) mit der Sense und später mit dem Motormäher gemäht, dann getrocknet und zusammen getragen werden. Wenn es dürr war, wurde es auf einen Wagen geladen und heimgefahren. Im Winter fand es im Stall als Einstreu Verwendung. Steile, bucklige oder „kropfige" (unebene) Felder wurden nur als „Veahwoida" (Dauerweiden) bewirtschaftet. Sobald

143

das alte Gras von den Weiden entfernt war, wurden die Kuhfladen mit einer Mistgabel „verscherret" (verteilt und fein verrieben) und danach Gülle oder Mist auf die Flächen verteilt. Mancherorts wurden die Schuppen nicht gemäht, sondern man verteilte Mist auf die kahl gefressenen Stellen, „stoffle" sagte man dazu. Weil die Tiere wegen des Mistes auf den kahlen Plätzen nicht mehr „brupfe" (nagen) konnten, fraßen sie, zwar ungern, auch das alte überständige Gras. Beim Jungvieh konnte man das machen; doch bei Milchkühen eignete sich diese Methode nicht; die Milchleistung hätte zu sehr darunter gelitten.

Mistbreiten und Bschütten

In den allermeisten Kuhställen war unter dem Stallboden ein „Lacheloh" (Güllengrube), in dem die tierischen Abfälle gesammelt wurden. Bei längerem Stehen der Flüssigkeit in der Grube setzte sich das Wasser nach unten ab und oben bildeten sich dicke „Klattra" (Krusten). Wenn man die „Lache" ausbringen wollte, wurde sie zuerst mit einem „Rührer" (eine Art hölzerner Rechen) von Hand verrührt (vermischt). Damit man beikommen konnte, mussten zuerst die Dielen des Stallganges entfernt werden. Im Sommer war es einfach, da waren die Tiere auf der Weide und man konnte mit einem langstieligen hölzernen Rührer in alle Winkel beikommen und die Masse vermischen. Im Winter standen die Kühe im Stall. Dann musste zwischen den Tieren stehend gearbeitet werden. Wollte man den Standplatz wechseln, so musste man zwei Tiere weiter gehen und dasselbe ein paar Mal wiederholen. Beim Wechsel des Standplatzes musste man hinten an den Tieren vorbei auf den nassen, glitschen Dielen gehen und aufpassen, dass man nicht ausrutschte und in die offene Grube fiel. Doch die Person, die diese Arbeit verrichten musste, war in der Wärme im Stall. Die anderen, die draußen die Arbeit hatten, waren der Kälte ausgeliefert.

Von einer Kuh wird das hölzerne Güllefaß gezogen – um 1930

Solange das Gülleausbringen noch mit Ross und Bschittfass, das im Sommer auf einem Wagen und im Winter auf einem Schlitten oder einer „Rutsche" festgemacht war, erledigt wurde, konnten ohne großen Aufwand schnell ein paar Fass Lache ausgebracht werden. Man musste nur mit Pferd und Bschittfass in das eigens dafür gemachte „Bschittloch" fahren. Wenn das natürliche Gefälle zu gering war, wurde in der Nähe des Auslaufhahnes eine Vertiefung gegraben. In diese Vertiefung („Bschittloh" genannt) konnte man mit Pferd und Bschittwagen hineinfahren Mit dem leeren Fass fuhr man in die Vertiefung hinein, stellte dort mittels eines „Kehnars" (hölzerne Rinne) eine Verbindung vom Auslaufhahn zur Öffnung des Fasses her. Durch Drehen des Hahnes wurde der Auslauf geöffnet und die Gülle floss über den Kehnar in das Fass. Wenn dieses voll war, wurde der Hahn zugedreht, der Deckel des Fasses geschlossen und mit einem „Hüh" ging es aufs Feld. Dort angekommen, wurde hinten am Fass die Falle geöffnet. Die Pferde zum Laufen angetrieben und die Flüssigkeit schoss mit einem starken Strahl aus dem Fass. Über einen „Lätscher" (Verteiler), der hinten am Fass angebracht war, wurde der Strahl verbreitert und so die Gülle auf der Wiese verteilt.

Kleine Bauern konnten sich diesen Aufwand nicht leisten. Sie füllten mit einem Kübel oder Schöpfkübel die „Lachebähre" (Schubkarre mit einem hölzernen Kasten und hölzernem Rad) direkt an der Güllegrube.

Ehemalige „Lachebähre" – heute als Blumenkiste verwendet.

Die volle Bähre wurde aufs Feld geschoben und dort „verschöpft" (verteilt). Damit auf dem Weg keine Gülle durch „Überschwappen" verloren ging, wurde das Gefäß mit einem Deckel verschlossen. Im Winter wurde der Kasten auf einen „Hornarschlitten" gestellt und im Schnee aufs Feld gezogen. Wenn es bergauf ging, musste jemand (Frau oder Kinder) mit einem Strick vorne an der Karre oder dem Schlitten ziehen. Später gab es auch einen sogenannten „Golggar" (Handpumpe aus Blech) mit dem man ein Bschittfass füllen konnte. Der Golggar, etwa 2,50 m hoch, wurde in die Güllegrube gestellt und ragte ca. 1,50 m aus der Grube heraus. Am oberen Ende wurde ein Kehnar befestigt. Durch ständiges Pumpen mit dem Handhebel wurde die Gülle aus der Grube in den Kehnar geschöpft und floss von hier in das Bschittfass draußen vor der Stalltüre. Durch fleißiges, kräftiges Pumpen wurde in etwa einer halben Stunde ein Fass mit 500 Litern gefüllt.

Wer seine Felder unterhalb des Hauses hatte, nahm meistens ein paar Güllerohre und ein paar Schläuche und schloss diese an die Auslaufleitung an. Dann wurde der Auslaufhahn geöffnet und mittels Schläuchen konnte die Gülle auf der Wiese verteilt werden. Durch den Höhenunterschied floss die Gülle ohne Pumpe in freiem Fall den Hang hinab. Leichter gesagt als getan. Wenn im Winter die warme Stalllache durch die Rohre floss, wurden diese warm. Der Schnee darunter schmolz und die Rohre versanken im Schnee. Um dieses zu verhindern, legte man ca. 50 cm lange Bretter unter die Rohre. Die Schläuche mussten immer wieder bewegt werden, damit die Gülle auf eine größere Fläche verteilt werden konnte. Dazu musste man in den kalten Schnee greifen. Die Schläuche mussten aneinander gekoppelt oder abgekoppelt werden. Dabei spritzte es oft. Dann bekam man eine ganze Ladung ins Gesicht. Gummihandschuhe hatte man früher nicht und die Stoffhandschuhe waren bald durchnässt. Der Schnee ist auch bei schönstem Wetter kalt und meistens wehte doch ein kalter Wind. Bald fingen die Finger an zu frieren und zu nägeln. Sobald in der Grube wieder Platz war, hörte man damit auf. Nun mussten noch die Schläuche gewaschen werden. Aber auch die Hände und das Gesicht mussten gewaschen werden damit man wieder „de Litt gli gseah hoat!" (wie Menschen ausgesehen hatte). Um es kurz zu machen, es war immer eine kalte Angelegenheit!

Die Technisierung blieb auch in der Gülleausbringung nicht stehen. In den 1930er Jahren kamen Güllepumpen und Rohranlagen auf den Markt. Sie wurden vom Staat sogar gefördert. Die Gülleausbringung ging nun schneller als vorher. Doch die Vorbereitungen dauerten länger. Da mussten die Pumpe, der Motor samt „Triebrieme" (Treibriemen) und die Ansaugrohre hergerichtet und betriebsbereit gemacht werden. Die Leitungsrohre von der Pumpe beim Haus bis zu dem Feld, das man düngen wollte, auf einen Wagen geladen, entlang der Strecke verlegt und mit speziellen Schließvorrichtungen aneinander gekoppelt werden. Wollte man eine Wiese beschütten, die etwa 500 Meter vom Hof entfernt war, so wurden 80 Blechrohre mit einer Standardlänge von je 6,50 Meter benötigt. Wenn man selbst nicht so viele Rohre hatte, half man sich gegenseitig aus und holte Rohre bei einem Nachbarn. Aber, sobald die Vorarbeiten gemacht waren, ging es flott voran. Die Gülle im „Lacheloh" musste zwar noch immer von Hand verrührt werden. Doch dann wurde der Motor eingeschaltet und die Kolben der Pumpe setzten sich sichtbar in Bewegung – immer auf und ab – saugen und pumpen in stetem Wechsel. Die Ventile (Klappen oder Kugeln) öffneten und schlossen sich. Rund 20.000 Liter flossen in einer Stunde durch die Rohrleitungen; vorausgesetzt, dass alles klappte. Eine Güllegrube mit 50 cbm Inhalt konnte in knapp drei Stunden geleert werden, wozu man vorher mindestens zwei Tage gebraucht hatte. Jetzt konnte man auch steile Hänge düngen, was mit Pferden und einem hölzernem Bschittfass nicht oder nur schwer möglich gewesen war.

Beim „Bschitte" musste immer eine Person zu Hause sein. Diese Aufgabe wurde oft der Bäuerin übergeben. Sie musste die Gülle in der Grube in Bewegung halten und nebenbei die Pumpanlage im Auge behalten und, wenn nötig, den Motor ein- und ausschalten. Sobald die Gülle aus der Pumpe in die Rohre floss, musste sich jemand auf den Weg machen und mitlaufen. Die Gülle floss etwa im Schritt-Tempo durch die Leitungen. Ab und zu musste ein „Rohr aufgemacht" werden, um Klumpen, die sich eventuell gebildet hatten, ablaufen zu lassen. Dann wurde das Rohr wieder zugemacht. Nach etwa zehn Minuten hatte die Flüssigkeit das Ende der Rohrleitung erreicht. Die Rohre lagen starr auf der Erde; beweglich waren zwei oder drei Segeltuchschläuche mit jeweils rund zehn Meter Länge, die am Ende einer Rohrleitung angeschlossen wurden. Damit konnte die Gülle verteilt werden.

Bauer und Bäuerin sind beim „Bschitte" auf dem Feld – Isenbretshofen – um 1940

Das Ende des letzten Schlauches wurde hoch genommen, zwischen die Beine geklemmt und festgehalten. Am Verschluss konnte man mit Zudrücken und Drehen des Schlauches den Strahl und damit die Reichweite regulieren. Eine zweite Person musste die vollen Schläuche hin- und herziehen, damit das Feld im gesamten Einzugsbereich der Schläuche gedüngt werden konnte. War der Platz voll, dann wurde der Anschluss an die Rohrleitung rund 40 Meter weiter nach vorne verlegt. In den 1950er Jahren kam ein neues Gerät, der „Güllewerfer", auf den Markt. Die Verteilung wurde dadurch einfacher. Es konnte eine Person eingespart werden!

Die Gülle wird mit einem Güllewerfer verteilt – um 1960

Das An- und Abkoppeln der unter Druck stehenden Leitungteile – egal ob Rohre oder Schläuche – ging nie ganz ohne „Spritzer" ab. Man konnte es an den Gesichtern der beiden „Bschittar" (Helfer) ablesen. Wenn das Feld entlang der Rohrleitung gedüngt war, wurde diese um etwa 50 Meter nach links oder rechts verlegt. Während einer Leitungsverlegung musste die Pumpe abgeschaltet werden, weil sonst viel Gülle an der gleichen Stelle ausgelaufen wäre. Wo man eine Sichtverbindung mit Zuhause hatte, konnte per Handzeichen das Abschalten der Pumpe veranlasst werden. Im andern Falle musste einer der beiden nach Hause eilen und den Motor der Pumpe abschalten. Nach der Umlegung der Leitung ging es gleich wieder weiter. Nun war es aber nicht so, dass die Pumpen immer störungsfrei funktionierten. Wenn die Ventile mit langem Heu oder Streue verstopft wurden, dann ging nichts mehr durch. Bei einer solchen Störung musste eine Person vom Feld nach Hause springen oder, wo das möglich war, radeln und den Schaden beheben: Motor abschalten, Pumpendeckel aufmachen, Klappen oder Ventile freimachen, Deckel zumachen, Motor einschalten und sich vergewissern, ob alles funktioniert und schnell wieder aufs Feld rennen, um dem anderen zu helfen. Kaum wieder auf dem Feld konnte sich das gleiche wiederholen. Wieder musste man nach Hause, um zu sehen, was los war. Dasselbe konnte in ungünstigsten Fällen einige Male vorkommen. Oft war es auch nur der Treibriemen, der wegen Nässe von der Motorscheibe gerutscht war. Mit „Riemenwachs" konnte das Wegrutschen verhindert werden!

Endlich war das Feld gedüngt und die Grube leer. Wenn möglich, wurde hinterher Wasser in die Leitung gepumpt, damit auch der letzte Tropfen der kostbaren Gülle aus der Rohrleitung nutzbringend auf dem Feld versprüht werden konnte. Danach wurden mit einem Hammer die Rohrverschlüsse geöffnet und die Rohre eingesammelt. Die Pumpe, die Saugleitung und die Schläuche wurden gereinigt, verstaut und das noch offene Lacheloh mit Dielen wieder zugedeckt. Es war 1.00 Uhr geworden und Zeit zum Mittagessen. Schnell wurden Gesicht und Hände gewaschen und das „Häs" (Kleidung) gewechselt. Am Nachmittag wollte man zum „Hage".

Im Winter wurde meistens nur eine kleine Fläche in der Nähe des Hofes gedüngt – bei hohem Schnee – auch zwei- bis dreimal auf den gleichen Platz. Wenn im Frühling der Schnee „v'rgange" (geschmolzen) ist, kamen dicke „Klattra" (Krusten) zum Vorschein, die das Wachstum der Pflanzen behinderten und die man mit einem Handrechen verrechen oder mit einer vom Pferd gezogenen „Boscheegge" verreiben musste. Die viele Gülle war für den Pflanzenbewuchs nicht gut. Auf solchen Flächen wuchsen allmählich nur noch „Widdrestengel" (Wiesenkerbel). Alle paar Jahre musste ein solches Feld „abgefretzt" (beweidet) werden, damit sich wieder eine dichte „Grasnarbe" bilden konnte.

Wer selbst keine eigene Pumpanlage hatte, der konnte schon Ende der 1930er Jahre den Service eines Bauern aus dem Stiefenhofener Ortsteil Mutten in Anspruch nehmen. Wenn man ihn brauchte, kam er mit seinem 10-PS SENDLING Traktor, einer fahrbaren Güllepumpe, einem hoch mit Güllerohren beladenen, eisenbereiften Wagen, dem notwendigen Zubehör sowie zwei Helfern angefahren. Die Männer bauten die Pumpanlage auf und verlegten die Rohre in das angewiesene Feld. Mit einer Handkurbel wurde der Traktor gestartet und mit einem Treibriemen das Schwungrad des Traktors mit der Riemenscheibe der Güllepumpe verbunden. Dann konnte es losgehen. Oft wurde der Unternehmer von Bauern gerufen, die wohl eine eigene Pumpanlage hatten, aber einen zu schwachen Motor um ihre steilen oder abgelegenen Wiesen düngen zu können. Sobald die Grube leer war, wurde alles wieder eingesammelt, aufgeladen und abfahrbereit gemacht. Hernach gab es für die Männer ein Mittagessen oder eine Brotzeit und gleich mussten sie mit dem Traktor weiter zum nächsten Betrieb oder nach Hause. Eine schwere und schmutzige Arbeit für die Männer. Oft genug hatten sie diese Arbeit bei schlechtem Wetter zu erledigen, denn im Sommer bei schönem Wetter mussten die Bauern „heibe" (heuen) und sie selber auch.

Ein Fuder Mist wird mit zwei Pferden auf das Feld gefahren – um 1930

Im Frühling musste der Stallmist, der sich im Laufe des Winters angesammelt hatte, auf die Felder gebracht und dort sehr fein und gleichmäßig verteilt werden. Da war man froh, dass man schon im Winter einige Misthaufen auf die Felder gefahren hatte. Nun musste der Mist Gabel um Gabel auf den Mistwagen geworfen werden. Sobald der Wagen voll war, musste der Mist mit einer Dätsche festgedätscht werden, damit man auf den holprigen Wegen durchs Dorf nichts verlor. Auf der Wiese angekommen, musste jemand das Pferd am Halfter führen und langsam in einem Abstand von etwa 2,50 Meter von einem Zaun entfernt entlang führen, während der zweite Mann hinten am Wagen mit einem Misthaken kleine Häufchen vom Mistfuder herunterzog. Sobald der Wagen leer war, fuhr der Fahrer zurück in die Mistlege, um die nächste Fuhre aufzuladen und zu bringen. Die nächste Fuhre schloss sich an der vorhergehenden an. Wenn man Leute genug hatte, fingen diese bereits an die Häufchen fein zu verteilen – zu verreiben („Mist sproite").

Weil die Arbeit sehr zeitraubend war und nur langsam vor sich ging, wurde auch bei nassem und kaltem Wetter Mist ausgebracht. Nur zu oft musste man wegen einem „Horniglar" (Graupelschauer) die Arbeit unterbrechen. Doch sobald der Schauer vorbeigezogen war, wurde wieder weitergemacht.

Felder bestellen

Nachdem sich im Verlaufe des 19. Jahrhunderts die Milch- und Käsewirtschaft ausgebreitet hatte, wurde der Ackerbau allmählich eingestellt, nur in Notzeiten erinnerte man sich wieder an diesen. So auch in den Kriegs- und Nachkriegsjahren von 1940–1950.
Außerhalb des Gartens wurde im Herbst ein Stück Land mit Pferd und Pflug umgeackert, oder mit dem Spaten umgegraben. So konnte sich über den Winter eine „Frostgare" bilden. Bei starkem Frost frieren die Bodenschollen zusammen und zerbröckeln. Man kann sie dann im Frühjahr mit den „Hauen" (Hacken) leichter zerschlagen und zerkleinern. War ein Acker soweit hergerichtet, konnte er angesät werden. Zu dieser Arbeit band sich der Sämann ein Tuch mit Saatgut (Hafer, Gerste, Veesen (eine Weizenart), Roggen) um. Mit der bloßen Hand säte er den Samen breitwürfig und möglichst gleichmäßig über den Acker. Mit einem hölzernen Rechen (Saatrechen) oder einer Egge wurde der Samen eingearbeitet. Um die Vögel von den frisch angesäten Feldern zu vertreiben, stellte man ein paar Vogelscheuchen auf. Auch Kartoffeln wurden angebaut, zum Teil sogar Runkel- und Zuckerrüben. Weil die jungen Kartoffeltriebe sehr frostempfindlich sind, wurden die Kartoffeln erst Anfang Mai in den Boden gesteckt. Zum „Grumbra ilegge" (Kartoffeln stecken) machte man mit einer „Haue" (Hacke) Rillen in die vorbereitete Erde. In diese Vertiefungen wurde Mist verteilt und dann in einem Abstand von etwa 30 cm die Kartoffelknollen hineingelegt und mit Erde angehäufelt. In einem Abstand von 70 cm kam die nächste Reihe. In warmen Kellern hatten die Kartoffeln Anfang Mai schon viele Keime, so dass man sie „abkide" (Triebe entfernen) musste, bevor man sie verwenden konnte. Als Saatkartoffeln nahm man alte, mittelgroße „Grumbra" (Grundbirnen = Kartoffeln), die viele Augen hatten. In den Nachkriegsjahren waren die Saatkartoffeln Mangelware. Daher wurden Kartoffelknollen, die viele Augen hatten, mit einem Messer halbiert und dann erst in die Erde gesteckt. Gegen Ende Juni, noch während der Heuernte, musste man das Unkraut zwischen den Kartoffelreihen von Hand rausziehen und den Boden mit der Hacke auflockern. Das war eine ungeliebte Arbeit, denn um diese Zeit war es meist sehr heiß und schwül und die Luft voll von blutgierigen Bremsen.

Einschläge (Weidekoppeln) pflegen

Damit man die Tiere beim „Itribe" (in den Stall treiben), wenn sie von der Weide in die Ställe zurückkamen, leichter anbinden konnte, hatte man immer frisches Gras in die Barren gegeben. Das Gras wurde meistens in der Nähe des Hauses mit der Sense gemäht und mit einer „Zirne" (Korb) in den Stall getragen oder auch mit einem Schubkarren dahin geschoben und in die Barren verteilt. Bei ganz schlechtem Wetter ließ man die Tiere sogar den ganzen Tag im Stall stehen, damit sie auf der Weide „it so viel Dreck machet" (um die Grasnarbe zu schützen) und man musste „Rigrase" (man brachte ihnen frisch gemähtes Gras in den Stall). Da man diese Art von Stallfütterung eigentlich nur bei ganz schlechtem Wetter machte, wurde das Gras von Hand gemäht, von Hand auf den Wagen aufgeladen und schließlich mit einem Korb den Tieren das tropfende Gras in den Stall getragen. Das war eine nasse und kalte Angelegenheit. Sobald der 1. Schnitt, das Heu, unter Dach war, mussten die „Einschläge" (Weidekoppeln) gepflegt werden. Die „Einschläge" waren nun „abgefretzt" (abgeweidet) und mussten auf Vordermann gebracht werden. Da wurden die „Schuppen" (die stehen gebliebenen Grasreste) mit der Sense abgemäht, zusammengerecht, zusammengetragen, getrocknet, aufgeladen und nach Hause gefahren.

Die „Schuppezsammähate" (dürren Grasreste) wurden im Winter als Einstreu für die Tiere verwendet. Wenn die Weiden sauber waren, musste man „d'Pflätt'r v'rscherre" (die auf der Weide liegenden Kuhfladen mit einer Gabel fein auf dem Boden verteilen), die Felder „bschütte" (Gülle ausbringen), oder „stoffle" (Mist auf die kahl gefressenen Stellen verteilen) oder auch Kunstdünger (Handelsdünger) von Hand „säje" (ausstreuen).

Bei nassem Wetter und nassem Boden legte man grobe Handschuhe an und zog das Unkraut aus den Wiesen und Weiden, oder es wurde mit einem speziellen „Wurzestecher" herausgestochen: „Distla" (Disteln), „Wegwarta" (Breitwegerich), „Schmolzblecha" (stumpfblättriger Ampfer), „Krotteblecha", „Stinkminza" und andere mehr. Unkräuter waren vor allem grobblättrige Pflanzen, aber auch alle Gräser und Blumen, die den Tieren nicht schmeckten, auch wenn sie noch so schöne Blüten hatten. Sträucher, wie Dorn- und „Hagebutzebosche" sowie den Anflug von Fichten oder Tannen hat man mit einer Stockhaue geschwendet und anschließend verbrannt. „Kuhstapfa und Veahweagele" (Trittstufen der Tiere) sowie sonstige Löcher musste man mit einer Schaufel „zudätsche" und einebnen, und „Mushiife" mit einem Gartenrechen „v'rscherre" (Maushaufen einebnen). Diese Arbeiten hat man bei schlechtem Wetter gemacht, weil man da mehr Zeit hatte und weil das Herausziehen der Pflanzen samt Wurzeln bei nassem Boden leichter ging. Die Wurzeln der Pflanzen sollten auch mitkommen, damit sie nicht mehr austreiben konnten und die Arbeit umsonst gewesen wäre. Nun waren die Weidekoppeln wieder „sauber" und das Gras konnte nachwachsen; nach einer Wachstumszeit von etwa drei bis vier Wochen wurden die Tiere erneut aufgetrieben.

Arbeiten im Herbst

Es ist Ende Oktober, der Sommer ist vorbei. Auf den höheren Bergen liegt schon Schnee. Die Bäume sind kahl geworden. Blätter, faule Früchte und altes Gras liegen auf der Erde und verfaulen; geben Nahrung für das Wachstum im nächsten Jahr. Je mehr verfault, umso üppiger sind die Erträge. Die Natur gönnt sich eine Verschnaufpause und sammelt Kräfte für das Frühjahr, wenn die wärmenden Sonnenstrahlen im Monat März sie wieder zu neuem Leben erweckt. Ein Vorgang, der sich jedes Jahr wiederholt – in ewigem Kreislauf. Das Heu ist unter Dach, das Obst gepflückt und verarbeitet. Die Kartoffeln im Keller. Scheunen und Keller sind voll. Das Brennholz hatte man trocken und bei „übergehendem Mondzeichen" unter Dach gebracht, damit es auch in einem feuchten Holzschopf trocken bleibt und im Winter in den Öfen relativ rauchfrei verbrennen wird. Für den Landwirt waren früher Ende Oktober die wichtigsten Arbeiten getan, doch einiges war meistens noch zu tun, bevor der Winter kam. Jedes Jahr im Herbst, kurz vor dem ersten Schnee, wurden die Ställe gewaschen und wieder frisch geweißelt. Da diese Arbeiten arbeitsaufwändig waren und man nie wusste, ob es nicht bald schon „Zuschneien" werde, war es jetzt höchste Zeit, dies zu erledigen. Man wollte diese Aktion nicht zu früh machen, denn der frisch gereinigte und gestrichene Stall sollte einige Zeit hell und sauber bleiben. Im Spätherbst ist es oft schon kalt, aber auf den Wiesen steht noch immer Gras, das man dem Vieh noch gerne zu Fressen gibt, doch leider verursacht das kalte Futter bei den Tieren gerne Durchfall. Die Ställe wären schon bald wieder verdreckt gewesen; daher wartete man solange wie möglich.

Nun aber war Eile geboten und sämtliche verfügbaren Familienmitglieder mussten mithelfen. Gegen das „Nasswerden" schützte man sich mit einem wasserdichten „Schurz" (Schürze). Im Stall, den Ställen, wurde alles gewaschen: Wände, Fenster und Türen, Ständle, Gänge, „Bruggen" (Liegeflächen), Futterraufen, Hälslinge, Barren, Barresätz, (Mauerwerk, auf dem die Barren aufliegen), Wasserrohre, Selbsttränkebecken, Absperrgitter, Melkstühle, Gabeln, Mistkratzer, Stiele, Besen und Schaufeln, kurzum – einfach alles. Schon am frühen Morgen füllte man den Waschkessel vor dem Haus mit Wasser und heizte ihn an, damit man warmes Wasser hatte. Zeitig wurde das Vieh auf die Weide getrieben und die Ställe ausgemistet. Mit kaltem Wasser wurden sämtliche Gegenstände nass gemacht und eingeweicht. Wenn nach ein paar Stunden die Dreckkrusten aufgeweicht waren, wurde mit Schabern, Kratzern und Bürsten solange geschrubbt, gewaschen und gebürstet, bis alles sauber war. Jemand musste mit einem harten Besen die lose gewordenen Kalkreste von den Brettern und Balken der Stalldecken wegkehren. Das war genug Arbeit für den ersten Tag. Am Abend kam das Vieh wieder in die Ställe zurück. Es musste gemolken und versorgt werden. Am nächsten Tag ging es weiter – auch der Rossstall und die Schweineställe wurden der gleichen Prozedur unterzogen: Molkekübel, Suebarre (Futtertröge), Suegelte (Molkestande), Trennwände, Suestall-Ritar (die Wände haben am oberen Ende eine stabile dicke Bohle), Miettrucke (hölzerne Truhe, in der die Miete aufbewahrt wird) und Roßbarren mussten gewaschen werden. Schließlich wurde in einer Gelte eine größere Menge weiße Kalkfarbe angerührt, in einen Kübel abgefüllt und mit breiten „Weißelpinseln" an die Wände und Decken gepinselt oder auch mit einer Handspritze hingespritzt. Barresätz, gemauerte „Ständle" sowie die unteren Wandteile wurden „geschwärzt" – mit dunkelblauer Kalkfarbe angestrichen. Wenn nach zwei, drei Tagen Arbeit die Ställe wieder hell und sauber aussahen, waren alle Beteiligten froh. Ein Jahr sollte die neue Sauberkeit vorhalten!

Auch die Weidezäune mussten noch „abgebrochen" werden. Zwischenzäune, die man nur für die Herbstweide aufgestellt hatte, wurden entfernt. Zuerst wurden die Klämmle, mit denen die Stacheldrähte an den Pfählen angenagelt waren, mit einer Beißzange heraus gezogen. Dann wurde der Stacheldraht auf „Drahthaspeln" aufgerollt. Die fest in der Erde steckenden Pfähle mussten gelockert und herausgezogen werden. Am Schluss sammelte man mit dem Pferdefuhrwerk die Drahtrollen und Pfähle ein und brachte sie nach Hause. An einigen Zäunen wurde der Draht nur „gelöst" und auf den Boden gelegt. Auch die hölzernen Weidegatter und Stapfe-Stangen brachte man unters Dach, damit sie im Winter unter der Schneedecke nicht kaputt gehen konnten. Zwischendurch wurden noch „Mist und Lache" ausgefahren, damit man über den Winter in den Gruben Platz hatte.

Solange es noch schneefrei war, musste man „Gräbe uftue" (Entwässerungsgräben aufmachen). Die offenen Gräben in den nassen Wiesen wuchsen im Laufe der Jahre immer wieder zu und mussten aufgemacht werden. Wenn man dann noch Zeit hatte, wurden nasse Wiesen ausdrainiert. Etwa in den Jahren um 1840 fing man bei uns an nasse Wiesen trocken zu legen. Man hatte damals noch keine Tonröhren und machte die Drainagen mit Steinen. Diese Drainagen nannte man „Stuidohla" (Steindohlen). Mit Schaufel, Spaten und Pickel wurden Gräben mit einer Breite von 40 cm und etwa 60 bis 70 cm Tiefe ausgehoben. Auf die Grabensohlen wurden „Schwärtlinge" (Bretter) gelegt, auf diese kamen links und rechts etwa 10 bis 15 cm dicke Steine und darüber Steinplatten. Darunter war ein Hohlraum entstanden. Auf diese Steinplatten legte man eine Schicht von grünen Weißtannenästen. Durch diese Schicht lief das Wasser in die Dohle und konnte ablaufen. Schließlich wurde der Graben mit Erde wieder verfüllt. Die Gräben wurden so angelegt, dass sie ein wenig Gefälle hatten. Die Arbeit wurde von Hand gemacht. Eine langsame und beschwerliche Arbeit. Weil es im Spätherbst schon kalt ist, war es meist eine kalte und dreckige Arbeit. Wer ohne Handschuhe arbeitete, hatte schon bald die Hände voller „Schrunden." Doch wieder war ein Stück Land trocken gelegt worden. Wenn jeden Herbst ein paar hundert Quadratmeter Wiese verrohrt wurden, hatte man in wenigen Jahren ein Tagwerk „gutes Feld" gewonnen. Da es früher keine schweren Maschinen gab, haben diese Drainagen jahrzehntelang ihre Aufgabe erfüllt.

Im Spätherbst kam der Dorfmeister und wollte noch die Dorfwege aufkiesen, weil man im Frühling dazu doch keine Zeit habe. Auch die Schneezeichen müssten noch gesteckt werden. So ging der Herbst zu Ende – der Winter konnte kommen.

Brennholz machen

Wenn im Sommer zwischen der Heu- und Ohmadernte noch Zeit übrig blieb, dann wurde Brennholz hergerichtet für den nächsten Winter – die nächsten Jahre. Man wollte immer einen ausreichenden Vorrat an Brennmaterial im Hause haben. Alte Obstbäume, alte, knorrige freistehende Tannen oder Fichten, „Wettertanne" genannt, Erlen und dürre Bäume hatte man schon im letzten Winter gefällt, entastet und in tragbare Längen abgesägt und an einer Hauswand „ufbiiged" (gestapelt). Nutzholz wurde zu einem Sägewerk gefahren, wo die „Burewaar" (Bauernware) zu Balken, Rähmlingen, Dielen oder Brettern gesägt wurde. Auf einem Bauernhof war es immer gut, wenn „a g'sägete Waar" (Schnittholz) da war. Es gab immer etwas zu flicken. Da waren Balken und Dielen des Tennebodens auszuwechseln. Im Stall waren die Dielen des Stallganges oder der „Stallbrugga" (Liegeflächen der Kühe), im Schweinestall die „Suestallbrugga" (Liegeflächen der Schweine) abgenützt und warteten auf Erneuerung. Der Bretterschirm am Heinzenstadel war schon länger kaputt und musste im nächsten Frühjahr unbedingt gemacht werden. Zudem waren die Latten am „Garteshag" auszutauschen und zum „Hage" im Frühling brauchte man wieder Latten und Schwärtlinge.

Das „Abholz" der Baumstämme wurde aufgearbeitet. Mit dem Daashacker oder dem Handgürtel wurden die „Äst' usgschnoitled" (das feine Reisig von dicken Ästen entfernt), aus dem „Daas" (Reisig) musste man auf dem Buschlbock „Buschla mache" (Reisigbüschel). Die dicken Äste zu einem Meter Länge absägen und diese Knebel zu Stapeln von einem Meter Höhe an eine fahrbare Wegstelle aufstellen. Auch dürre Bäume und Stangen werden gefällt und zu Brennholz aufgearbeitet. Dann mit dem

Pferdefuhrwerk nach Hause bringen. Dort in Längen zu etwa 30–35 cm absägen, spalten und an der Sonne stapeln. Auch die „Boschehäg" (Hecken) mussten alle paar Jahre ausgelichtet werden, damit sie nicht zu sehr überhandnahmen und in den anliegenden Feldern einen großen Schatten machten. Das Abholz wurde zu Hagpfählen und zu Brennmaterial (Buschla, Spridla und Schitt'r) verarbeitet. Da man früher sehr viel Brennmaterial brauchte, wurde alles brennbare Holz genommen. Auch die Baumstümpfe (Stöck) wurden ausgegraben und zu Brennholz verarbeitet. Man sagte zu dieser Arbeit „stocke." Mit Stockhaue, Pickel und Schaufel, sowie mit einer Kreuzaxt wurden die Baumstümpfe im Wald ausgegraben und freigelegt. Dabei wurden die Wurzeln nahe am Strunk mit einer Kreuzaxt abgeschlagen oder mit einem Fuchsschwanz abgesägt, soweit das möglich war! Endlich war der „Stock" (Baumstrunk) frei. Nun musste man diesen noch zerkleinern. Nach Möglichkeit wurde er umgedreht und unten das querstehende Holz mit einer „Waldsäge" ein Stück eingesägt. Mittels langer „Bissen" (Keilen) und mit schweren (heftigen) Schlägen mit einem Mörsel (schwere Axt) wurde er in handliche Teile zerkleinert, die man bequem nach Hause fahren konnte. Das war eine mühsame, langwierige und schweißtreibende Arbeit! Im nächsten Winter wird man unter Dach diese Teile nochmals „klibe" (spalten), um sie auf eine ofengerechte Größe zu bringen.

Die schwere Arbeit des „Stockens" wurde später dadurch erleichtert, dass man die Baumstöcke heraussprengen ließ. Ein paar Männer aus der Umgebung hatten die Qualifikation und die Erlaubnis, Sprengungen dieser Art vorzunehmen. Der „Stocksprengar" (Sprengmeister) machte mit einer speziellen schmalen Schaufel ein kleines, etwa 80 bis 100 cm tiefes Loch unter einen Baumstumpf und gab dann einige mit Schwarzpulver gefüllte Patronen in das Loch hinein. Mit einer langen Zündschnur wurde die Verbindung zu den Patronen hergestellt. Nun wurde das Loch mit Erde fest zugestampft (festgetrampelt), alle in der Nähe stehenden Personen mussten verschwinden, dann wurde die Lunte gezündet und der Sprengmeister entfernte sich rasch, um aus sicherer Entfernung die Explosion abzuwarten. Plötzlich war ein lauter Knall zu hören, im Geäst der umliegenden Bäume raschelte es verdächtig. Dreck und Staub, Äste und Stockteile wurden oft dreißig bis vierzig Meter hoch in die Luft geschleudert und fielen auf die Erde zurück. Der Baumstrunk war in einige Teile zerrissen und nun gut zu bearbeiten. Die verbliebenen Stockteile wurden noch ganz ausgegraben und zersägt. Dann wurde die Grube, die es beim Sprengen gegeben hatte, mit Schaufeln und Hacke eingeebnet. Etwa Ende der 1960er Jahre wurde das Stocksprengen verboten – wahrscheinlich ist es trotz aller Vorsichtsmaßnahmen immer wieder zu Unfällen gekommen!

Zuhause wurde das Holz in herdgerechte Längen abgesägt. Als es noch keine Kreis- oder Motorsägen gab, wurde das von Hand mit der „Bogensäge" (Bügelsäge), Fuchsschwanz oder bei größeren Stücken zu zweit mit der Waldsäge gemacht. Damit man sich nicht immer bücken musste, wurde das Holz in einen „Sägebock" gelegt, wo es einen festen Halt hatte und gut abgesägt werden konnte. Der Sägebock war aus Holz gefertigt, verstellbar und hatte die Form eines X, sodass er standfest war und sowohl dicke wie auch dünne Holzstücke aufgelegt werden konnten. Große, dicke Rundlinge wurden zu zweit mit der Waldsäge kürzer gemacht.

Nachdem die Holzstücke auf die gewünschte Länge abgesägt waren, mussten sie noch gespalten werden. Für das Herdfeuer machte man die Spreideln dünn, damit sie gut brennen und schnell ein großes Feuer geben. Zum Spalten von großen Stücken nahm man eine „Schittaxt" (große Axt). Zum Spalten von kleineren dünnen Holzscheiten genügte ein „Spridläxtle" (kleine, leichte Axt). Die zu spaltenden Stücke wurden dabei auf den „Spridlstock" (Hackstock) gestellt oder gelegt. Verwachsene Wurzelstöcke und Scheite von hartem Holz, wie Apfel- oder Birnbäume, waren nur schwer zu spalten; man hatte sie meistens schon im Wald oder im Obstgarten abgesägt und in handliche Stücke zerlegt. Es gab Knechte, die mussten aus dem knorrigen Stockholz anstatt grober Stockscheiter, wie sie normalerweise gemacht wurden, feine Spreideln machen, „damit d'r Knecht länger a Arbat hot", wie einmal ein Bauer sagte. Beim Spalten von knorrigen, Holzstücken musste immer erheblich Kraft angewandt werden, um sie klein zu bekommen. Diese Arbeit machte warm und hungrig. Nicht umsonst sagte man, dass das Brennholz „zweimal warm mache": das erste Mal beim Machen und das zweite Mal beim Heizen; und von einem Mann, der sehr viel essen kann, sagte man: „Der ka easse wie a Schittar".

Man legte großen Wert auf exakte Holzstapel an der Hauswand. Knebel und Scheiter wurden, wo es möglich war, im rechten Winkel schön sauber abgesägt. Um einen schönen Stapel zu haben, wurden an der Scheunenwand zwei Dielen, einer links und einer rechts in einem Abstand von etwa drei bis vier Metern senkrecht aufgestellt und befestigt. Zwischen diesen beiden Bohlen wurde das klein gespaltene Holz aufgeschichtet. Um das Holz schön gleichmäßig stapeln zu können, wurde ein Brett hochkant an diesen Dielen festgenagelt und die Scheite direkt an dieses Brett angestoßen. Wenn eine Lage fertig war, wurde das Brett höher genagelt. Beim Stapeln des Holzes legte man immer die akkurat abgesägten Seiten eines Scheites nach außen, die weniger schöne Seite des Holzes kam nach hinten. Die Stapel wurden ca. drei Meter hoch gemacht und blieben einige Wochen an der Sonne zum Trocknen. Im Herbst brachte man einen Teil davon ins Haus, damit man es in der Nähe hatte, wenn es gebraucht wurde. Man trug die Spreideln mit „Zirna" (Körben) ins Haus oder packte sie auf einen Schubkarren und schob sie in einen „Schopf" (Schuppen). Beim Abtragen der Holzstapel kamen oft Wespennester mit Inhalt zutage. Die Wespen hatten während des Sommers ihre Nester in die Holzstapel hinein gebaut. Bei schlechtem Wetter oder an gewittrigen Tagen waren sie immer recht „giftig" (aggressiv). Sie wurden recht böse, wenn man ihre Nester zerstörte. Sie wehrten sich gegen die Zerstörung ihrer Nester mit Stichen. Die Einstichstellen wurden kurz mit Ohrenschmalz bestrichen und mit der Arbeit weiter gemacht. Die Einstiche schmerzten zwar zunächst, doch das Ohrenschmalz verhinderte ein starkes Anschwellen der Haut.

Sonstige Arbeiten

Bei ganz schlechtem und kaltem Winterwetter gab es Arbeit im warmen Kuhstall, zum Beispiel Besen machen: Man hatte schon einige Tage zuvor von einer Birke am „Boschehag" oder im nahen Moos Reisig herunter geschnitten, entsprechend zuge- schnitten und in einem Bock mit Draht zusammengebunden. Außerdem konnte man Nägel grad klopfen (alte krumme Nägel mit einem Hammer wieder gerade klopfen), auf dem „Bschniedesel" (Schneidesel) Schindeln und Heinzenschwingen machen und Pfähle schälen. Bei etwas wärmerem Wetter konnte man in der Tenne die Heinzen flicken. Gegen das Frühjahr hin, wenn die Scheune leer war, wurden die Spinnweben vom Gebälk und den Bühnen zusammen gefegt. Der Dachschnee, der vom Dach her- ab gerutscht war, wurde auf einen Hornerschlitten geladen, weg gezogen, und woan- ders hin gebracht, damit man unbehindert ins Haus hinein konnte und für den nächs- ten Schnee am Haus wieder Platz hatte.

Mit einem Schlitten wird Schnee wegzogen – um1955

Für Knechte und Mägde gab es immer Arbeiten. Wenn die eigenen Leute schon nicht geschont wurden, dann die Knechte und Mägde noch weniger. Oft mussten sich die Dorfbewohner (Besitzer von Häusern) bei diversen Fronarbeiten beteiligen: an Wegearbeiten und Schneeschaufeln auf gemeindlichen Wegen, beim Neubau oder Reparieren von Sennerei-Gebäuden, Schulen, Kapellen, Kirchen, beim Bauen oder Aufrichten von Häusern in der Nachbarschaft – wer einen Knecht hatte, schickte diesen.
Die Pferde ließ man beim Schmied neu beschlagen und in einem nahe gelegenen Sägewerk holte man noch einen Leiterwagen voll Sägemehl, um während der Heuernte genug Einstreu für die Tiere im Hause zu haben. Im Lagerhaus holte man noch Futtermehl und Kleie, um den Vorrat an Futtermitteln zu ergänzen.

Die Nachbarin guckt aus dem Fenster: Was wohl das Wetter macht?

An Arbeit für die Knechte und Mägde hat es nie gefehlt! Man sorgte schon dafür, dass sie Arbeit hatten und beobachtete sie auch beim Arbeiten. Ein Bauer sagte einmal: „Zum Fulenze bruch i kuin Kneat, dös kann i allui au!". Und sie mussten arbeiten, dafür hatte man sie „gnoah" (genommen = eingestellt). Ein anderer Bauer sagte: „An Kneat, wo Pfife raucht und „Ibris-Schue" hoat, an derige ka'i it bruche!" (Einen Knecht, der Tabakpfeife raucht und Schuhe mit Schnürsenkeln trägt, einen solchen kann ich nicht gebrauchen!) Weil ein Knecht mit solchen Tätigkeiten zu viel wertvolle Zeit vertrödeln würde. Diese Zeiten haben sich allmählich geändert. Schon bald nach der Währungsreform im Jahre 1948 begann eine lebhafte Aufwärtsentwicklung. Die Städte und Fabrikanlagen waren zerstört und wurden wieder aufgebaut. An den Wohnhäusern und Betriebsgebäuden waren als Folge der zwei Weltkriege und der darauf folgenden Geldentwertungen schon seit Jahrzehnten keine Umbauten oder Reparaturen mehr vorgenommen worden. Auch die beginnende Mechanisierung der Betriebe und Ausstattung der Wohnungen mit neuen Möbeln und Elektrogeräten schufen viele Arbeitsplätze. Viele Dienstboten, die bislang in der Landwirtschaft tätig waren, wanderten in die Fabriken ab, wo sie bessere Arbeitsbedingungen und mehr Lohn hatten. Allmählich wurden die Knechte und Mägde knapp.

Folgender Diskurs ist bekannt geworden: Ein Bauer war mit seinem Knecht im Wald, um Bäume zu fällen. Dabei blieb eine Fichte beim Fällen im Geäst von anderen Bäumen hängen und fiel nicht auf die Erde. Nun sollte einer der beiden auf die ziemlich schräg liegende Fichte klettern und einige sperrige Äste mit der Axt wegschlagen. Das war zwar eine schwierige und gefährliche Arbeit, aber man hatte es bisher immer so gemacht. Der Bauer meinte selbstverständlich, dass das eine Arbeit für den Knecht sei. Worauf der Knecht aufbegehrte und zum Bauern sagte: „Bur dös ischt a Arbat fir di sel, Bure git es gnua, abr d'Kneat sind rar!" (Bauer, das ist eine Arbeit für Dich, denn Bauern gibt es genug, aber Knechte sind inzwischen Mangelware). Bei den meisten bäuerlichen Arbeiten mussten die Mägde mithelfen. Wenn auch die schwerste Arbeit von den Knechten oder den Bauern selbst gemacht wurde, so mussten sie doch diese Arbeiten im Rahmen ihrer Möglichkeiten machen. Zusätzlich mussten sie bei allen im Haushalt anfallenden Arbeiten mithelfen, auf die Kinder aufpassen, im Sommer den Gemüsegarten bepflanzen, jäten und bei Bedarf gießen.

Haushalt

Die Magd musste morgens um halb sechs Uhr Feuer machen und das Morgenessen herrichten. Mit einem großen Feuer konnte man schnell eine große Pfanne „Rallenmus" kochen oder eine Pfanne voll „Grumbra broate" (Kartoffeln rösten). Während des Tages stand oft ein ganzer „Hafen" (Topf) voll mit Kartoffeln auf dem Herd, die man bei kleinem Feuer sieden ließ. Das hatte den Vorteil, dass man damit im Winter eine temperierte warme Küche und im „Schiffle" warmes Wasser hatte und zweitens: man hatte dadurch immer „gesottene" (gekochte) Kartoffeln im Haus. Wenn man geröstete Kartoffeln machte, entnahm man diesem Hafen so viele Kartoffeln, wie man für die Mahlzeit benötigte. Im Winter gab es jeden Abend eine Pfanne voll mit „gröschte Grumbra" (geröstete Kartoffeln). Die Kartoffeln wurden geschält und mit einem Hobel fein geraspelt. In eine schon heiße Pfanne kam ein „Bolle" (Klumpen) Schweineschmalz und dazu die gehobelten Kartoffeln. Bei großem Feuer wurden die Kartoffeln schnell braun. Man musste sie ständig drehen und wenden, damit sie nicht anbrannten. Wenn sie zu trocken waren, wurde zwischendurch Schmalz dazu gegeben. Besonders gut schmeckten sie, wenn man Blutwurst oder auch nur gekochtes Blut dazu gegeben hatte und alles zusammen geröstet wurde. Das Gericht nannte man „Bluatwurstgrumbra".

Die Schüler mussten auch noch geweckt werden. Zum Waschen entnahmen sie dem Wasserschiff im Herd warmes Wasser und schütteten es in eine Waschschüssel. Die stellte man in den „Förggar" (Spülstein) in der Küche. Beim Waschen musste man den Kindern noch behilflich sein, dann wurden sie angezogen, soweit sie das selbst nicht konnten. Das Pausenbrot musste hergerichtet und das Morgenessen für die Kleinen gekocht werden. Spätestens um Viertel nach sieben Uhr mussten sie angezogen sein und mit Schulranzen ausstaffiert zusammen mit den Nachbarskindern in die Schule oder zur Kirche stapfen. Um 8.00 Uhr kamen die „Staller" in die Küche, um das Morgenessen einzunehmen. Nach dem Frühstück gehen die Männer wieder in den

Stall, um dort die restlichen Arbeiten zu erledigen. Die Magd räumt den Tisch ab und spült im Förggar das Geschirr, zwischendurch muss sie im Kachelofen „nocheschüre" (Holz nachlegen), damit das Feuer nicht ausgeht. Dabei überlegt sie, was sie heute Mittag kochen soll. Schon bald geht sie in die Stube, dort ist es inzwischen warm geworden, und holt einen Stapel mit zerrissenen Hosen, die man flicken und stopfen muss. Dreiangel (große dreieckige Risse in der Hose oder Jacke) werden zugenäht und große Löcher mit einem Flicken überdeckt. Gegen 10.00 Uhr richtet sie das „Vesper" (Brotzeit) her und wird mit den anderen das Vesper einnehmen. Im Winter gibt es heißen Tee sowie Brot mit Käse und Butter. Der Tisch ist bald abgeräumt, sie näht bis 11.00 Uhr weiter. Zwischendurch muss sowohl im Herd wie auch im Ofen Holz nachgelegt werden.

Dann macht sie aus Mehl, Eiern und Milch einen Teig. Sie holt das Nudelbrett und legt es auf den Tisch. Der Teig wird portionsweise auf das Brett gelegt, mit einem Nudelwaaler ausgewaalt und dann in Streifen geschnitten. Die Streifen werden mit einer Füllung aus geraspelten Äpfeln und Zucker gefüllt und zusammengerollt. So-bald die Äpfelkrapfen fertig sind, werden sie in eine Pfanne gestellt und bei kleinem Feuer langsam gebacken. Bald ist es 12.30 Uhr, die Kinder kommen von der Schule und man „häret" den Männern „zum Easse" (ruft sie). Vorneweg gibt es immer eine dicke Suppe (Bohnen-, Gerste-, Nudel- oder Flädlesuppe). Die Mägen können damit gefüllt werden und der größte Hunger ist gestillt. Der Hauptgang die Äpfelkrapfen. Nach dem Essen spülen und verräumen. Die Kinder müssen die Hausaufgaben ma-chen, während Bäuerin und Magd die „Strickate" holen und mit den angefangenen Socken weiterstricken. Dabei muss man zwischendurch den Kindern lauschen, was die alles zu erzählen haben, und die Schulaufgaben überwachen. Die Kinder gehen dann ins Freie und spielen im Schnee. Der Postbote hat mittlerweile die Zeitung ge-bracht, man wirft einen Blick hinein und beginnt um halb fünf das Abendessen herzu-richten. Tisch decken und Kartoffeln schälen und rösten. Bald werden die Leute am Tisch erscheinen und das Abendessen einnehmen. Jeder bekommt Kaffee (Mucke-fuck) in die Schüssel und heiße Milch dazu. Ein Kind hat anstatt zu essen geträumt und mittlerweile hat es eine Haut auf der Milch gegeben. Das Geplärr ist groß, die Mutter nimmt den „Belz" weg, damit das Kind weiteressen kann. Vor und nach jeder Mahlzeit wird gebetet.

Abendgebet

Bevor ich mich zur Ruh' begeb'
Zu dir, O Gott, mein Herz erheb'
Und sage Dank für jede Gab',
die ich von Dir empfangen hab',
und habe ich beleidigt Dich,
verzeihe mir es gnädiglich.
Dann schließ' ich froh die Augen zu,
es wacht ein Engel, wenn ich ruh'.
Maria, liebste Mutter mein,
O lass mich Dir empfohlen sein,
und Du mein Heiland, Jesus Christ,
der Du, mein Gott, mein Alles bist
in deine Wunden schließ mich ein,
dann schlaf ich ruhig, keusch und rein. Amen

Danach wieder abräumen, spülen und wegräumen. Die Männer müssen wieder in den Stall: füttern, misten, melken, Milch wegbringen, fertigmachen. Um 8.00 Uhr haben die beiden Feierabend. Die Frauen holen das Spinnrad und einen Bündel Schafwolle. Die Wolle wird zunächst von Hand gezupft und mit einer Kardätsche sauber nachgearbeitet. Derart vorbereitet kann die Wolle versponnen werden.

Urlaub

Urlaub oder etwa gar bezahlten Urlaub und dazu noch Urlaubsgeld gab es nicht. Die Samstage waren Arbeitstage wie die anderen Werktage. An den Sonntagen jedoch wurden nur die notwendigen Arbeiten verrichtet – die Küchen- und Stallarbeiten zählten dazu. Alle anderen Arbeiten hatten zu ruhen. Knechtliche Arbeiten waren verboten! Für den Kirchgang bekamen die Dienstboten frei und auch am Sonntagnachmittag bis zu Beginn der Stallarbeit. Auch die Heuernte musste ruhen – nur nach längeren Schlechtwetterperioden bekam man dafür vom Pfarrer eine Dispens. In der arbeitsruhigen Zeit gab es sicherlich für diverse Anlässe auch ab und zu einen halben Tag frei. Im Übrigen waren die Knechte und Mägde in den täglichen Arbeitsablauf der Bauersfamilie eingebunden. Natürlich durften sie nach Feierabend ausgehen, ein Gasthaus oder eine Tanzmusik besuchen, sofern sie dazu das nötige Kleingeld hatten und nicht zu müde waren. Mädchen und auch Frauen gingen außer zu bestimmten Anlässen nie allein in eine Wirtschaft – jedenfalls nicht ohne männliche Begleitung. Wenn ein Knecht oder eine Magd tüchtig waren und dazu noch gut aussahen und sich im Laufe von Jahren etwas erspart hatten, zusammen mit einer kleinen Mitgift von zu Hause, konnten sie doch noch eine interessante Partie sein und eine/n Partner/in finden. Traurige Schicksale gab es in den Inflationsjahren 1922/1923. Mancher Knecht und manche Magd (natürlich auch andere) hatten in vielen Jahren schwerer Arbeit endlich einige hundert oder auch tausend Mark zusammengespart. Dieses Ersparte hat die Inflation innerhalb von nur wenigen Monaten völlig aufgefressen. Die ganze Mühe, die ganze Hoffnung auf ein eigenes, erfülltes Leben war umsonst – vergebens! Mit dem Jahr 1924 begann eine zaghafte Entwicklung zum besseren, die leider nur von kurzer Dauer war. Die Weltwirtschaftskrise um den Kollaps an den Aktienbörsen am 25. Oktober 1929 brachte erneutes Elend für Millionen von Menschen. Vom Nationalsozialismus mit seinen Versprechungen für ein besseres Leben erhofften sich Millionen armer Menschen eine Besserung ihrer Lebensverhältnisse, die sich durchaus für viele besserten. Leider war die Phase der Besserung nur von kurzer Dauer und führte schließlich ins totale Chaos mit Millionen von Toten, Vertriebenen und Entrechteten mit zerstörten und zerbombten Dörfern und Städten.

Essen

Das Essen war früher im Allgemeinen viel einfacher und knapper als heute. Bei der vielen schweren, körperlichen Arbeit war der Verbrauch groß und der Hunger nur zu oft ein ständiger Begleiter der Dienstboten. Es hieß nicht umsonst: „Der ka esse wie a Schittar oder wie a Dreschar." (Er kann essen wie ein Scheunendrescher!). Jemand, der im Winter den ganzen Tag knorrige Holzscheite spalten oder mit dem Dreschflegel Getreide dreschen musste und das bei Minusgraden, der hatte einen großen Energieverbrauch. Wenn ein Auto mit Vollgas gefahren wird, ist der Spritverbrauch auch größer! Die Ernährung war im Allgemeinen eher knapp. Wenn schon bei „de oigene Litt" (Familienangehörige) gespart wurde, konnten die Dienstboten erst recht keine Extraportionen erwarten. Im Normalfall hatten die Knechte und Mägde das gleiche Essen wie die Bauersfamilie. Es gab aber, wie überall, solche und solche Dienstherren; jedoch wegen zu vielem und zu gutem Essen brauchte sich keiner zu beklagen. „Weg's ar dicke Suppe isch noh nie a Kneat v'rtloffe" (wegen einer zu dicken Suppe ist noch kein Knecht weggelaufen), sagt ein Sprichwort. Ein anderes besagt: „Vielfressar zieht ma sell" – Vielesser werden herangezogen, dadurch, dass sie ständig viel zu essen bekommen!

Ein alter Mann hat mir erzählt, dass er an seinem Arbeitsplatz von einem Laib Brot immer nur die „Reifle" (den Anschnitt) zu essen bekommen habe; dagegen habe er den Brotlaib zwischen den Anschnitten überhaupt nie zu Gesicht bekommen. Im Haushalt arbeitende Mägde hatten naturgemäß leichter Zugang zu Fressalien, aber auch sie wurden in manchen Haushalten kontrolliert. An einem angeschnittenen Brotlaib wurde ein Mal-Zeichen eingekerbt, wenn dieses bei der nächsten Mahlzeit nicht mehr zu sehen war, wusste man, dass die Magd „gschneigget hot" (sich eine Scheibe abgeschnitten hatte), und sie wurde deshalb zur Rede gestellt. Oder es wurde nach der Brotzeit – im Verdachtsfalle – die Länge des restlichen Brotlaibes mit einem Meterstab abgemessen und notiert. Wenn das Brot kürzer war, wusste man, dass jemand davon heruntergeschnitten hatte.

Ein Knecht erzählte, dass sein Bauer jeden Winter ein schweres fettes Schwein geschlachtet habe. Nach dem Schlachten habe es ein paar Mal Fleisch gegeben, danach nicht mehr. Sein Brotgeber habe aber, wenn er aus dem Schlafzimmer heraus gekommen sei, oftmals an einem „Brocken Geräucherten heruntergebissen." Es gab manchmal kleine Möglichkeiten, an Essbares heranzukommen. Z. B. ein rohes Ei auszutrinken, gekochte Kartoffeln klammheimlich zu verstecken, etwas Milch zu trinken oder im Stall bei einer Kuh etwas Milch abzumelken, im Garten gelbe Rüben zu holen oder grüne Äpfel zu essen. Doch sehr oft hatten die Dienstboten Hunger. Die viele körperliche Arbeit forderte ihren Tribut. Am Tisch durfte das Gesinde erst dann mit dem Essen beginnen, wenn der Bauer oder die Bäuerin mit dem Essen begonnen hatten. Auf größeren Höfen im Unterland saß das Gesinde an einem separaten Tisch. Hier gab meistens der Rossknecht das Kommando. Erst wenn dieser anfing zu essen, durften es die anderen auch, und wenn dieser den Löffel weglegte, mussten das auch die andern tun.

Am Essen gerade in der arbeitsruhigeren Jahreszeit wurde schon oft gespart. Warum denn viel essen, wenn man kaum eine Arbeit hat? Bei einem Bauern hatten sie einen Knecht, der ein starker Esser war. Von ihm hieß es: „Er frisst für zwei und schaffet für an halbe!" Schließlich wurde es der Bäuerin zuviel, der Knecht wurde entlassen und ein neuer eingestellt. Dieser verschluckte sich schon bei der ersten Mahlzeit und musste husten. Darauf sagte er: „I ho ebbas in de falsche Hals brocht!" (Ich habe etwas in den falschen Hals gebracht!) Die Bäuerin erschrak ob dieser Aussage und meinte, wenn dieser Mann gleich zwei Schlünde (zwei Speiseröhren) habe, denn wird er noch mehr essen als sein Vorgänger.

In einer Westallgäuer Wirtschaft war eine große Hochzeitsfeier, viele Gäste mussten versorgt werden, so dass sich das Mittagessen für das Dienstpersonal stark verzögerte. Dieser Gastwirtschaft war eine Landwirtschaft angegliedert, wie das früher sehr oft der Fall war. Die Stallmagd, eine einfache Person, hatte allmählich Hunger und das Warten wurde ihr zu lang. Plötzlich sei sie wutschnaubend und mit rotem Kopf in die Küche gekommen und habe vorwurfsvoll gefragt: „Krieged denn die Litt wo schaffet heit nix zum Esse?" (Bekommen denn die Leute, die arbeiten, heute nichts zu essen?).

Vom Leben einer Magd

Barbara B. erblickte im 19. Jahrhundert im Landkreis Lindau das Licht der Welt. Schon früh musste sie das Elternhaus verlassen und hat als Bauernmagd bei verschiedenen Bauern, unter anderem auch im Oberallgäu, gearbeitet. Zuletzt war sie „uf ar größere, vielschaffige Huimat" (größerer landwirtschaftlicher Betrieb) mit steilen und buckligen Feldern im Dienst. Im Alter von etwa 70 Jahren ist sie in einem Altersheim verstorben.

Das Glück war ihr hold, noch im gesetzten Alter von 58 Jahren machte sie eine Erbschaft – ein kleines landwirtschaftliches Anwesen mit etwa 10 Tagewerk Grund. Das Haus war ganz aus Holz gebaut, jedoch alt und baufällig. Es war halt eine „olte Datschhitte" (ein altes niederdachstuhliges Haus) direkt an der Landstraße am Hahnschenkel in der Gemeinde Stiefenhofen gelegen.

Die Dame im Vordergrund ist Frau Maria Fehr vom Hahnschenkel!

Das Anwesen hinter dieser Dame hatte die Magd geerbt!

An einem kalten Wintertag im März 1947 brachte man sie und ihr Gepäck mit Pferd und Schlitten dorthin. Stolz sei sie neben dem Fuhrmann auf dem Kutschbock gesessen. Ihre wenigen Habseligkeiten lagen mit einer „Rossdecke" zugedeckt in Kisten, Säcken und Schachteln verpackt auf der Ladefläche des Schlittens. Hinten am Schlitten stampfte eine Kuh her, die mit einem Halfter am Schlitten festgebunden war. Die Kuh hatte sie wohl von ihrem damaligen Arbeitgeber günstig erworben. Mit dieser einen Kuh als Ausgangsbasis hat sie mit der Landwirtschaft im Hahnschenkel angefangen. Wenigstens hatte sie gleich Milch für ihren kleinen Haushalt.

Die Wohnverhältnisse waren äußerst bescheiden. Der Hausgang war unbewohnbar. Im Erdgeschoß des niedrigen, alten Hauses wohnte „d'r Höfleschnidar", ein skurriler, alter Mann. Er hatte in der Stube des Hauses das Wohnrecht. In den Räumen im 1. Stock war eine Flüchtlingsfamilie mit sechs Kindern einquartiert. Für sie selbst blieb nur ein Zimmer, das „Gade" (Schlafzimmer) übrig, das ihr als Küche, Wohn- und Schlafzimmer, aber auch als Vorratsraum dienen musste. Damit sie nicht ganz alleine war, teilte sie die Räumlichkeit mit einigen Hühnern, die sie in einem Käfig gehalten hat. Doch nun war sie frei und war ihre eigene Herrin. Konnte endlich schalten und walten, wie sie wollte. Niemand konnte ihr Anweisungen geben, was sie zu tun und was sie zu lassen hatte. „Eigner Herd ist Goldes wert." Das Haus, es wurde um 1970 ersatzlos abgebrochen, stand auf einem etwas moorigen Grund direkt an der Landstrasse. Im Erdgeschoss des Hauses, an der Seite zur Straße hin, waren die Fensterläden nach 1950 fast immer geschlossen. Durch die Fensterscheiben fiel sowieso kein Licht durch, denn jedes Auto, das durch die vielen mit Wasser gefüllten Schlaglöcher an ihrem Haus vorbeifuhr, spritzte das Dreckwasser in die Scheiben. Durch die Erschütterungen des allmählich zunehmenden Straßenverkehrs ist das Haus im Laufe von einigen Jahrzehnten immer tiefer eingesunken. Jedenfalls ging es von der Straßenkante in den Hausgang eine Stufe nach unten. Auch der Kuhstall sowie die Scheune lagen tiefer als die Straße. Die Folge war, dass bei starkem Regen das Wasser, das sich auf der Straße gesammelt hatte, durch die Türen in den Hausgang, den Kuhstall und die Tenne geflossen ist. Um das Gröbste zu verhindern, hat die neue Besitzerin bei starkem Regen einige „Graswasen" (Soden) oder auch nur ein paar Gabeln Stallmist an der Außenseite der Türen gestapelt. Damit konnte sie das Hineinlaufen des Wassers verhindern. Im Winter war es fast noch schlimmer. Beim Schneeräumen drückten die Schneeschlitten, die damals noch von Pferden gezogen wurden, und später die Motorschneepflüge den Schnee direkt an die Hauswand und Eingangstüren. Weil auf der gegenüberliegenden Straßenseite ein steiler Hang war, konnte der Schnee vom Schneeschlitten nicht auf die andere Seite gedrückt werden. Auf der rückwärtigen Seite des Hauses gab es zwar zwei weitere Türen. Eine davon endete auf dem Misthaufen und die andere knapp daneben. Die Haustüre musste notgedrungen freigeschaufelt werden, wenn man das Haus im „bessre Häs" (mit guter Kleidung) verlassen wollte. Die ohnehin desolaten und beengten Wohnverhältnisse wurden durch diese Umstände noch verschlimmert.

Die für die Stallarbeit und Feldarbeit notwendigen Utensilien waren vorhanden. An Fahrnis: ein kleiner Leiterwagen, ein hölzerner Schubkarren, ein kleiner Schlitten und um die Gülle auszubringen eine „Lachebähre". Mit einer Kuh hat sie angefangen, eine weitere dazu gekauft und zwei Stück Jungvieh in den Folgejahren nachgezogen. So dass sie schließlich drei Kühe und einen Schumpen hatte. Auch wenn sie ihr eigener Herr war, das Vieh musste versorgt und die Arbeit getan werden, wenn Geld hereinkommen sollte. Das fing schon am frühen Morgen an mit Ausmisten des Stalles, Füttern, Tränken und Melken der paar Kühe. Dann musste sie die Milch mit der „Tragbutte" (Rückentrage) in die ungefähr einen Kilometer entfernte Sennerei nach Ranzenried tragen – auch im tiefsten Winter auf einem nicht geräumten Weg. Dann musste sie Brennholz machen und herbeischaffen. Heizen, kochen, einkaufen. Im Frühjahr die Häge (Zäune) aufstellen und das Vieh auf die Weide treiben. Den Mist und die Gülle mit dem Schubkarren oder der „Lachebähre" (Schubkarre mit einer hölzernen Kiste) aufs Feld schieben und dort verteilen. Sämtliche Felder lagen an einem Hang auf der gegenüberliegenden Straßenseite, nicht gerade steil, aber doch so, dass es für die alte Dame sehr mühsam war. Wenn auch das Verkehrsaufkommen anfangs der 1950er Jahre nicht gerade groß war, so kamen die Autos und Lastwagen meistens gerade dann angefahren, wenn sie ihre Tiere über die Straße auf die Weide treiben oder von der Weide heim holen wollte. Nur zu oft hat sie über die „hure Schießkärre" gescholten. Der mit Eisen bereifte Schubkarren schnitt im weichen, nassen Boden ein und war, wenn er vollgeladen war, schwer zu schieben. Sie musste immer wieder absetzen und ein bisschen „usgruebe" (ausruhen). Das Gras musste sie mit der Sense mähen, von Hand die Mahden ausbreiten, wenden, Loreihen machen, schwaden und wenn das Gras endlich dürr war, auf den Schubkarren laden und nach Hause schieben, das war eine Menge harte Arbeit. Sie hatte aber auch einen kleinen Hand-Leiterwagen, den sie mühsam den Hang hinauf ziehen musste. Manchmal hat sie auch eine Kuh vor den Wagen gespannt. Doch weil sie allein war, wurde das schwierig, denn sie sollte die Kuh vorne am Halfter führen und gleichzeitig hinten mit einem Stecken antreiben. Da die Kühe meistens recht störrisch waren, hat sie den Wagen dann doch lieber selbst gezogen.

Heu aufladen bei Kleinbauern am Hahnschenkel um 1950

Wo Zugtiere fehlten, wurden Menschen eingespannt – 1950

Gemeinsam wird ein „Füderle Hei" in die Tenne gezogen - um 1952

Endlich stand der leere Heuwagen zwischen den Schochen mit dem dürren Heu. Nachdem sie einige Heuwische mit der Gabel auf den Wagen geworfen hatte, musste sie auf den Wagen klettern und diese festdrücken. Das wiederholte sich ein paar Mal, bis eine kleine Fuhre geladen war. Am Schluss wurde das Heu auf dem Wagen mit einem Seil festgezurrt und anschließend galt es das Gefährt sicher den Hang hinunter zu steuern. Hinten am Wagen war die „Winde" (Bremse) mit einer Spindel zum Drehen. Damit konnte die Geschwindigkeit geregelt werden. Jedoch, sie konnte nicht gleichzeitig vorne an der Deichsel den Wagen steuern und hinten am Wagen die „Winde" auf- oder zumachen. Im Voraus die Winde so einstellen, dass es genau passte, war kaum möglich. Wenn die Bremse zu stark angezogen war, musste sie den Wagen bergab noch ziehen, war die Bremse zu schwach eingestellt, ging es an Steilstücken zu schnell. Dann musste sie mitspringen, die Deichsel durfte sie auf keinen Fall loslassen, denn sonst wäre die Fuhre über die Böschung auf die Straße gestürzt. Endlich an der Scheune angelangt, warf sie mit einigen Gabeln die Ladung auf den Heustock und zog den leeren Wagen für die nächste Fuhre erneut den Hang hinauf. Wenn ihr das Wagenziehen zu viel wurde, ließ sie diesen stehen und machte mit dem Schubkarren weiter. Das war leichter, dauerte dafür länger. Manchmal haben ihr Kinder eines Nachbarn geholfen, wenn diese nicht gerade zur Schule mussten, doch die meiste Zeit war sie halt doch allein.

Auf dem Höhepunkt ihrer Selbständigkeit hatte sie drei Kühe und einen Schumpen. Zum Leben zu wenig und zum Sterben zu viel. Obwohl zeitlebens an die harte und schwere Bauernarbeit gewöhnt, hat sie mit zunehmendem Alter doch wegen der Schwere der Arbeit gestöhnt. Nur zu oft hat sie in ihrem Elende über die so genannten „bessere Litt" gewettert, die da „mit voll gfressene Grind" (wohlgenährten Häuptern) „im gute Häs rumlaufet" (gut gekleidet waren), während sie sich mit dem Vieh, der vielen Handarbeit, dem Schnee- oder Regenwetter herumärgern und zu Tode schuften konnte. Wahrscheinlich sollte sie Erbschaftssteuer bezahlen, mit dem Schreibkram hatte sie es sowieso nicht, daher auch ihre Verärgerung auf die so genannten besseren Leute.

Ein paar Jahre lang hat sie ihr Anwesen umgetrieben, allmählich wurde es ihr aber zuviel. Als sie 65 Jahre alt war, bekam sie eine kleine bescheidene Rente. Dann verkaufte sie ihr Vieh und verpachtete die Felder. Da sie sehr tierlieb war, habe sie aber, bevor sie ihre Felder einem Nachbarn zu pachten gegeben habe, in dessen Kuhstall geschaut, ob dort die Tiere auch gut gefüttert und behandelt werden. Erst nachdem ihr Urteil zufrieden stellend ausgefallen sei, habe sie den Pachtvertrag unterschrieben. Damit sie ihren Lebensabend ohne große Sorgen verbringen könnte, hat sie ihr Anwesen entfernten Verwandten versprochen, die, wenn es denn notwendig würde, für sie sorgen sollten. Eines Tages war es soweit und sie ist zu ihnen ins Württembergische Oberland hinunter gezogen. Ein Nachbar hat sie und ihre Habseligkeiten mit dem Traktor dorthin gefahren. Ihre Erwartungen wurden dort anscheinend nicht erfüllt, denn nach Verlauf eines halben Jahres habe sie ihr Testament zerrissen und einem ehemaligen Nachbarn geschrieben, er solle mit dem Traktor kommen und sie wieder abholen. Reumütig zurückgekehrt ins Allgäu hat sie noch ein paar Jahre in einem Altersheim verbracht. Dort ging es ihr gut. Da sie körperlich nicht mehr arbeiten musste, wurde sie etwas fülliger. Eines Tages wollte sie eine frühere Bekannte, die ein paar Kilometer entfernt wohnte, besuchen. Den Weg dahin kannte sie sehr gut, freilich aus jener Zeit, als sie noch rank und schlank war. Doch jetzt, da sie älter und füllig geworden und nicht mehr in Übung war, wurde es ihr beim Laufen warm, besonders wenn es bergauf ging, zudem drückten sie die Kleider, in die sie sich hineingezwängt hatte. Kurz entschlossen habe sie am Wege das Haus einer Bekannten betreten und diese um eine Schere gebeten. Mit der Schere habe sie die beengenden Kleider einfach aufgeschnitten. Auf dem Heimweg habe sie sich leichter getan. Da sie keine näheren Verwandten hatte, vermachte sie ihr Anwesen einer kinderreichen Familie. Ein paar Jahre lebte sie noch in einem Altersheim und ist enttäuscht und verbittert von ihrem Schicksal im Alter von knapp siebzig Jahren gestorben. Gott gebe ihr die ewige Ruhe!

Mittagsruhe

An Werktagen gab es für die Dienstboten keinen Mittagsschlaf; jedenfalls nicht im Bett. Manch ein Knecht hat sich vielleicht ein kurzes Nickerchen im Heu gegönnt oder im Winter an einem warmen Plätzchen im Kuhstall. Das musste aber eher im Verborgenen geschehen! An arbeitsreichen Tagen war das natürlich nicht möglich. Selbst der Bauer hat sich oftmals nicht getraut ein Nickerchen auf dem Kanapee zu machen. Man konnte ja nie wissen, ob nicht zufällig ein Nachbar ins Haus kommt und man beim Schlafen ertappt wird!
Es gab viele Berufe, die bei jedem Wetter ihre Arbeit ausüben mussten, ohne die richtige Kleidung zu haben, um nur einige aufzuzählen: die Fuhrknechte (Fuhrleute), Kutscher, Wegmacher, Holzer, Flößer, Boten, Rossknechte, Stallknechte und einige mehr. Die Zeit zwischen 1800 und 1960 war eine harte Zeit für die Menschen. Die beginnende Industrialisierung, die Zeiten vor, während und nach den beiden Weltkriegen. Geschont wurden nur wenige, Knechte und Mägde gehörten bestimmt nicht zu diesen Privilegierten. Mit der ab 1950 einsetzenden Technisierung und Motorisierung wurden die Knechte und Mägde allmählich überflüssig und haben als Hilfsarbeiter Arbeit im Handwerk und in der Industrie gefunden. In den vergangenen 50 Jahren hat die Rationalisierung und Technisierung weitere Fortschritte gemacht. Die Betriebe werden größer und die Maschinen auch. Laufställe mit Melkständen, Großflächenmäher, Kreiselschwader, Großraumladewagen, Fahrsilos und überbetrieblicher Maschineneinsatz machen es möglich. Mit immer weniger Leuten wird immer mehr produziert. Jahrzehntelang haben Knechte und Mägde mit harter Arbeit, bei karger Entlohnung ihren Beitrag zur Volksernährung und damit zum allgemeinen Wohlstand geleistet.

Krankheiten

Weil die Knechte und Taglöhner, oft auch noch bei schlechtestem Wetter, im Freien arbeiten oder fahren mussten, ohne eine entsprechende, Wasser abstoßende Kleidung zu haben, bekamen sie schon frühzeitig Rheuma; hauptsächlich an den Schulter-, Rücken- und Oberarmpartien. Die dicken, tuchenen Mäntel und Jacken saugten zwar viel Wasser auf, waren aber schlecht zu trocknen. Zwar hatten die „Schöbbe" (Jacken) an den Schulterpartien und die Hosen an den Kniepartien manchmal einen Lederbesatz. Manche trugen auch eine lederne Schürze, um die Nässe abzuhalten, aber auch um die Hosen zu schonen. Doch auch sie waren keine Garantie, dass bei vielem und langem Regen die Feuchtigkeit nicht durchdrang. Wenn man bei Regen und Schnee den ganzen Tag draußen arbeiten musste, legte man manchmal einen Rupfensack auf die Schultern, wenn er nass war, wurde er gegen einen anderen ausgetauscht. Da die Hausfrauen in der Regel nicht begeistert waren, wenn die feuchten, verschwitzten Mäntel in der Küche oder gar in der warmen Stube aufgehängt wurden, haben die Knechte diese meist in den warmen, aber feuchten Ställen zum Trocknen aufgehängt. Die Kleidung wurde meistens am nächsten Tag wieder gebraucht, auch wenn sie noch nicht trocken war – sie musste am Körper nachtrocknen oder ist feucht geblieben.

In den vergangenen zwei Jahrhunderten wurden die Arbeitskräfte nicht geschont, genauso wenig wie die Zugtiere; sie waren bei Wind und Wetter, Schnee und Kälte ausgesetzt, oft den ganzen Tag bei der Arbeit im Freien. Weil es genug Arbeitskräfte gab, brauchten diese nicht zu sehr verwöhnt werden; es fanden sich bald wieder andere. Das soll nun nicht heißen, dass nur das Personal ausgenutzt wurde, nein, die meisten Arbeitgeber haben sich selbst auch nicht geschont – aber leichter hatten sie es doch!

Sozialer Status

Das Ansehen der Knechte und Mägde war nicht allzu hoch angesiedelt. Sie waren Dienstboten, oft schlecht bezahlt, hatten vielfach einfache niedrige Arbeiten zu erledigen. Im Unterland, wo man oft viele Dienstboten hatte, gab es auf den größeren Höfen einen separaten Tisch für das Gesinde. Hier hatte der Rossknecht oder Oberknecht das Sagen bei Tisch. Dort gab es in den Gasthäusern separate Tische für die Dienstboten. So streng waren hier die Bräuche nicht. Jedoch, wenn wichtige Personen am Stammtisch saßen, hatten Dienstboten nur etwas zu sagen, wenn sie gefragt wurden. Mägde waren ohnehin nicht in einer Wirtschaft. Für die Mägde war das Leben oft noch schwieriger, denn wenn sie schwanger wurden, auch wenn das Kind von ihrem Arbeitgeber war, wurde ihnen fristlos gekündigt. Wenn sie nicht willens waren, mussten sie um ihren Arbeitsplatz fürchten, wurden sie schwanger, dann mussten sie mit einer Kündigung und einer unehrenhaften Entlassung rechnen. Mit einem „ledigen" Kind waren sowohl sie selber, wie auch ihr Kind, zeitlebens gezeichnet und geächtet. Zum Beispiel durften „ledige Kinder" (Kinder von ledigen Müttern) nicht studieren! Sie musste, wohl oder übel, ihr Kind an gute Bekannte geben, die es für sie aufzogen, denn sie selbst musste arbeiten, um etwas Geld zu verdienen. Damals gab es weder Kindergeld noch Erziehungsjahre.

Bis zur Einführung der Kranken- und Rentenversicherung um 1880 gab es für die Dienstboten keinerlei Absicherung – sie waren dem Wohlwollen der Arbeitgeber ausgeliefert. Auch danach waren sie oft noch viele Jahre nicht versichert, denn nur zu oft versäumten es die Arbeitgeber, ihre Dienstboten gleich anzumelden – es war ja auch mit Kosten verbunden. Junge, tüchtige Arbeitskräfte waren überall willkommen, doch auch der Tüchtigste wird einmal alt, krank und hinfällig.

Da man um die Jahrhundertwende auf vielen Höfen noch Knechte hatte, konnten die Bauern auch wochentags manchmal in die Wirtschaft gehen. So sind an einem schönen sonnigen Maientag, als das Gras auf den Wiesen „den Kühen direkt ins Maul gewachsen ist", in einer Westallgäuer Wirtschaft einige Bauern beisammen gesessen. Einer von ihnen habe gesagt: „Heit kinnet mir do hinna gar it so viel v'rsuffe wie dussa uf de Feld'r na wachst!" (Heute können wir hier in der Wirtschaft gar nicht so viel Trinken, wie auf den Wiesen das Gras an Wert zunimmt!) Ein Liter Milch und ein Liter Bier hatten den gleichen Preis: nämlich 10 Pfennig.

Alter und Tod

Wer in langen Lebensjahren an vielen Stellen gearbeitet hat, hatte viel erlebt und eine große Erfahrung. Es gab solche und solche Arbeitsplätze. Solange man noch im Vollbesitz seiner Arbeitskraft war, gab es kaum Probleme. Gute Arbeitskräfte konnte man immer und überall gebrauchen. Aber im Laufe der Jahre kommt der Verschleiß, die Abnützung und das Alter macht sich bemerkbar. Vielleicht waren in der Familie junge Kräfte herangewachsen und wollten sich beweisen. Die Ertragslage auf kleinen Höfen war ohnehin nie rosig. Kinder kommen zur Welt und wollen ernährt werden. Und da sitzt noch immer der alte Knecht, die alte Magd am Tisch, nimmt den anderen den Platz weg und ist mehr als überflüssig. Was er oder sie für den Lebensabend erspart hat, ist wenig, vielleicht hat die Inflation im Jahre 1923 die Ersparnisse restlos aufgefressen. Nun sind sie alt, krank, kraftlos, wertlos, verbraucht, ausgemergelt und sitzen vor dem Nichts, sind verbittert über ihr Schicksal und enttäuscht von den Mitmenschen. Nur der Tod kann sie erlösen in ihrem bitteren Dasein.
Glücklich waren diejenigen Dienstboten, die ihre „alten Tage" bei einem ehemaligen Arbeitgeber verbringen durften und dort leidlich versorgt und ausgehalten wurden. Beerdigt wurden sie oft auf dem Friedhof in ihrem Heimatort. Wenn sie selber Geld hatten oder einen verständigen Dienstherrn, konnten sie ihren Lebensabend in einem „Spital", also einem Altenheim (Schüttentobel, Oberstaufen u.a.m) verbringen. Oft jedoch kümmerte sich kaum noch jemand um die Todgeweihten. Der Tod kam als Erlöser und erbarmte sich der armen Geschöpfe mehr als die lieben Mitmenschen und Verwandten. Bleibt zu hoffen und zu wünschen, dass der Herrgott ihnen ein gnädiger Richter sein möge – sie hätten es wahrlich verdient.

Der Alpauftrieb

Wenn's „s'Gras gut gschtonde ischt" (schön heran gewachsen war) konnten die Bauern im Allgäu anfangs Juni mit „Heibe" (der Heuernte) beginnen, bei einem sehr „freie Frijohr" (frühes Frühjahr) vielleicht schon bereits Ende Mai. Sonnige Halden (Südhänge) waren immer zeitiger als „Schattenseiten." Bei einer unsicheren Wetterlage wurde das Gras auf Heinzen oder Schwedenreuter gehängt, damit man im Winter junges Heu füttern konnte, aber auch, um mit der Heuernte vorwärts zu kommen. Der erste „Morgen" (gemähte Wiesenfläche) wurde mit der Aussage „den lahme Bendl ka ma sowieso it diir kriege" (das junge Gras ist nur schwer dürr zu bekommen) meistens aufgehängt. Doch kaum hatte man mit der Heuernte angefangen, kam die Nachricht, dass „ma mit de Schumpe in d'Bearg goaht" (dass man das Jungvieh auf die Alpe bringen müsse). Nicht in allen Alpen ist man zur gleichen Zeit eingezogen. Die Landalpen in einer Höhenlage von etwa 900–1100 Meter wurden als erste beschlagen, gefolgt von den Alpen, die zwischen 1100 und 1400 Meter liegen und als letzte die noch höher gelegenen Hütten.

Das Jungvieh wird auf eine Alpe getrieben – um 1940

Man brachte das Jungvieh über den Sommer gerne in die „Berge" (Alpen). Zum ersten war es gut für die Muskel- und Knochenbildung des Jungviehes, zum zweiten konnten auf dem Hof, wenn über den Sommer drei oder fünf Jungtiere weniger gefüttert werden mussten, eine oder auch zwei Milchkühe mehr gehalten werden. Und schließlich hatte man während der arbeitsreichen Sommermonate mit dem Jungvieh keine Arbeit. Schon einige Tage vor dem Alpauftrieb hatten die Besitzer der Alpen mit ihren Helfern – bei einer Weide- oder Alpgenossenschaft die Alpmeister mit ihren Mitgliedern – in Zusammenarbeit mit den Alphirten die Alpe vorbereitet: die Hütte hergerichtet, die Wege und die Zäune instand gesetzt. Einigen Unrat, der sich über den Winter auf den Weiden angesammelt hatte, weggeräumt und schließlich die Wasserzuleitungen zu den Brunnen und die Viehtränken in Ordnung gebracht. Der Hirte, die Hirtenfamilie, musste mit den notwendigen Habseligkeiten und Gerätschaften versorgt werden: Erdöl für die Laternen, Kerzen und Zündhölzer, Salben und Schnäpse zum Einschmieren und Einreiben bei diversen Verrenkungen und Verletzungen bei Mensch und Tier. Man brauchte Kleie und Salz für die Tiere, haltbare Lebensmittel für die Hirtenfamilie: Mehl, Kartoffeln, Musmehl, einen Hafen mit Schweineschmalz, Geräuchertes, Salz, Gewürze, etwas Zucker, einige Gläser Marmelade, Brot, Butter und Käse und einiges mehr. Milch lieferte die „Hirtekuh", manchmal brachte der Hirte auch eine eigene Kuh mit, die im Winter als „Stellkuh" bei einem Bauern eingestellt war. Damit man Eier hatte, wurden ein paar Hühner mitgebracht. – Die Vorbereitungen für den Einzug waren getroffen. Man konnte einziehen!

Auf dem Weg zur Alpe Oberhornbach – um 1940

Aus der näheren Umgebung wurden die Tiere von den einzelnen Bauern in kleineren Grüppchen auf die Alpen gebracht. Da das Vieh getrieben werden musste und die meisten „Galtalpen" (Jungviehalpen) doch ziemlich weit von zu Hause entfernt waren, brauchte man dafür meistens einen ganzen Tag. Den Tieren hatte man schon in den Vortagen mit einer Schere ein „Hoarmol" (Haarmal) – die Anfangsbuchstaben des Namens des Besitzers – in das Haarkleid an den Flanken geschnitten. So konnte der Alphirte an den Initialen erkennen, welchem Bauern welche Tiere gehörten. Nach einigen Wochen waren die Haare wieder nachgewachsen. Bis es jedoch soweit war, sollte der Hirte alle ihm anvertrauten Tiere kennen. Bei einer kleinen Herde dauerte das ohnehin nur ein paar Tage; bei einer großen schon etwas länger. Von einem Hirten weiß ich, dass er innerhalb von zwei Tagen alle seine Schumpen (200 Stück) kannte und dass obwohl man damals nur Braunvieh aufgetrieben hatte. Eine erstaunliche Gedächtnisleistung!

Damit sich das „Bergveah" (Bergvieh) ans „Laufen" gewöhnen konnte, hatte man es zu Hause beim „ersten Austreiben" im Frühjahr zusammen mit den Milchkühen auf die Weide getrieben. Am Morgen des Aufbruchs wurden die Tiere gut gefüttert, um sie für den langen Fußmarsch gut vorzubereiten. Gleich nach dem morgendlichen

Melken machte man sich mit der Herde auf den Weg. Den „Schumpen" (Jungvieh) wurden die Weideschellen umgehängt und wenn ein Landwirt nur zwei oder drei Tiere hatte, wurden diese mit Halftern oder Anbinde Ketten zusammen gebunden und das erste Tier am Halfter geführt. Eine zweite Person, meistens ein größeres Schulkind, musste hinterher laufen und als „Dribar" (Treiber) dafür sorgen, dass alle schön brav gelaufen sind. Wenn aber ein Bauer selbst mehrere Tiere hatte oder der Nachbar seine Viecher auch auf die gleiche Alpe brachte, wurden diese gemeinsam getrieben.

Alpe Farnach am Hochgrat – um 1935

Entlang den Straßen hatten die Anlieger vorsorglich ihre ‚guten' Felder eingezäunt; die Streuwiesen nicht. Somit gab es immer wieder Möglichkeiten, wo die Tiere abhauen oder einen falschen Weg einschlagen konnten: Abzweigungen, Nebenwege, offen stehende Gatter, Hofeinfahrten u.a.m. So dass selbst bei einer kleinen Herde drei, vier Personen nötig waren, um die Gruppe beisammen zuhalten. Eine Person ging der Herde voraus, zwei gingen in der Mitte und mindestens eine Person folgte hinterher. Die Tiere wurden flott getrieben, damit sie keine Zeit hatten, um auszubrechen oder am Wegesrand zu fressen. Manchmal waren die Schumpen auch widerspenstig, wollten nicht von Zuhause fort, waren hungrig oder müde und wollten in den anliegenden Wiesen fressen. Es gab früher entlang der Wege viele Brunnentröge mit laufendem Wasser, hier konnten die Tiere saufen. Jedenfalls brauchte man viel

Geduld und Ausdauer, um die ganze Horde auf einem langen Weg vorwärts zu bringen.

Wenn nach einem mehrstündigen Marsch die Schumpen am Ende noch auf die Alphütte „Obere Klamme" oder auf die „Buralpe" getrieben werden mussten, waren Mensch und Tier müde und hatten eine Pause verdient. Ich erinnere mich noch, wie die Scheidegger Bauern ihre Schumpen über Weiler, den Hahnschenkel hinauf, durch Oberstaufen und die Mühlhalde hinunter getrieben haben, um über Steibis die Alpe „Remmelegg" zu erreichen. Eine Wegstrecke von sieben bis acht Stunden. Immer wieder hörte man in jenen Tagen am Gebimmel eines Geschell's, dass wieder ein „Veahdrib" (eine Herde) oder „a Veahdrible" (eine kleine Herde) über den Hahnschenkel in Richtung Berge gezogen ist. Auch die „Opfenbacher" und „Heimenkircher" sind mit ihren Schumpen vorbeigezogen. Dagegen wurde das Jungvieh der Lindauer Weidegenossenschaft schon vor vielen Jahrzehnten in Eisenbahnwaggons verladen und nach Oberstaufen transportiert. Dort wurden sie ausgeladen und mussten den restlichen Weg ins Falkengebiet laufen.

Die Bauern waren oft auch Mitbesitzer an den Alpen. Bei gemeinsamen Besitz hatten die Besitzer „Weiden" (Besitzanteile – Weiderechte) und durften nur so viele Tiere auf die Alpe bringen, wie sie Weiden hatten. Ein „Jährling", ein einjähriger Schump, zählte eine Weide, ein zweijähriger Schump, ein Rind oder eine Kuh zwei und ein ausgewachsenes Pferd drei Weiden. Mancher „Berg" war im Alleinbesitz eines Bauern und der Besitzer konnte entscheiden, mit wie vielen Tieren er die Alpe beschlagen wollte. In jeder Alpe mussten die Ställe so groß sein, dass für alle Tiere ein Krippenplatz vorhanden war. Wenn der Besitzer eines „Berges" diesen mit zu vielen Tieren belegte und im Sommer der Graswuchs wegen Trockenheit oder großer Nässe nur spärlich war, kamen die Tiere im Herbst mager zurück. Solche Alpbesitzer hatten bald einen schlechten Ruf, sie galten als „Hungerlidar" (Hungerleider) und man gab ihnen nur noch ungern nochmals Tiere zur Sömmerung.

Im Herbst wurde dem Alpbesitzer für die Sömmerung der Jungtiere das „Woidgeld" (Weidegeld) bezahlt. Trächtige Rinder kosteten mehr wie kleine „Schümple". Das Jungvieh von Kleinbauern wurde Zuhause oft sehr verwöhnt und verhätschelt. Es dauerte dann auf der Alpe einige Zeit, bis sich diese in einer großen Herde und an das Leben „in de Berg" angepasst hatten. Die Hirten waren nicht gerade begeistert, wenn ihnen so „v'rwehnte Koge" zur Sömmerung gebracht wurden. Auf der Hütte angekommen brachte man die Tiere in den Stall, wo sie angebunden und der Obhut des Hirten übergeben wurden. In der Küche oder Stube der Alpe machte man kurz Brotzeit, aß die mitgebrachten Butterbrote und trank Bier oder Sprudel dazu. Bald musste man sich jedoch verabschieden. Man ging ja alles zu Fuß, auch den Rückweg.

Manchmal war „dussa uf'm Lond" (draußen im Land) die Heuernte bereits in vollem Gange und daher mussten sich die „Viehtreiber" auch beim Heimgehen noch beeilen. Später, als es schon Autos gab, parkte man schon am Vorabend sein Auto so nah wie möglich bei der Hütte. Die Alphütten wurden früher gut beschlagen. Die meisten Berghütten hatten drei- bis vierreihige Ställe, um alle Tiere aufstallen zu können. Die Eingänge zu den Ställen waren noch nicht betoniert, sondern mit so genannten „Benglbrugga" (Holzbrücken aus dicken Bohlen) befestigt.

„Bengel Brugg" (hölzerner Bodenbelag am Eingang der Ställe)

Auf der Heubühne lagerte das Heu vom „Heiwachs" aus dem vergangenen Sommer, um bei Schneefällen die Tiere füttern zu können. Hochgelegene Alpen hatten oft „Schneefluchtrechte" auf fremden Grundstücken in tieferen Lagen. Dahin konnten bei Schneefall die Tiere getrieben werden.

Arbeiten und Leben auf einer Galtalpe

Nun war man eingezogen. Die nächsten 100 Tage hatte sich die Hirtenfamilie um das Vieh zu sorgen. Während früher auf den Sennalpen, der schweren Arbeit wegen, hauptsächlich nur Männer beschäftigt waren, sah das auf den „Galtalpen" (Jungviehalpen) anders aus. Hier wurde die Hirtenarbeit oftmals von einer Familie mit Kindern übernommen. Die Kinder gingen von da aus zur Schule und mussten oft eine Stunde laufen, bis sie in der Schule in Stiefenhofen, Oberstaufen, Steibis oder Thalkirchdorf waren. Der Heimweg war genauso lang. Schon früh am Morgen musste man aufstehen. Der Vater ging in den Stall, um Ordnung zu machen und die beiden Kühe zu melken.

Die Milch, welche nicht zum sofortigen Verzehr bestimmt war, wurde in großen flachen Schüsseln aufgestellt. Bis zur nächsten „Mahlzeit" – etwa zwölf Stunden später – hatte die Milch aufgerahmt. In der Zwischenzeit war auch die Mutter aufgestanden und hatte im Herd Feuer gemacht, damit es in der Küche warm wurde. Dann musste sie die Schulkinder wecken und diese anhalten sich zu waschen und „gricht" zu machen (anziehen). Da es früher weder zu Hause noch auf der Alpe ein Badezimmer gab, haben sich die Kinder, genauso wie alle andern auch, in der Küche am „Förggar" (Spülstein) gewaschen und gekämmt. Die Mutter konnte sie dabei beobachten und anweisen, während sie die „Pausenbrote" für die Schüler und das „Morgeeasse" (Frühstück) für alle herrichtete. Das Morgenessen bestand fast immer aus einer Schüssel voll mit dampfendem „Rallemus." Zur Zubereitung des Muses wurden mindestens eineinhalb Liter Milch in einer Messingpfanne erhitzt und eine Prise Salz dazugegeben. Sobald die Milch kochte, wurde unter ständigem Rühren mit einem Kochlöffel so viel Kochmehl dazu gerührt, bis ein zähflüssiger Brei entstanden war. Wenn man genug Eier hatte und das Mus nahrhafter sein sollte, wurden zwei, drei Eier in einer Tasse verkleppert und in den kochenden Brei verrührt. Nun ließ man den heißen Brei etwas ziehen, um ihn dann mit heißer Butter, den man (im Dialekt heißt es „der Butter", nicht die Butter!) in einem „Schmalzpfännle" erhitzt hatte, abzuschmälzen. Fertig war das Mus.

Dazu gab es Kaffee (Muckefuck) mit gekochter Vollmilch. Weil man den Kaffee und die Milch oft schon in die Kaffeeschüsseln eingeschenkt hatte, noch bevor alle am Tisch saßen, bildete sich an der Oberfläche eine dicke Rahmschicht. Für manche Menschen war diese Schicht eine Delikatesse, für andere dagegen war es ein Horror, den „Belz", wie die Schicht genannt wurde, essen zu müssen. Damit der Kaffee nicht ganz so „leer" war, machte man aus Schwarzbrot „Brocke" hinein. Schnell wurde das Morgenessen eingenommen. Jeder hatte eine große Schüssel mit Milchkaffee bekommen und Brot hineingebrockt. Dann kam in der Pfanne oder einer großen Schüssel das Rallenmus mitten auf den Tisch. Alle saßen um den Tisch und löffelten mit Suppenlöffeln in stetem Wechsel sowohl das Mus wie auch den Kaffee mit seinem Brocken. Nach einem kurzen Gebet ging es an die Arbeit. Die Kinder machten sich mit geschulterten Schulranzen auf den Weg zur Schule.

Am Vortag war man eingezogen. Nun wurde das erste Mal ausgetrieben. Der Alpbesitzer-Alpmeister kam, um beim ersten Austreiben zu helfen. In den Ställen standen die Schumpen der einzelnen Besitzer dicht nebeneinander. Am „Barresatz" oder auch an einem Querbalken an der Decke hatte man die Namen der jeweiligen Besitzer sowie die Anzahl der Tiere mit Kreide aufgeschrieben. In dieser Reihenfolge hatte man sie beim „Einziehen" angebunden und so sollten sie nach jedem Eintreiben wieder stehen. Vor dem ersten Austreiben wurde um einen guten Bergsommer gebetet und die Tiere in den Ställen mit Weihwasser besprengt. Ein Geistlicher hatte schon einige Tage zuvor die Ställe ausgesegnet.

Schließlich wurde das Vieh in den Ställen losgelassen und auf die Weide getrieben. Das Hirtenpaar und der Alpmeister standen auf der Weide bereit, um die Tiere zu beobachten und zu beruhigen. Da alle hungrig waren, fingen sie bald an zu fressen. In den ersten Tagen brauchte man viel Geduld. Doch bald war Ruhe eingekehrt und die Tiere grasten friedlich. Schon bald konnte man das Jungvieh allein lassen. Die Männer gingen ins Haus. Die Ställe mussten ausgemistet und die Liegeflächen mit frischer Einstreu versehen werden. Schließlich wurde mit einem Reisigbesen alles sauber gefegt. In der Küche stand noch das Geschirr vom Morgenessen, das gespült werden musste. Das war Frauenarbeit. Man musste zwischendurch Holz im Herd nachlegen, damit es in der Küche warm blieb. Die am Vorabend aufgestellte Milch sollte abgerahmt und der Rahm in einem Behältnis gesammelt werden, solange bis es sich lohnte Butter zu rühren. Beim Einzug hatte man ein Ferkel mitgebracht, das wurde mit abgerahmter Milch, in die man etwas Kleie hineingerührt hatte, gefüttert. Das Schweinchen wurde den Sommer über gut gefüttert, denn es sollte im Herbst beim Auszug 80 bis 100 kg wiegen und nachdem es geschlachtet wurde den Speiseplan der Hirtenfamilie bereichern.

Bald war es Zeit das Vesper herzurichten. Zur Brotzeit gab es Brot, Butter und Käse und Vollmilch oder abgerahmte Milch zu trinken. Zwischendurch musste der Hirte nach dem Vieh schauen und nachzählen, ob alle Tiere da sind. Die Frau des Hirten machte inzwischen den Haushalt und traf Vorbereitungen für das Mittagessen, das gegen zwei Uhr eingenommen wurde. Man wartete, bis die Kinder von der Schule zurück waren. Da die beiden von der langen Wanderung hungrig waren, wurde ohne Verzug zu Mittag gegessen. Fast immer gab es zuerst irgendeine Suppe oder „Mill und Brocke" und danach eine Mehlspeise: Kässpätzle, Kraut- oder Äpflspätzle,

Kratzate, zuweilen auch geröstete Kartoffeln. Bei der vielen körperlichen Arbeit und Bewegung war niemand „heikel" (wählerisch). Gegessen wurde, was auf den Tisch kam. Zu Trinken gab es kalte Milch oder Wasser. Nach dem Essen machte die Hausfrau den Abwasch, die Kinder die Hausaufgaben und der Vater, wenn es kein Nachbar sah, einen Mittagschlaf auf dem Kanapee oder einer Bank. Am Nachmittag wurden noch verschiedene Dinge erledigt. In die Futterbarren wurde etwas Gras oder Heu verteilt, damit man sich leichter tat beim Anbinden der Tiere.

Und bald schon wurde damit begonnen, die Tiere in den Stall zu bringen. Das ist leichter gesagt als getan. Da die Tiere weder ihre Ställe noch ihre Plätze kannten, gab es ein heilloses Durcheinander. Man musste behutsam und besonnen vorgehen. Alle, auch die Kinder, mussten mithelfen und anstehen, um das Jungvieh in die richtigen Ställe zu dirigieren. Portionsweise ließ man die schon lange am Gatter wartenden Tiere aus dem Einschlag heraus und verteilte sie in die einzelnen Ställe, wo sie an ihren Plätzen festgebunden wurden. Dann wurde die nächste Partie geholt und ebenso verteilt. So wurde fortgefahren, bis alle unter Dach waren. Die beiden Kühe mussten wieder gemolken und die Milch versorgt werden. Langsam kehrte Ruhe ein. Gegen acht Uhr wurde gevespert. Vor dem Zubettgehen wurde noch ein Blick in den Stall geworfen. Müde legten sich alle ins Bett. Der erste Tag war vorbei. Einhundert weitere sollten folgen.

Gott sei Dank war die ersten paar Tage das Wetter schön und trocken. Das sollte sich jedoch bald ändern. Die Schafskälte, um den 10. Juni herum, mit nassem und kaltem Regenwetter stand vor der Tür. Bei nassem Wetter gingen die Tiere nicht so gerne ins Freie und wenn es dann so kalt war, dass es „fast am schneie ragange ischt" (beinahe schneite), standen sie im nassen Gras herum, machten einen Buckel und suchten „Unterstand" unter Bäumen, knorrigen „Weatt'rtanna" oder am Waldrand. Immer wieder liefen sie am „Hag" (Zaun) hin und her und wollten in den trockenen Stall. Da war es gut, wenn man einen Heuvorrat hatte und dem Vieh etwas zufüttern konnte, wenn es in die Ställe kam. Die Grasnarbe auf den Weiden wurde vom vielen Hin- und Herlaufen des Viehs zertrampelt und glich mehr einem Sumpf als einer Weide. Der Hirte musste „untertags" (während des Tages) immer wieder nachsehen und abzählen, ob auch sämtliche Tiere da sind. Das ist in einem hügeligen mit Mulden übersäten Gelände selbst bei trockenem Wetter nicht ganz einfach, geschweige denn bei diesigem, nebligen Regenwetter!

Da es früher noch keine Gummistiefel gab, trug man grobe genagelte Lederschuhe, die man gut einfetten musste, damit sie wasserdicht blieben. Sie waren jedoch nicht hoch genug, wenn man bei hohem nassem Gras durch die Viehweiden laufen musste, um die Tiere zusammen zu treiben. Die „Hosenärmel" (Hosenbeine) wurden klatschnass und wenn man Glück hatte, blieb es in den Schuhen noch einigermaßen trocken. Dicke Filzjacken mit einem Lederbesatz an den Schultern gaben nur einen vorübergehenden Schutz. Gummimäntel kannte man früher nicht. Abends beim Eintreiben kamen die Tiere oft triefend nass in den Stall zurück. Jedem Stück Vieh musste die Kette um den nassen Hals gelegt werden. Bis sechzig Stück angebunden waren, war man selber auch patschnass. Aber nach einem Regenwetter kommt immer wieder die Sonne mit schönem Wetter mit trockenen Tagen für Mensch und Tier. Bei warmem Wetter war es einfacher, da konnte man barfuß und mit kurzen Lederhosen durch das Gras laufen. Im Vorsommer wurden die Tiere am Morgen ausgetrieben und kamen am Abend wieder in die Ställe, „tage" sagte man dazu. Im Hochsommer wurde wegen der Hitze und des lästigen Ungeziefers abends ausgetrieben und am nächsten Morgen wieder eingetrieben, das nannte man „hofe." Ab Mitte August stellte man wieder auf Tagbetrieb um, damit die Tiere bei Tageslicht fressen konnten, weil es am Morgen später hell und am Abend früher dunkel wurde.

Nun, die Arbeit der Hirten beschränkte sich nicht nur auf das Aus- und Eintreiben des Viehes und das Ausmisten der Ställe. Immer wieder kam es vor, dass ein Tier „krumm ging" (hinkte) oder Durchfall hatte und einige Tage im Stall gefüttert werden musste. Krumme Tiere behandelte man mit Schnaps und Arnikaöl. Weitere Arbeiten waren: die Zäune nachsehen und eventuell reparieren, die Brunnentröge waschen und die Weiden pflegen. Alte „Schuppen" (überständige Grasbüschel) werden oft nicht mehr gefressen, doch wenn man etwas Viehsalz darüber streute, wurde es gefressen. Sobald eine Weide „abgefretzt" (abgeweidet) war, musste sie wieder gepflegt werden. Mit einem „Berggrotten" (zweirädrigen Karren) wurde Stallmist angefahren, der dann von Hand mit einer Mistgabel auf die kahl gefressenen Stellen breitflächig verteilt wurde, „stoffle" sagte man dazu. Bei diesem Arbeitsgang wurden auch die „Kuhpflätt'r vrscherret" (Kuhfladen verteilt).

Auch die Gülle musste ausgebracht werden. Da man früher keine Pumpen hatte, musste – bei ebenerdig gelegenen Gruben – die Gülle mühsam mit hölzernen Schöpfkübeln in die Bschüttfässer eingefüllt werden. Die Fässer waren auf einem Wagen befestigt und wurden mit Pferden auf die Wiese gefahren. Dort wurde die Brühe mittels eines „Lätschers" (Verteilers) verteilt. Auf kleinen Alpen hatte man oft nur eine „Lachebähre" (Schubkarre mit Kasten und eisernem Rad). Man schob damit die Gülle auf hofnahe Felder, wo man sie mit Schöpfkübeln „verschöpfte" (verteilte). Wenn es bergauf ging, musste jemand (Frau oder Kinder) mit einem Strick vorne an der Karre ziehen.

Auf manchen Hütten hatte man weder Pferd noch Fahrkühe, dann musste jemand von außerhalb kommen. So fuhr eines Tages ein Knecht mit Pferden und Bschittfaß auf eine Alpe bei Trabers und sollte dort die „Lache" auf das Feld fahren. Zeitig am Morgen fuhr er zu Hause los. Das Wetter war sehr warm und der Anfahrtsweg weit. Bald schon hatten sowohl die Pferde wie auch der Fuhrknecht Durst. An der Wirtschaft in Trabers wurden die Pferde angebunden, getränkt und gefüttert, derweil ging der Knecht in die Wirtsstube und genehmigte sich ein Bier. Der Durst war groß und das Bier schmeckte. Anderen ging es genauso und bald saß eine Gruppe Durstiger beisammen. Ein Bier nach dem andern wurde getrunken. Zwischendurch mussten die Pferde gefüttert und getränkt werden. Die Stunden vergingen wie im Flug. Schließlich lohnte es sich nicht mehr, mit der Arbeit anzufangen. So fuhr er spätabends, ohne seine Arbeit getan zu haben, nach Hause zurück. Dort fragte man ihn, wie es auf der Alpe aussehe und die Frage: „hoat des Veah no a Woid?" (finden die Tiere auf der Weide noch genug Gras) wurde vom ihm wahrheitsgemäß beantwortet „I ho nama gar it uf de Bode gluaget!" (Ich habe nicht auf den Erdboden geschaut!).

Während sich der Alphirte hauptsächlich um die Arbeiten im Außenbereich kümmerte, oblagen seiner Frau die Arbeiten im Haushalt: ins Dorf gehen zum Einkaufen, kochen, waschen, putzen, nähen, flicken, die Kinder versorgen und auch „Butter rühren." Die aufgestellte Milch wurde täglich mit einer flachen Schapfe, einer „Schufe", vorsichtig abgerahmt und der Rahm in einem „Hafe" (Topf) gesammelt. Nach ein paar Tagen war so viel Rahm zusammen gekommen, dass man „Butter rühren" konnte. Für ein Kilo Butter braucht man den Rahm von mindestens 25 Litern Milch. Der Rahm wurde in ein kleines hölzernes Butterfass oder einen hölzernen Rührkübel geschüttet. Von Hand musste die Kurbel des Rührfasses etwa eine halbe bis dreiviertel Stunden gedreht werden, bis sich im Innern kleine Klümpchen gebildet hatten. An gewittrigen Tagen konnte es auch länger dauern! Die Butterklumpen wurden mit einer Kelle herausgeholt und der restliche Inhalt durch einen Seiher oder ein Kästuch gefiltert. Mit Kneten und Drücken wurde der letzte Tropfen Milch aus der Masse herausgepresst. Schließlich hatte man eine feste Masse, einen „Bolle" Butter, der mit Hilfe eines Buttermodels in kleine schöne Formen gebracht wurde. Die verbleibende „Rührmill" (Buttermilch) wurde getrunken oder an das Ferkel verfüttert. Die Butter wurde im Keller oder in kaltem Wasser gelagert. Sobald sich einige Pfund Butter angesammelt hatten, wurde diese „ausgelassen" (erhitzt) und so in haltbares Butterschmalz umgewandelt. In einem steinernen Hafen war es monatelang haltbar. Auf einigen Alpen wurde auch Zieger- und Bachstein-Käse gemacht. Mit der Milch von zwei Kühen, selbst wenn diese auch nicht allzu viel Milch gegeben haben, konnte man etwas Butter und Käse machen, Milchsuppen und Rallenmus kochen, hatte Milch für „Mill und Brocke" und noch einiges mehr. Die beiden Kühe wurden separat auf eine gute Weide getrieben, damit sie genug zu Fressen hatten und somit mehr Milch hergaben.

Wie die Bauernhäuser im Allgäu sind auch die meisten Berghütten westöstlich ausgerichtet. Im Osten des Gebäudes ist der Wohnbereich, im Westen der landwirtschaftliche Teil. Die Wohnungen auf den „Berghütten" waren/sind ähnlich der Wohnungen wie auf den Bauernhöfen – nur kleiner, einfacher und einstöckig. Eine Küche (Käskuche), ein kleiner Keller, eine Stube mit einem Ofen und nebenan ein kleines „Gade" (Schlafzimmer). Eine schmale „Steage" (Stiege) führt hinauf in die Dachschräge, wo noch Schlafmöglichkeiten für Kinder oder „Hirte Bube" waren/sind. Hinter der Wohnung schließt sich ein schmaler „Schopf" (Schuppen) an, wo Berggrotten, Heuwagen, Werkzeuge und diverse Arbeitsgeräte untergebracht sind. Auch für den Verschlag mit dem „Hisle" (Abort) ist hier Platz. Dann reihten zwei, drei manchmal auch vier zweireihige Ställe an. Über den Ställen waren Holzdecken eingezogen für die Lagerung von Heu und Streue. Die Dächer waren in der Regel sehr flach und mit „Landern" (langen Legschindeln) eingedeckt, die mit Stangen und Steinen beschwert wurden. Später wurden diese Schindeldächer mit Blechbahnen ersetzt. Eine Galtalpe für rund 40 Stück Jungvieh war einschließlich der Wohnung etwa 10 Meter breit und rund 25 Meter lang. Im Laufe der Jahrzehnte wurden die Hütten immer wieder renoviert und erweitert. Die meisten Hütten waren/sind aus Holz gebaut. Für die Grundmauern (!) und die Küchen wurden Bruchsteine verwendet. Das Holz für das Balkengerippe, die Flöcken, die Bodendielen wurde im nahen Bergwald geschlagen, an einen ebenen Platz nahe der Hütte gebracht, wo es auf einem „Schragen" (Gestell) mit Breitäxten behauen wurde. Auf abgelegenen, schlecht zugänglichen, Hütten wurden oftmals auch die „Schirmbretter" für die Wände von Hand gesägt. Über eine längliche Erdgrube wurden einige Balken quer gelegt. Darauf ein Baumstamm gelegt und befestigt. Eine stramm gespannte geschwärzte Schnur ließ man auf dem frisch geschälten Baumstamm „spiken" und hatte nun einen geraden schwarzen Strich auf dem Holz. Zum Sägen brauchte man zwei Männer und eine Zweimannsäge mit zwei Quergriffen. Ein Mann stand in der Grube und zog die Säge mit Belastung senkrecht nach unten, der zweite stand über dem Stamm und zog die Säge „leer" nach oben. Ritsch-ratsch, ritsch-ratsch, ritsch-ratsch, Zentimeter um Zentimeter fraß sich das Sägeblatt der Markierung entlang durch den Stamm. Jeden Tag wurden ein paar Bretter gesägt.

Auch die Landern wurden an Ort und Stelle gemacht. Nach einigen Wochen hatten die Zimmerleute und ihre Helfer das notwendige Baumaterial beisammen. Man konnte jetzt „Abinde" (Abbinden) und schließlich mit viel „Hauruck" und „Holz her" „Ufrichte" (Aufrichten). Weil die Handwerker nicht jeden Tag nach Hause laufen konnten, trugen sie ihr Werkzeug auf einem „Reef" (Rückentrage) zur Hütte, wo sie neben ein paar Mark Lohn auch „Kost und Logis" (Essen und Unterkunft) hatten, bis die meiste Arbeit getan war.

Mitte Juli wurde das Gras auf dem „Heiwachs" (Wiese zum Heumachen) mit der Sense gemäht, danach in Handarbeit einige Male gewendet. Wenn es nach zwei oder drei Tagen dürr war, wurde es auf einen Schubkarren geladen, zur Hütte geschoben und auf der „Bohne" (Heubühne) eingelagert. An günstig gelegenen Flächen konnte es auch auf einen Wagen geladen und heimgefahren werden. An steilen Hängen dagegen wurde das Heu zu „Burden" zusammengerafft, gebunden und auf dem Rücken heim in die Scheune getragen. Auf größeren Alpen war der Alphirte nicht in der Lage, das Heu alleine zu mähen und in die Scheune zu bringen, sodass ihm meistens der Besitzer der Alpe oder einige Mitglieder der Weidegenossenschaft behilflich waren. Das Wetter war früher auch nicht immer schön, so dass sich die „Heiberei" manchmal sehr in die Länge gezogen hat. Wenn der „Heiwachs" abgeerntet war, wurde er mit „Lache" (Gülle) gedüngt.

An abseits gelegenen Hütten kam kaum jemand vorbei. Umso mehr freuten sich die Hirten auf „Jakobe", den 25. Juli. Der halbe Sommer war vorbei. Draußen auf dem Land hatten die Bauern den 1. Schnitt, das Heu, unter Dach. In der Zeit zwischen „Frei- und Ohmadheibat" (erster und zweiter Schnitt) hatten sie es etwas ruhiger. Das war die Zeit, in der sie in die „Berge" (Alpen) gingen, um nach ihrem Jungvieh zu schauen. Die Hirten hatten sich vorbereitet und in den Tagen davor den „Berg" hergerichtet: Das Vieh und die Ställe sauber geputzt; die Wege und Stege in Ordnung gebracht; die Einschläge (Weidekoppeln) gepflegt und die „Schuppen" gemäht. Denn wenn die Besitzer der Tiere kommen, sollte alles in Ordnung sein. Das machte sich beim Trinkgeld bemerkbar, wenn die Bauern mit ihrer Arbeit zufrieden waren. „Jakobe" war aber auch ein Fest für die Alphirten, die bereits 50 Tage in der Einsamkeit auf einer Alpe verbracht hatten. Auf Alpen mit Kapellen wie „Gschwend", „Hochwies", „Simasgund", aber auch an anderen Plätzen wurden Bergmessen abgehalten.

Auf geht's zur „Bergkirbe" (25. Juli) nahe dem Staufner Haus – um 1940

In einigen geräumigen Berghütten oder nahe gelegenen Wirtshäusern wurde danach „Bergkirbe" gefeiert. Ein Fest, bei dem die Alphirten und die Bewohner aus der Umgebung zusammenkamen. Bei Kaffee und Kuchen, Most, Bier und anderen Getränken sowie Brotzeiten konnte man „hostube" (sich unterhalten) und erfahren, was sich draußen auf dem Land alles zugetragen hatte. Oft fand sich auch ein Ziehharmonikaspieler ein, der mit Musik und Gesang die Besucher erfreute. In den betreffenden Hütten und Wirtshäusern hatte man sich auf solche Tage auch vorbereitet und Vorräte herbeigeschafft. In einem Fall hatte man am Vortag ein Schwein geschlachtet und viele Tellersülzen hergerichtet. Damit diese frisch blieben, wurden sie in einem kühlen Keller gelagert. Dort wollte man sie nach Bedarf holen. Im Laufe des Tages wurde in den Gaststuben musiziert, gesungen, gejodelt und fleißig getanzt. Schließlich hatten die Gäste Hunger. Die Bedienung ging in den dusteren Keller und holte einige Sülzen herauf. Als sie damit ans Tageslicht kam, gewahrte sie, dass alle mit einer Staubschicht überzogen waren, so dass man sie kaum noch servieren konnte. Beim Tanzen in den darüber liegenden Gaststuben war Staub und Wurmmehl aus den alten hölzernen Fußbodendielen auf die Sülzen gefallen. Der Wirt hatte nicht nur den Verlust, sondern auch noch den Spott zu ertragen.

Die Wochen nach der Bergkirbe vergingen sehr schnell. Schon neigte sich der Sommer. Die ersten Blätter wurden schon gelb und die Schatten mit jedem Tag länger. Höchste Zeit, dass man jetzt die Streue mähte und unters Dach brachte. Das alte, überständige Gras und Unkraut musste gemäht und zusammengerecht werden. Gestrüpp, „Dornsbosche" (Dornbüsche) und der Anflug von Fichten und Tannen waren nachgewachsen und mussten geschwendet werden. Mit Axt und Stockhaue rückte man dem widerspenstigen Gestrüpp zu Leibe. Es wurde zusammengetragen und verbrannt. Der Brennholzvorrat war geschrumpft und musste noch ergänzt werden.

Gegen Mitte September ging das Gras auf den Weiden zur Neige. Das „Bergveah" musste den Heimweg antreten. Wenn über Sommer kein Tier wegen Krankheit oder Blitzschlag zu Tode gekommen war, bekam ein schön gewachsenes, dreijähriges Rind einen schönen, bunten Kopfschmuck aus „Daas" (Tannenreisig), Buchs, Blumen, Silberdisteln, farbigen Bändern u.a.m. Das geschmückte „Kranzrind" oder die „Kranzkuh" wurde beim Auszug am Halfter der Herde vorangeführt.

Auszug aus der Alpe „Imberg" 1933

Ein paar weitere wohl genährte Rinder mit gleichmäßigen Hörnern erhielten einen „Maie" (kleinen Blumenschmuck). Mit Glocken, „Rumpeln" (große, bauchige Schellen) und Schellen ging es heimwärts.

Diejenigen Bauern, die ihre Schumpen im Frühjahr in kleinen Gruppen in den „Berg" getrieben hatten, holten sie auch so wieder zurück. Immer wieder sah man früher in den Herbsttagen einen „Bergzug" (eine Viehherde) auf dem Weg in die heimischen Ställe durch das Weställgäu ziehen.

Das Kranzrind von der Alpe „Sonnhalde" ist wieder daheim – Herbst 1954

Im Laufe der letzten vier Jahrzehnte hat sich der Alpabtrieb (Viehscheid) zu einem Volksfest entwickelt. Viele Alpen einer Region ziehen gemeinsam mit ihrer Viehherde am gleichen Tag aus. An einem Scheidplatz werden Hirten und Herden von den Klängen einer Musikkapelle und hunderten, ja tausenden von Schaulustigen empfangen. Dort nimmt man den Tieren die großen Zugschellen ab. Anschließend werden sie in Viehtransporter verladen und zu den heimatlichen Ställen gefahren. Den Oberstdorfer Viehscheid gibt seit über 100 Jahren. Die Westallgäuer Viehscheide: Oberstaufen, Thalkirchdorf, Mittelhofen und Maierhöfen erst nach 1970.

Nach dem Auszug von der Alpe musste noch der Mist in der Mistlege sowie die Lache aus den Gruben auf die Felder ausgebracht und dort verteilt werden. Die Zäune wurden teilweise abgebrochen oder nur der Draht auf den Boden gelassen. Bei den Brunnentrögen zog man die „Docke" (Zapfen mit Loch für den Überlauf), damit das Wasser auslaufen konnte. Die Wasserrohrleitungen mussten entleert werden. Wenn alle Arbeiten getan waren, wurden Fensterläden und Türen verriegelt und die Heimfahrt angetreten. Dann brachte man mit einem Fuhrwerk die Hirtenfamilie mit ihren Habseligkeiten, dem Mastschwein, der ausgelassenen Butter sowie einer Ladung Brennholz zurück in ihre Wohnung. Die Hirtenkuh durfte, mit einem Halfter am Wagen angebunden, hinterher laufen. Sie wurde über den Winter bei einem Bauern „eingestellt." In der „schlechten Zeit" (Kriegs- und Nachkriegszeit) war jedermann froh, wenn er mit Naturalien entlohnt wurde. Mit dem Hirten wurde abgerechnet. Wenn man mit seiner Arbeit zufrieden war, fragte man ihn, ob er im nächsten Jahr wieder kommen will. Wieder daheim nahm der Alphirte seine Arbeit als Waldarbeiter, Hilfsarbeiter oder Tagelöhner wieder auf.

Auf einer Hütte hatte man drei Hirten, zwei ältere und einen jungen. Der Alpmeister war während des Sommers einige Male auf die Alpe gekommen, um die Arbeit der Hirten zu überwachen. Wenn er Schlampereien anmahnte, haben die beiden Älteren stets dem Jungen die Schuld gegeben. Im Herbst wurde abgerechnet. Neben dem ausgemachten Hirtenlohn gab es noch ein Trinkgeld. Dabei gab der Alpmeister dem Jüngsten doppelt so viel wie den anderen mit der Bemerkung, weil dieser für alle Schlampereien verantwortlich gemacht werde, habe er wohl am meisten gearbeitet und verdiene auch das doppelte an Trinkgeld.

Sonstiges

Manche Hirtenfamilien waren jahrelang auf der gleichen Alpe, oft auch schon deren Eltern. Doch so idyllisch und romantisch, wie sich das heute manche vorstellen, war das Leben der Hirten auf den Alpen in früheren Jahren nicht. Zu den meisten Hütten führten nur schmale, steile, steinige Wege, die oft nur mit einem zweirädrigen Karren, einer so genannten „Berggrotte", befahren werden konnten. Sofern man auf einer Alpe überhaupt ein Pferd hatte, wurde dieses zur Arbeit hergenommen und nicht etwa zum Spazieren fahren. Da es weder Auto noch Motorrad gab, musste man zu Fuß gehen. Selbst das Fahrrad gibt es erst seit gut 100 Jahren. In den Hütten gab es keinen Strom, kein elektrisches Licht. Nicht einmal Taschenlampen. Mit Kerzenlicht und Stalllaternen musste man auskommen. Es gab weder Kühlschrank noch Elektroherd, zum Kochen und Heizen wurde der Holz/Kohleherd angeheizt. Die Neuigkeiten kamen nur spärlich. Kein Radio, kein Fernseher, kein Telefon und kein Handy störten die Idylle. Bei den sonntäglichen Kirchgängen konnte man das Neueste erfahren. Von der nostalgischen Hüttenromantik ist nicht mehr viel übrig geblieben.

Heutzutage sind fast alle Alpen mit dem Auto auf gut ausgebauten Wegen zu erreichen. Mit Viehwagen und zum Teil schon mit Viehtransportern wird das Jungvieh im
Frühling auf die Alpen gefahren und im Herbst wieder zurückgebracht. Obwohl der
Staat die Bewirtschaftung der Alpen finanziell unterstützt, wird es von Jahr zu Jahr
schwieriger, die Alpen mit dem dafür notwendigen Jungvieh beschlagen zu können.
Aber was wäre unser schönes Allgäu ohne gepflegte Bergweiden? Den Bauern, die
noch bereit sind, ihr Jungvieh auf die Alpen zu bringen und den Alphirten, die mit
ihrer Arbeit dafür sorgen, dass unsere schöne Berglandschaft erhalten bleibt, ein ganz
herzliches „Vergelt's Gott".
Der Hirtensommer war vorbei!

Friedrich Schiller drückte es so aus:

„Ihr Matten lebt wohl.
Ihr sonnigen Weiden!
Der Senne muss scheiden.
Der Sommer ist hin."

Auch das war die gute „alte Zeit!"

Bei einem schönen langen Herbst konnten viele Arbeiten, die man im Sommer aufgeschoben hatte, erledigt werden; dazu gehörten auch die Wartungsarbeiten im „Holz" (Wald). Das Jungholz war nachgewachsen und stand zu dicht beisammen. Dürre und eng beisammen stehende Hölzer mussten ausgelichtet werden. Auch im Hochwald sollten einige Tannen und Fichten weichen, damit sich die „Unterständer" (darunter stehendes Jungholz) besser entwickeln könnten und wieder mehr Licht in den Wald hinein kommen konnte. Stangen und dünne Hölzer sind schnell umgesägt. Hagpfähle machte man 1,60 m lang und Brennholz (Rundlinge und Knebel) 1,00 Meter. Wenn die Fällarbeiten erledigt waren, mussten die Baumstämme, Pfähle, Knebel und Scheitholz an einen Lagerplatz gebracht werden. Mit einem kräftigen, willigen Pferd wurden sie zu einem Lagerplatz gestreckt (geschleift) und dort gestapelt. Dort ließ man die Baumstämme einige Monate trocknen.

Man geht ins Holz mit Waldsäge, Astbeil und Kehrhaken – um 1940

Um das Stammholz gut auszunützen, wurden die Bäume so nahe wie möglich am Boden abgesägt. Man musste sich beim Sägen bücken oder hinknien. Obwohl diese Arbeit nicht allzu schwer war, so war sie doch recht mühsam. In einer Zeit, als man noch keine Motorsägen hatte, wurden die Bäume mit Waldsägen gefällt. Vor dem Fällen eines Baumes wurde dieser genau angeschaut, z. B. auf welche Seite er sich neigte, wo er seine Äste hatte und ob er lange oder kurze Äste hatte. An Bäumen, die an Grundstücksgrenzen standen, war das besonders wichtig, denn man wollte, dass die Bäume nach Möglichkeit auf das eigene Grundstück fallen sollten und keine Schäden an anderen Bäumen verursachen oder gar in den Ästen eines anderen Baums hängen bleiben. Nachdem man diese Kriterien beachtet hatte, konnte man mittels einer hölzernen „Gabel" die Fallrichtung ziemlich genau bestimmen. Schließlich wurde am Stamm des Baumes an der Seite, auf welche er fallen sollte, ein „Kau" (Gehau), also eine Fallkerbe gemacht. Mit einer Säge wurde ein etwa 10 cm tiefer Schnitt in den Baum gesägt und dann mit einem Astbeil eine Kerbe von 10 cm Tiefe heraus geschlagen, die das Fallen des Baumes in die gewünschte Richtung ermöglichen sollte. Auf der gegenüber der Fallkerbe liegenden Seite wurde mit dem Sägen begonnen – früher mit einer normalen „Waldsäge", die in 1950er Jahren von der Hobelzahnsäge abgelöst wurde. Man brauchte zwei Mann, um mit diesen Zug-Sägen zu arbeiten. Die Säge wurde am Baum angesetzt und mit dem Sägen begonnen. Einer zog die Säge nach links und der andere wieder zurück nach rechts. Ritsch – ratsch, ritsch – ratsch, Zug um Zug, bis der Baum durchgesägt war. Sobald der Sägen-Einschnitt tief genug war, wurde mit dem „Astbeil" (Axt) eine „Bisse" (Spaltkeil) in den Sägespalt hinein geschlagen und dann wurde weiter gesägt. Je tiefer die Säge eindrang, desto tiefer konnte der Keil in den Riss hinein „getrieben" (geschlagen) werden.

Holzfäller bei der Arbeit um 1930

Auch durch „stehen lassen" beim Absägen konnte die Fallrichtung ziemlich genau bestimmt und auch eingehalten werden. Das heißt, wenn der Baum nach links fallen sollte, wurde auf der linken Seite mehr Holz stehen gelassen als auf der rechten Seite. Immer tiefer wurde der Keil in den Sägespalt geschlagen. Allmählich kam der Baum in die Schräglage und fiel in der gewünschten Richtung zu Boden. Das Fällen einer Fichte oder Tanne mit einem Stockdurchmesser von etwa 70 cm (Alter ca. 80–100 Jahre) war für zwei Männer eine schweißtreibende Arbeit von einer guten Stunde. Wenn die Bäume am Boden lagen, musste man sie ausasten, schälen und ablängen, d. h. in entsprechende Längen absägen. Mit „Astbeilen" (Äxten) wurden die Äste am Stamm sauber entfernt und danach mit einem „Reppler" entrindet. Wenn der Baum im Saft stand, konnte man ihn mit einem „Schöllar" (Schäleisen) schälen. Das ging schneller und hatte den Vorteil, dass es die schöneren Rindenstücke gab. Mit dem Astbeil wurde die Rinde am Baumstamm rundherum nach jedem Meter durchgetrennt. Damit bekam man beim Schälen Rindenstücke von einem Meter Länge. Die Rindenstücke wurden zum Trocknen aufgeschichtet und später als Brennmaterial verkauft. Sie waren sehr beliebt zum „Feuer anmachen". Man brauchte sie nicht absägen oder gar spalten, sondern konnte sie abbrechen, wie man wollte. Waren die Baumstämme auf einer Seite entastet und geschält, dann wurden sie in die gewünschten Längen abgesägt. Als gebräuchliches Maß hatte sich eine Blocklänge von 4,50 Meter eingebürgert. Bauholz entsprechend den Vorgaben! Da die Baumstämme nun kürzer waren, konnte man sie mit dem „Zapi" (Sapin) oder mit dem „Kehrhaken" auf die andere Seite drehen und dort auch entasten und entrinden. Damit man die „Blöcke" (Baumstämme) leichter vorwärts bewegen konnte, wurden sie an beiden Stirnseiten mit der Axt „gemühlt" (abgerundet). So blieben sie nicht so leicht hängen und konnten mit Pferden besser weggerückt und weggeschleift werden.

Beim „Fällen" eines Baumes musste immer darauf geachtet werden, dass die Bäume beim Fallen nicht an anderen Bäumen hängen blieben sowie an den stehenden Bäumen keinen allzu großen Schaden anrichten. Das war nicht immer einfach! Trotz aller Vorsicht kam es doch immer wieder vor, dass sich ein Baum an den stehenden Bäumen verfing und in schräger Lage hängen blieb. Mit Axtschlägen und Drehen wurde versucht, den Baum zu Fall zu bringen, was nicht immer von Erfolg beschieden war. Manchmal wartete man auf den nächsten Sturm, der das Problem lösen sollte und manchmal auch löste. Sehr Mutige kletterten auch an solch schräg liegenden, hängenden Baumstämmen, „Eicherstege" genannt, hoch und entfernten die Äste mit einer Axt, solange, bis so ein Baum schließlich auf den Boden fiel. Das war ein waghalsiges und sehr gefährliches Unterfangen! Manch einer hat seinen Wagemut mit schweren Verletzungen, wenn nicht gar mit dem Leben bezahlt. In Hanglagen werden die Bäume hangaufwärts oder zur Seite gefällt, nur selten hangabwärts, weil da die Gefahr, dass die Stämme wegen der hohen Fall-Geschwindigkeit abbrechen und zersplittern könnten, zu groß wäre.

Wenn die Baumstämme entastet und geschält waren, wurden noch die „Festmeter" (Kubikmeter) festgestellt. Mit einer sogenannten „Kluppe" (Stechmaß) wurde das Holz vermessen und aus einem „Faulenzer" (Handbuch) konnte man die Kubikmeterzahl ablesen, die dann in ein Heft eingetragen wurde. Ein 4,50 Meter langer Baumstamm mit einem mittleren Stammdurchmesser von 53 cm hat einen Kubikmeter. Ein Kubikmeter grünes Stammholz hat ein Gewicht von 800–900 Kilo. Schließlich waren die Stämme aufgearbeitet und mussten an einen Lagerplatz gebracht werden.

Holzarbeiter bringen mit ihren Zapien die Baumstämme in die richtige Lage – 1950

Zunächst musste man die Stämme in eine günstige Lage bringen, damit man sie abschleppen konnte. Frisch geschälte Stämme konnten von drei, vier Männern mit Sapinen und mit viel „Hau ruck" und „Hände spuken" ein Stück gezogen und in eine Lage gebracht werden, von wo sie mit Pferden weiter geschleift werden konnten. Wenn sie sehr ungünstig gelegen haben, musste man sie mit einem „Kehrhaken" drehen oder mit den Sapinen und einem „Husbiss" anheben und kleine „Rundlinge" unterlegen, so dass man die Baumstämme ein Stück weit rollen konnte. Auf ebenem oder leicht hängigem Gelände wurden die Stämme mit Pferden und „Schloipfschlitten", auch „Kriesen" genannt, zu einem Lagerplatz geschleift, wobei sie am dicken Ende auf den Schlitten gelegt wurden. Mit Blockketten wurden die Stämme auf den Schloipfschlitten festgebunden oder es wurden auch so genannte „Streckstuck" in das Holz eingeschlagen und weg ging's zum Lagerplatz, der immer an einer schiefen Ebene war, damit die Stämme leichter gestapelt werden und später wieder leichter auf Schlitten oder Wagen geladen werden konnten. An den Lagerplätzen wurden die angeschleppten Baumstämme in einigen Lagen übereinander gestapelt. Dazu wurden Stangen angelegt und mit „Zapi" (Sapin), Kehrhaken und Griffbengel und einer Portion Geschick und Kraft die Stämme aufeinander gestapelt, damit man sie leichter abfahren konnte. Mit Klammhaken wurden die vorderen Stämme miteinander verhängt und so am Wegrollen gehindert. Mindestens einen Sommer lang ließ man die Stämme an den Lagerplätzen trocknen, damit man sie im nächsten Winter leichter mit den Schlauder-Schlitten zu den Sägewerken bringen konnte.

Von diesem Platz würde man sie im Laufe des nächsten Winters mit Fuhrschlitten holen und zu einem nahegelegenen Sägewerk oder nach Hause bringen. Mit Schlauderschlitten oder Fuhrschlitten konnte Stammholz und Bauholz viel leichter befördert werden. Die Schlitten waren nicht so hoch wie die Wagen und konnten also leichter beladen werden. Die beladenen Schlitten rutschen bei einer guten Schneefahrbahn ruhiger, leichter und schneller. Deshalb wurde das meiste Holz im Winter bewegt. Die Bauern und die Pferde hatten Zeit. An den meisten Sägewerken waren im Frühjahr große Blocklager zu finden.

Blocklager bei Genhofen um 1930

Für die schwere Arbeit des Holzaufladens musste der Knecht oder jemand aus der Nachbarschaft helfen. Weil die Fuhrschlitten auf Schneefahrbahnen zur Winterszeit kaum noch zu hören waren, mussten die Pferdefuhrwerke nach einer Vorschrift auf öffentlichen Wegen mit einem „Gröll" (Glockengeläute) ausgestattet werden. In früheren Jahren wurde zur Winterszeit viel Holz bewegt – auch über längere Strecken – sodass oft Pferdegröll zu hören war.

Wollte man aber „holze", d. h. Stammholz schlagen, das man zum Bauen brauchte, dann legte man großen Wert darauf, dass die Bäume in den kurzen Tagen (in den Wochen vor Weihnachten), wenn der Saft aus den Bäumen gegangen war, und nach Möglichkeit auch noch beim „übergehenden Mondzeichen", geschlagen wurden. Wochenlang war man mit „Waldsägen" (Zweimannsägen) am Werk und das Schlagen der Äxte, mit denen die Keile zum Fällen der Baumstämme in die Sägeschlitze „getrieben" wurden, war weit zu hören.

Im Jungwald musste ausgeforstet werden. Zu dicht stehendes Jungholz wurde geschlagen, damit sich die anderen Bäume besser entwickeln konnten. Die Stämme der Jungfichten wurden zu Hagpfählen und Stangen, die man für die verschiedensten Zwecke brauchen konnte, verarbeitet. Krumm gewachsene, sehr astige oder dürr gewordene Bäume wurden gefällt, entastet und zu Brennholz verarbeitet. Dabei wurden Stämme wie auch die Äste in meterlange Stücke abgesägt. So genannte „Drolar" (dicke Rundlinge) wurden mit dem „Mörsel" (schwere Axt) und langen „Bissen" (Keilen) in handliche, tragbare Größen gespalten. Diese Teile wurden nun zusammengetragen und entlang von Waldwegen in langen meterhohen Reihen aufgestellt. Für den Brennholzverkauf gab es die Bezeichnungen „Ster" und „Klafter". Ein Ster ist ein Kubikmeter – ist also einen Meter lang, einen Meter breit und einen Meter hoch. Drei Ster sind ein Klafter. Das Holz wurde in diesen Größenordnungen gehandelt und verkauft. Wenn es gut getrocknet war, wurde es im Winter mit Blockschlitten und im Sommer mit Wagen für den eigenen Bedarf nach Hause oder auch direkt zu den diversen Käufern gefahren.

Der Holzbedarf war früher um ein vielfaches größer als heute. Die gestrickten Wohnhäuser mit Holzverschalungen wie auch die landwirtschaftlichen Gebäude, auch die Wände der Güllegruben wurden aus Holz gemacht. Aber nicht nur zum Bau von landwirtschaftlichen Häusern und Gebäuden und Privatwohnungen sondern auch für viele andere Bauwerke: Kirchen, Schulen, Fabriken, Straßen- und Eisenbahnbrücken, für den Schiffsbau, für die Eisen- und Glasschmelzen, als Grubenholz im Kohlebergbau, zur Herstellung von Holzkohle. Zum Heizen von Wohnungen, Schulen, Fabrikanlagen, Sennereien, für den Betrieb von Dampfmaschinen, zum Heizen von Gebäuden, Fabrikanlagen, Sennereien sowie zum Kochen und Heizen von Privatwohnungen. Wenn man weiß, dass es früher weder Heizöl, noch Gas, noch Strom oder Kohle gab und die Gebäude oft auch schlecht isoliert waren, kann man sich vorstellen, welch große Mengen Feuerholz dazu notwendig waren. Selbst Torf als Brennmaterial war um 1750 in Balzhofen noch unbekannt. Erst ein Handwerksbursche, „Schneider Michel" genannt, brachte Jahre später die Kenntnisse aus der Fremde mit. Bei uns im Allgäu ist die Kohle als Heizmaterial noch gar nicht so lange bekannt. Selbst die Lokomotiven wurden in den ersten Jahren und in den Kriegsjahren oft noch mit Holz und Torf betrieben und geheizt.

Erst die Erfindung der Dampfmaschine um das Jahr 1790 in England und die Entwicklung von entsprechenden Pumpen machte es in den Jahren nach 1815 möglich, eingesickertes Grundwasser aus den Kohlegruben abzupumpen. Erst danach war man in der Lage, Kohle aus Schichten, die unter dem Grundwasserspiegel lagen, abzubauen. Aber es sollte noch Jahre dauern, bis 1835 die erste Eisenbahn in Deutschland die sechs Kilometer lange Strecke von Nürnberg bis Fürth zurücklegte. Vor rund 160 Jahren, am 12. Oktober 1853 wurde die Eisenbahnlinie Oberstaufen–Lindau in Betrieb genommen. Doch es war noch ein langer Weg, bis das Schienennetz gut ausgebaut war und die ersten Waggons mit Kohlen aus dem Ruhrgebiet ins Allgäu geliefert wurden.

In stadtnahen Bereichen war das Holz schon längst Mangelware und musste von weit herbeigeschafft werden. Zur Verhüttung von Eisenerz wurde sehr viel Holz gebraucht. Am Grünten gab es Erzgruben. Das Erz wurde in den Eisenschmelzen an der Starzlach bei Sonthofen zu Zaineisen verhüttet. Danach wurde es in den Nagelschmieden im Ostrachtal weiterverarbeitet. Im 16. Jahrhundert, so heißt es in alten Unterlagen, waren die umliegenden Wälder weitestgehend abgeholzt. Für den Schiffsbau an der Nordsee wurde das dafür notwendige Holz im Schwarzwald geschlagen und in Flößen dorthin gebracht.

Zum Bauen von Häusern wurde nach Möglichkeit astfreies Holz von schlanken „Rottannen" (Fichten) verwendet. Die „Weißtanne" (Tanne) war als Bauholz nicht beliebt, weil es sehr schwer und so hart ist, sodass man Nägel nur mit Mühe einschlagen konnte. Weil das Holz der Tanne hart und damit strapazierfähig ist, wurde es gerne an feuchten Stellen wie Stallgangboden und Stallbrucken (Liegeplätze für die Kühe) verwendet. Das Holz der Eiche wurde für Möbel, Fässer, Eisenbahnschwellen, für Fenster- und Türstöcke verwendet. Aus Kirsche, Nussbaum, Ulme, Birnbaum und Ahorn wurden Möbel hergestellt. Bei der Herstellung von Möbeln wurde großer Wert auf gut abgelagertes Holz gelegt. Man ging sogar soweit, dass es hieß, bereits bei der Geburt eines Mädchens sollte das Holz für die spätere Aussteuer geschlagen werden. – Also ungefähr zwanzig Jahre sollte das Holz für die Möbel trocken gelagert werden.

Die Buche wurde für Stiele gebraucht und die Esche hauptsächlich zum Herstellen von Fahrnis, wie Wagen und Schlitten. Wegen seiner hohen Brennwerte wurde Hartholz gerne zum Verbrennen verwendet: das Abholz der Buche, Eiche, Apfel-, Birnen-, Kirsch- und Nussbaum, aber auch die knorrigen Äste von Tannen und Fichten (Knebel) geben viel Energie her. Selbst die Baumstümpfe und das Wurzelwerk der Bäume wurden ausgegraben, zersägt, klein gespalten und verbrannt.

Größere Mengen Holz wurde meistens von einer Gruppe von Männern, den so genannten „Holzar", Männer mit einschlägiger Erfahrung, geschlagen. Bei Arbeiten in den Bergen haben sie in Alphütten oder auch in eigenen „Holzarhitta" übernachtet. Oft machten sie im Wald auch nur einfache Hütten, die sie dann mit frisch geschälten Baumrinden abgedeckt haben und die als Brotzeithütte bei Regenwetter geeignet waren. Die Hütten waren einigermaßen wasserdicht und man konnte sogar darin übernachten. Auf einer Feuerstelle vor der Hütte haben sie gekocht. Um das Jahr 1900 seien sogar Holzartrupps aus Südtirol im Allgäu gewesen und hätten hier verschiedentlich Waldgrundstücke gerodet.

Holz transportieren: rücken, liefern, schlitten, fahren, triften

An sehr steilen Hängen, wo man mit Pferden nicht mehr hin konnte, wurde das Holz „geliefert", das heißt, es wurde bei nassem Wetter oder bei einer geringen Schneelage von ein paar kräftigen Männern nach unten befördert. Mit Sapinen wurden die Stämme in die Fall-Linie gebracht, sodass sie auf der glitschigen Unterlage von selbst die Hänge hinunter rutschen konnten. Je steiler die Hänge waren, umso besser rutschten die Stämme. Oft genug gingen die Baumstämme nicht in die gewünschte Richtung, sondern blieben an Wurzelstöcken hängen, verkeilten sich und bohrten sich in die Erde. Dann mussten die Männer sie wieder freimachen und in die gewünschte Richtung bringen. Frisch geschälte Bäume waren unberechenbar, denn sie rutschten wie auf Schmierseife talwärts. Auch dazu war ein gewisses Gefälle notwendig, nicht zu viel aber auch nicht zu wenig! Unten am Hang wurden sie mit Pferden zu den Holzlagerplätzen geschleift oder hin gefahren.

Auf flachen langen und weglosen Waldstücken oder Viehweiden wurden manchmal auch so genannte „Luiten" (Leiten), auch „Riesen" genannt, angelegt, um das Holz zu befördern. Dazu wurden vier, fünf Baumstämme dicht nebeneinander gelegt. Zwei dicke Stämme legte man an die beiden Außenseiten und zwischen diese beiden wurden zwei oder drei dünnere Stämme gelegt. Mit dicken Steinen oder Pfählen wurden die äußeren Bäume befestigt. Auf diese Weise war eine Art Rinne entstanden. Alle 4,50 Meter wurden neue Stämme angefügt. Man musste nur dafür sorgen, dass die nächste Lage immer etwas tiefer lag wie die vorhergehende, damit keine „Nasen"

(Überzähne) herausstanden, an denen sich die Blöcke einhängen konnten. War dann so eine Rinne, die auch ein paar hundert Meter lang sein konnte, gebaut und fertig, dann wurden die entlang der Rinne liegenden Baumstämme in diese hineingehievt und einzeln nacheinander hinunter gelassen. Je nach Gefälle der Luite war die Geschwindigkeit; je steiler umso schneller. Jedenfalls sollte am Unterlauf der Luite niemand zu nahe an dieser stehen, denn es lief nicht immer alles so glatt, wie es sollte. Da stellten sich schon die Stämme senkrecht auf und flogen durch die Luft. Eine nicht ganz ungefährliche Arbeit. Oftmals wurde eine Luite am hinteren Ende schon wieder abgebaut und mit diesem Material vorne verlängert. Beim Liefern oder Luiten wurde die Stirnseite der Stämme oft „verstoßen" (beschädigt), sodass man die Baumstämme immer etwas länger machte wie die geforderte Länge. Am Lagerplatz oder auch am Sägewerk wurden die zerstoßenen Stammenden abgesägt und man hatte dann doch die gewünschte Länge.

Der Winter 1962/63 war extrem kalt, aber nicht allzu schneereich, sodass man im Wald gut arbeiten konnte. Mit einem gut Bekannten habe ich im Wald seiner Eltern gearbeitet. Die Schlittbahn war gut. Es war noch sehr kalt, doch das Wetter schien milder zu werden. Also war Eile geboten. An einem windgeschützten Platz wurden ein paar dürre Äste zusammengetragen, um ein Feuer zu machen, damit wir es ein bisschen warm hatten beim Brotzeit machen. Einer von uns hatte ein paar Flaschen Bier dabei, die er mit Wollsocken und Wolldecken in seinem Rucksack gut isoliert hatte. Er holte die belegten Brote aus seinem Rucksack und eine Flasche Bier. Doch das Bier lief nicht aus der Flasche heraus – es war gefroren. Was lag also näher, als auch die anderen Flaschen aus dem Rucksack zu holen und sie in der Nähe des Feuers vorsichtig aufzutauen. Es dauerte gar nicht lange und man hörte ein paar Mal ein dumpfes Klirren. Die Flaschen waren geplatzt aufgrund der großen Temperaturunterschiede. – Beim nächstenmal war man klüger!

Aus tiefen und nicht befahrbaren Tobeln wurde die Baumstämme mittels Rollen und langen Drahtseilen heraufgehievt. Auch Flaschenzüge kamen zur Anwendung. Mit Traktoren und Seilwinden wurde diese Bergung erst richtig möglich.

Wenn nun im nächsten Winter eine gute Schneelage vorhanden war, dann begann die Arbeit der Holzzieher und der Holzschlauderer. An steilen Hängen und schmalen Wegen wurden die Bäume im Winter auch mit Ziehschlitten (von Hand) herunter gebracht.

Holz schlitten von der Juget nach Kalzhofen – um 1950

Die Schlitten waren stabile Hornerschlitten mit etwa 1,50 Meter Länge und einem Eigengewicht von über einem Zentner. Die Schlitten mussten zuerst den Berg hochgezogen oder auch hochgetragen werden. Oben wurden sie mit etwa 2–3 Festmetern Holz beladen und hernach mussten sie auf einer Schneebahn herunter gefahren werden. Wenn der Weg verweht (zugeweht) war, musste er freigeschaufelt werden. Vorne zwischen den Hörnern war ein Mann, der sowohl ziehen wie lenken und bremsen musste. Der Schlitten wurde mit 3–5 Stämmen beladen, je nach Dicke der Bäume. Das dickere Teil des Stammes wurde auf den Schlitten geladen, das dünnere hintere Ende der Stämme schleifte am Boden her, damit die Geschwindigkeit nicht zu schnell wurde. Um die Fuhre in Bewegung zu bringen, halfen die Kollegen mit (man machte diese gefährliche Arbeit nie alleine). Wenn der Schlitten einmal lief, galt es die Fuhre richtig zu steuern. Vor einer Kurve rechtzeitig zu bremsen, oder auch nicht bremsen, um für die folgende ebene Wegstrecke noch genug Schwung zu haben, um durchzukommen.

Auch für die Holzschlauderer mit Pferden war eine gute Schneelage Voraussetzung. Die verschneiten Waldwege wurden meistens mit ständigem Fahren und Bengeln zu festen Fahrstrecken hergerichtet. Bei einer höheren Schneelage fuhr man mit den Pferden und einem „Schloipfschlitten" einige Male über den Schnee, um so eine feste

„Schlittbahn" herzurichten. War diese nun vorhanden, konnte es losgehen. Mit „Schlauderschlitten", einem Pferd und einem Mann wurde ein Fuhre von ca. 1,5 cbm hergerichtet, meistens kamen zwei große oder drei kleine Baumstämme direkt auf die „Kipfeböck", auf diese wurden noch ein oder zwei Stämme gelegt. Mit einer „Block-kette" wurden die Baumstämme vorne und hinten auf den Schlitten festgebunden, mit einem „Knittel" oder auch einer „Knittelwinde" festgezurrt und zu einem neuen, weiter unten und günstiger gelegenen Lagerplatz gefahren.

Das Abfahren: „Bomme" oder „Blocke" genannt

Das Holz wurde in der Regel im Winter, wenn man eine gute Schlittbahn hatte, aus dem Wald zu den Sägereien transportiert. Mit pferdegezogenen Schlauderschlitten wurde es zu größeren Lagerplätzen gefahren und von dort wieder mit Fuhrschlitten, an denen ein so genannter Hasenschlitten angehängt war, zu den Sägewerken (Säge-mühlen, wie es früher oft hieß) gebracht.

Holzschlauderer bei Tronsberg/Gem. Oberstaufen – um 1935

Vorspann beim Holztransport an der Kalzhofer/Buflingser Steige – um 1935

Auf einer Fuhre wurden etwa 6–8 Stämme geladen (ca. 4–5 Festmeter = 50–70 Zentner pro Ladung). Die Fuhrschlitten hatten eine Bremse, die mit zwei „Pratzen" auf der Fahrbahn kratzte. War das Gefälle jedoch sehr steil, musste zusätzlich mit einer „Schlüsselschere", einem kantigen Eisenstück, das unter die Kufen gelegt wurde, nachgeholfen werden. (Die Bürgermeister von heute würden sich bedanken, wenn ihre Gemeindewege mit solchen Kratzeisen malträtiert würden). Bei günstigen Wegeverhältnissen hängte man auch zwei Blocklängen mit je 4,50 Meter hintereinander, wozu vier Schlitten gebraucht wurden. Bei solchen Fuhren, die von zwei Pferden gezogen wurden, war auch ein „Praxer" dabei, der an den Gefällstrecken die hinteren Schlitten mit der „Schlüsselschere" bremsen musste.

Beim „Bomme“: Holz schlitten aus dem „Bahholz“ bei Kalzhofen um 1950

Ein Mann muss mit seinem Körpergewicht den Traktor vorne belasten,
damit dieser die Bodenhaftung nicht verliert – um 1955

Holz schlaudern bei Scheidegg – um 1950

Da das Holz auch aus größeren Entfernungen herangeschafft wurde, mussten die Fuhrknechte oft schon morgens um 4.00 Uhr aufstehen und die Pferde füttern, tränken und putzen. Die Pferde bekamen kurz geschnittenes Heu, „Miet" genannt, damit sie schneller gefressen hatten. Das Futter wurde mit Hafer ergänzt; das gibt ihnen Kraft und Ausdauer. Sowie die Pferde versorgt waren, konnten die Fuhrleute das „Morgeeasse" (Frühstück) einnehmen. Um 6.00 Uhr fuhren die Blockschlitten zusammen mit einigen weiteren „Mähnen" (Gespanne mit zwei Pferden) z. B. von Weißach ins Ehrenschwanger Tal. Da es im Winter um diese Zeit noch dunkel war, mussten Sturmlaternen an die Schlitten gehängt werden. Nach einer etwa zweieinhalbstündigen Fahrt waren sie am Blocklager „im Ehrenschwang" angelangt. War man weit von daheim entfernt, nahm man eine Brotzeit mit (Brot, ein schönes Stück Käse oder „Geräuchertes" und etwas zum Trinken), denn die schwere Arbeit im Wald bei Schnee und Kälte macht Appetit. Für die Pferde wurde ein Sack mit „Miet" mitgenommen. Die „Miet" wurde in einen Holzbarren geschüttet, die Pferde konnten fressen, während die Schlitten beladen wurden. Wasser fand sich meistens an einem Brunnentrog entlang des Weges. Auch die Ross- und die Kummetdecke durfte nicht fehlen, damit man die Pferde, während die Fuhren geladen oder abgeladen wurden, zudecken konnte. Gerade, wenn die Pferde zuvor geschwitzt hatten, war das zwingend notwendig, um Erkältungen vorzubeugen. Beim Aufladen haben die Männer sich gegenseitig geholfen. Jeder Schlitten musste sorgfältig beladen werden und die Ladung fest zusammengekettet werden. Bis die fünf Fuhren geladen waren, war es schon später Vormittag.

Nachdem alle fünf Schlitten beladen waren, fuhren sie gemeinsam los. Diese Arbeit machte man immer zusammen mit anderen Fuhrwerkern, damit man sich gegenseitig beim Aufladen helfen konnte und beim Fahren nicht allein war. Es gab doch immer wieder Unvorhergesehens. An steilen Wegstrecken wurde es manchmal notwendig, dass man sich gegenseitig Vorspann geben musste, d. h. anstelle von zwei Pferden waren jetzt vier Pferde vorgespannt, um den Berg hoch zu kommen. Zur Mittagszeit waren sie beim „Brunold" (Gasthaus „Hirsch" bei Steibis) eingetroffen. Hier wurde Rast gemacht, die Pferde wurden an die Tränke gebracht und erhielten wiederum eine Portion Miet. Auch die Mannschaft war hungrig und machte Brotzeit in der Wirtschaft. Nur zu bald mussten sie weiter in Richtung Weißach. Den steilen Berg hinunter wurden die Schlitten mit den Pratzen abgebremst. Am späten Nachmittag sind sie bei den Sägewerken im Weißachtal eingetroffen und haben ihre Lasten auf die Blocklager gerollt. Die Schlittbahn musste ausgenützt werden! So wurde im Winter Fuhre um Fuhre aus den Bergwäldern abgefahren und zu größeren Lagerplätzen oder Sägewerken gebracht.

Spätabends kamen sie durchnässt und hungrig wieder nach Hause. Die Kleidung musste meistens im feuchten Stall getrocknet werden und am nächsten Morgen wurde sie halbtrocken wieder angezogen. Die Männer trugen stabile genagelte Lederschuhe, sogenannte „Trigoni", lange Lederhosen oder Bundlederhosen sowie Wickelgamaschen. Dicke, warme „Schöbbe" (Jacken), Hut und Handschuhe. Die Kleidung war wohl warm, aber wasserabstossend war sie leider nicht.

Bei guten Bedingungen ging es den ganzen Winter so fort. Andere wieder transportierten die Baumstämme von der Juget zu den Sägewerken nach Thalhofen, Wengen oder zur Moosmühle. Als es noch keinen elektrischen Strom gab, wurden die Sägewerke mit Wasser betrieben. Entlang von Bächen standen früher zahlreiche kleine Sägewerke, um die Wasserkraft für den Antrieb der Sägegatter zu nutzen. Im Winter war der Wasserzulauf meistens nicht ausreichend. Erst im Frühjahr bei der Schneeschmelze war ausreichend Wasser vorhanden. An den Sägewerken waren am Frühjahr große Blocklager mit hunderten von Baumstämmen gelagert.

In alten Unterlagen steht manchmal geschrieben: „Wenn einer auf des anderen Feld nur ein Winterfahrtrecht" hatte, dann muss das Holz zwischen „St. Martini" (11. November) und „St. Georgi" (24. April) abgefahren werden.

Bevor es die Eisenbahnen gab, wurden die Holztransporte über weite Strecken mit Flößen durchgeführt. Weil der Holzbedarf in den Städten sehr groß war, waren im Laufe von einigen Jahrhunderten die Wälder in der näheren Umgebung von Städten total abgeholzt, so dass man das Holz aus immer weiter entfernten Gebieten herbei schaffen musste. Zuerst nur entlang der großen Flüsse, dann allmählich entlang von kleineren Flüssen, bis schließlich auch weit abgelegene Gebiete abgeholzt wurden. Flüsse und Bäche wurden begradigt und ausgebaut, um sie floßbar zu machen. Bei kleinen Bächen wurde das Holz an die Bachufer geliefert, dort gelagert und bei großen Wasserständen in die Bäche geworfen, wo es von den Wassermassen mitgenommen wurde.

Zum Transport des Holzes im Gebiet von Weißach-Steibis wurden in der Weißach so genannte Wasserschlösser (Stauanlagen) errichtet, weil die Weißach zum Triften und Flößen zu wenig Wasser geführt hat. Die Baumstämme, aber auch das Brennholz, wurden in das angestaute Wasser geworfen, dann wurde das Wasserschloss geöffnet und das schnell abfließende Wasser riss die Baumstämme mit. Von der Weißach ging es mit der Flussströmung weiter in die Bregenzerach und schließlich in den Bodensee. Im Bäumle bei Bregenz wurde es herausgefischt und zur dortigen Eisenschmelze gebracht. Auch von der Subersach bei Sibratsgfäll wird von Wasserstaus und Holztriften berichtet. In den größeren Flüssen wurde es zusammen gefischt und zu großen Flößen zusammen gebunden. Auf dem Rhein sollen oft Flöße mit ein paar hundert Metern Länge flussabwärts in Richtung Holland geschwommen sein.

Wenn auch die Flößerei bei uns nicht so betrieben wurde, so ist doch bekannt, dass in Sonthofen, Immenstadt und besonders Kempten Flöße zusammen gestellt wurden, die dann auf dem Wasserwege nach Ulm und von dort Donau abwärts in die Städte an der Donau befördert wurden.

Ab 1853, als die Eisenbahnstrecke München–Lindau eröffnet wurde, ergaben sich neue Wege zur Holzbeförderung. Blockholz und bereits gesägte Ware konnte nun an den Bahnhöfen verladen werden. Am Bahnhof in Harbatshofen waren immer größere Mengen geschnittenes Holz, Bretter und Dielen auf so genannten „Archen" gestapelt.

Bretterarchen beim Bahnhof Harbatshofen 1932

Es gehörte umliegenden Sägewerken und konnte bei Bedarf schnell auf Güterwaggons verladen werden. Ähnlich sah es auch am Bahnhof in Oberstaufen aus.

Ab 1950 begann der maschinelle Holztransport. Zuerst noch zaghaft, doch im Laufe von Jahren wurden auch hier die Möglichkeiten größer und die Fahrzeuge schneller. Anstelle von eisenbereiften Blockwagen kamen die Gummiwagen. Sie hatten Gummiräder und eiserne Rungen. Das Beladen wurde in den Anfangsjahren noch in Handarbeit gemacht. Die Baumstämme wurden mit Drahtseilen und Rollen auf die Wagen gehievt. Seit einigen Jahren sind Holztransporter mit aufgebauten Ladekränen ausgestattet, mit ihrer Hilfe können auch die größten Stämme mühelos auf die Wagen geladen werden. Gut ausgebaute Waldwege ermöglichen die Abfuhr des Holzes mit Lastwagen.

Georg Hauber ist mit Unimog und einer Fuhre Blockholz unterwegs – um 1960

Soweit das Nutzholz. Aber auch der Bedarf an Brennholz war sehr groß, folglich wurde auch das „Abholz" einer restlosen Verwertung zugeführt. Von den Ästen wurde mit dem „Daashacker" oder dem Handgürtel das Reisig weg geschlagen. Die nun sauberen Äste („Knebel") in Meterlängen abgesägt oder mit der Axt abgeschlagen und dann sterweise (1 Ster = 1 cbm) gestapelt. Astige, knorrige „Wettertannen", die man nicht als Bauholz verwenden konnte, wurden nach dem Fällen entastet, in Meterlängen abgesägt, „gschittet" (gespalten; mit langen Bissen, die mit einer schweren Axt (Mörsel) in das Holz getrieben wurden), danach sterweise an den Wegrändern zur Abfuhr bereitgestellt, auch alles andere Holz, das als Nutzholz nicht sehr gefragt war wie Buchen, Erlen, Birken, Weiden, Eschen wurde zu Brennholz verarbeitet. Tausende von Klaftern (jeweils 3 Ster) an Brennholz wurden während des Sommers aufgearbeitet und für den Abtransport im Winter bereitgestellt. Auch das Reisig fand noch Verwendung. Es wurde an Ort und Stelle entweder von Hand zu „Buscheln" zusammengerafft und mit Daasästchen zusammen gebunden. Oder auf einem „Buschelbock" zusammen gepresst und gebunden. Vom angefallenen Reisig wurden im darauf folgenden Jahr, wenn es dürr geworden war, „Buscheln" gemacht.

Die Buscheln wurden auf Leiterwagen geladen und fuderweise zu den Verbrauchern in größere Orte gebracht, wo sie zum Feuern von Kachelöfen sehr beliebt waren. In der Kriegs- und besonders der Nachkriegszeit waren die Wälder leergefegt – alles Brennbare wurde aufgesammelt und verheizt.

In den vergangenen Jahren war die Inlandnachfrage nach Bauholz eher gering. Oftmals kam das Holz billig aus den Ostblockländern. Um den Holzmarkt zu stützen, wurden in den vergangenen Jahren verschiedentlich Holzhackschnitzelanlagen gebaut und weitere sind geplant. Aufgrund der gestiegenen Öl- und Gaspreise wurden in den letzten Jahren viele Ölfeuerungsanlagen mit Holzpellets-Heizungen ausgestattet bzw. mit solchen ergänzt – um zweigleisig fahren zu können.

Seit 2005 ist die Nachfrage nach Nutzholz enorm angestiegen. Die Amerikaner und Japaner seien auf den Europäischen Markt gekommen und daher die große Nachfrage nach Nutzholz, sagten Leute, die es wissen müssen.

In den vergangenen Jahren wurde der Holzeinschlag wieder interessant. Für den Kubikmeter Nutzholz wurden frei Sägewerk etwa 100 Euro bezahlt. Im Bereich der Gemeinde Stiefenhofen wurden in den Herbst- und Wintermonaten 2006/2007 viele hunderte von Festmetern Holz geschlagen. Das Tempo des Holzeinschlages ist beängstigend. Kleine Arbeitstrupps mit Motorsägen, Schutzkleidung, Helmen, Gesichtsmasken ausgestattet sägen beinahe im Laufschritt Tannen und Fichten um. Die Äste werden mit der Motorsäge entfernt. Im Wald werden die Baumstämme nicht mehr geschält! Das macht eine Maschine am Sägewerk schneller und genauer. Dadurch wird eine Menge an Arbeit eingespart. Mit Traktoren und funkgesteuerten Seilwinden werden oftmals ganze Tannen aus unwegsamen Tobeln herauf gezogen. Auf flacherem Gelände werden sie entsprechend lang abgesägt. Mit Rückewagen und selbstfahrenden, geländegängigen „Harvestern" wird das Holz aus einigermaßen zugänglichem Gelände aufgeladen und an einen Lagerplatz gefahren, wo es umgehend von Lastzügen abgeholt wird. In ungünstigen Lagen werden Seilbahnanlagen mit einigen hundert Meter Länge erstellt. Mittels dieser werden lange Stämme an günstig gelegene Plätze verfrachtet, dort aufgearbeitet und mit Baggern gelagert. Dorthin kommen Lastwagen mit aufgebauten Ladekränen und Hängern, wobei 30 bis 50 Festmeter auf einen Lastzug geladen werden. Sie bringen das Holz zu Groß-Sägewerken nach Augsburg, Württemberg, Österreich oder sonst wo hin. Entfernungen spielen dabei eine eher untergeordnete Rolle. Das Ergebnis ist bereits erkennbar. Der Zuwachs an Holz pro Tagwerk und Jahr beträgt etwa drei Festmeter, das sind rund 10 Festmeter (10 cbm) pro Hektar. Schon wird es leerer in den Wäldern und lichter an den Waldessäumen. Sollte diese Entwicklung in den nächsten Jahren andauern, dann wird es licht werden in den Deutschen Wäldern!

Wer macht sich denn heute noch Gedanken, wie Holz geschlagen und transportiert wird. Wer es selber nicht machen kann oder will, übergibt den Holzeinschlag einem

Waldarbeiterteam aus der Nachbarschaft, die die entsprechende Erfahrung und auch die notwendigen Maschinen und Geräte haben. Teilweise werden auch schon so genannte „Prozessoren", auch „Harvester" genannt, eingesetzt, das heißt, wenn es vom Gelände her möglich ist, wird mit einer großen Maschine das Fällen, Entasten, Entrinden und Ablängen in einem Arbeitsgang erledigt. So rationell und schnell ging das früher natürlich nicht.

Die Werkzeuge der Holzer wie: Astbeile, Reppler, Schäleisen, Bissen, Sapine, Kehrhaken, Griffbengel, Schlüsselscheren, Streckstuck, Eisen, Blockketten, Scheitäxte machten die örtlichen Hammerschmiede, die das dafür notwendige Roheisen von den Zainschmieden, Eisenschmelzen am Grünten, Hindelang und Blaichach, oder auch vom Bäumle bei Bregenz bezogen. Die Wagner machten die Stiele für die Äxte aus dem Holz einer Esche oder einer Buche. Das Eschenholz ist stabiler wie das Holz der Buche, aber kälter wie das Buchenholz. Die Holzteile für Schlitten und Wagen machte der Wagner, ebenso die Kipfen und Kipfenböcke, Stiele und Helme. Der Sattler sorgte für Kummet, Ruckschlag und Lederriemen. Der Seiler für Seile und Zugstricke. So hatten einige Handwerker Arbeit, wenn man ins Holz ging!

„Wer hat dich, du schöner Wald,
aufgebaut so hoch da droben?
Wohl den Meister will ich loben
solang noch mein' Stimm erschallt!"
„Lebewohl, lebewohl, lebewohl,
du schöner, deutscher Wald!"

von Josef von Eichendorff

Wer in früheren Zeiten ein Haus bauen oder das Bestehende umbauen und vergrößern wollte, ging, nachdem er von der Gemeinde die Zustimmung dafür erhalten hatte, zu einem Zimmerermeister, dem sagte er seine Vorstellungen von der Größe des Hauses. Dieser machte dann eine Planskizze und errechnete anhand des Planes den Holzbedarf. Dem Bauherrn gab er dann einen sogenannten „Holzrodel" (Holzliste), auf dem Anzahl, Länge und Stärke der benötigten Baumstämme geschrieben waren. Mit Hilfe von einigen Nachbarn wurde im Vorwinter das benötigte Holz im eigenen Wald geschlagen auf die gewünschten Längen abgesägt und noch im Winter mit Pferden und Blockschlitten an die Baustelle gebracht. Lange Baumstämme für Bundbalken wurden am dickeren Ende auf einen „Schloipfschlitte" gelegt und dort festgebunden und danach mit Pferdegespannen an die Baustelle geschleift. Die Wälder in unserer Umgebung waren bis zur Vereinödung im Besitz des jeweiligen Dorfes, in dessen Bereich sie lagen. Da gab es das Genhofer Holz, das Bucher Holz, das Schwandholz, das Balzhofer Holz, das Koyenholz, das Siechenholz usw. Sobald es die Witterungsverhältnisse erlaubten, wurde das Holz beschlagen, denn das Holz für die Balken wurde noch im feuchten Zustand behauen, weil es, solange es noch „grün" war, viel leichter zu bearbeiten war.

Hebauf bei einem Widerkehr – um 1925

In einer Balzhofer Chronik aus dem Jahr 1840 schreibt Andreas Wachter:
„Um 1800 waren die Häuser von Holz mit niedrigen sehr flachen Dächern und ohne Kamine. Die Fußböden und Bänke waren aus beschlagenen Baumstämmen. Der Zimmermann baute das Haus, gänzlich alleine, Keller baute man keine. Die Häuser wurden – um Mauerwerk zu sparen – so nahe wie möglich auf die Erde gebaut."
Das war um das Jahr 1800! In den darauf folgenden Jahren und Jahrzehnten hat sich die Situation grundlegend verändert. Wegen der in den 1830er Jahren erfolgten Umstellung vom Flachsanbau zur Milchwirtschaft waren die Ställe für das Vieh, die Scheunen und die Tennen für die Heulagerung allmählich zu klein geworden. Die Bauernhäuser wurden verbreitert, verlängert und höher gemacht. Das mit Landern gedeckte Flachdach musste einem mit gebrannten Dachziegeln gedeckten steileren Dach weichen. Um den gewonnenen Heulagerraum nutzbringend verwenden zu können, bekam das Gebäude eine Hocheinfahrt.

 Mein Elternhaus wurde 1898 vergrößert, weil es den gestiegenen Anforderungen nicht mehr genügte. Wie Großvater noch im hohen Alter uns Enkeln erzählte, habe man mit Pferden ganze Tannen, die man im Holz noch entastet hatte, direkt zum Beschlagplatz nahe des Hauses geschleift. Dort wurden sie in den passenden Längen abgesägt. Auf einem ebenen Platz seien diese im folgenden Frühjahr von einigen Zimmerleuten mit Breitäxten von Hand beschlagen worden. Dazu wurden die Baumstämme auf sogenannte Schragen gelegt, damit sich die Zimmerleute nicht so stark bücken mussten. Nachdem man die Baumstämme geschält hatte, habe man eine geschwärzte Schnur stramm gespannt und habe diese auf die frisch geschälten Baumstämme „spiken" lassen und hatte nun einen geraden schwarzen Strich auf dem Holz. Entlang dieses Striches mussten die Zimmerleute mit ihren Äxten das Holz senkrecht weg schlagen. Der Strich musste stehen bleiben. Wer den Strich mit seiner Axt erwischte, hat „über den Strich geschlagen".

Haus in Stiefenhofen wird nach einem Brand neu gebaut – 1941

Die Bäume für Tragsäulen, Bundbalken, Pfetten und andere mehr wurden auf vier Seiten beschlagen und waren damit vierkantig. Die Rafen (Sparren) wurden meistens nur auf zwei Seiten beschlagen. Das mit den Äxten in mehreren Schichten weggeschlagene Holz nannte man „Sprallen". Mit jedem Balken, den man beschlagen hatte, wurde die Sprallen-Schicht höher. Diese Schicht ließ man liegen. Die Schragen wurden dann gehoben und auf die höher gewordene Lage gestellt. Die Zimmerleute seien manchmal auf einer Sprallen-Schicht von über einem Meter Höhe gestanden. Die beschlagenen Balken seien danach zum Anbindeplatz getragen worden und dort hätte man sie gestapelt, damit sie noch trocknen konnten.

Im Westallgäu hatte wohl jeder Landwirt eine mehr oder weniger große „Holzmark" (Waldgrundstück). Bei der Vereinödung, die bei uns hauptsächlich in den Jahren 1760–1800 durchgeführt wurde, wurden die Grundstücke arrondiert (zusammengelegt) und neu aufgeteilt. Die Bauern bekamen ihre Flächen nach Möglichkeit an einem Stück. Die Wälder gehörten den einzelnen Ortsgemeinden (Ortschaften) und wurden den Ortsgemeindern im Verhältnis zu ihren Wiesenflächen zugeteilt.
Die nötigen Steine für etwaige Kellermauern und kleine Grundmauern wurden recht-

zeitig mit Pferdeschlitten aus einer nahe gelegenen Kies- oder Steingrube geholt, von einem Steinhauer etwas behauen und fertig waren sie zum Einbau. Die Baugrube für die niedrigen Grundmauern wurde von Hand ausgegraben. Die Erde wurde mit hölzernen, eisenbereiften Schubkarren oder einer „Bähre" (eine Art Schubkarre) weg geschoben oder mit Pferdegezogenen Kieswagen weg gefahren. Später hat man zum Teil auch Geleise verlegt und konnte dann das Erdreich mit Rollwagen von Hand weiter weg schieben und in eine Mulde oder an den Rand eines Dobels auskippen. Was damals einige kräftige Leute in tagelanger Arbeit ausgegraben haben, macht heute ein Bagger innerhalb weniger Stunden! Dann wurden die Steine aufeinander gefügt und mit Kalkmörtel verbunden. Der Kalk musste zuerst noch gelöscht werden und wurde dann mit Sand vermengt eingebaut.

Die Wände des Hausstockes wurden in der Regel mit Holzflöcken (behauenen Balken) zusammen gefügt. Auf die niedrigen Grundmauern wurden hölzerne dicke Fuß-Schwellen gelegt und darauf die Flöckenwände gestellt. Die Flöcken hatten bis zu den ersten Fenstern eine Stärke von 20 cm, danach 14 cm. An den Ecken waren die Flöcken rechtwinklig miteinander verzahnt („gestrickt"). Diese Verstrickung nannte man Schwalbenschwänze. Die Flöcken (Balkenlagen) wurden mit etwa 20 cm langen und 3 cm dicken Holzdübeln (von den Ästen der Weißtanne) miteinander verbunden, die mittels eines „Haischlägels" und schweren Schlägen in die Balken getrieben (geschlagen) wurden. Dazu hatte man entsprechende Löcher in die Balken gebohrt. An den Nahtstellen zwischen den Balkenlagen wurden die Flöcken mit einem Rundhobel leicht ausgehöhlt und in diese Rundungen legte man trockenes „Mies" (Moos) zur Isolierung. Schließlich wurden die Balkenlagen aufeinander gelegt.

Das Bauholz musste in den späten Herbstmonaten geschlagen werden und sollte zwei Jahre an schattigen Lagen getrocknet werden, aber nicht der prallen Sonne ausgesetzt sein. Wenn bei der gestrickten Bauweise die noch nicht trockenen Balken aufeinander gelegt wurden, schrumpften sie bei der Trocknung. Daher musste so gebaut werden, dass sich die Balkenlagen bei der Trocknung setzen konnten.

In Hopfen wird ein Rohbau erstellt – um 1920

Rund 35 Jahre – von 1914 (Beginn des 1. Weltkrieges) bis zur Währungsreform 1948 – konnten an den Häusern und Wohnungen kaum größere Reparaturen vorgenommen werden, weil es oft an dem notwendigen Baumaterial, aber auch an Arbeitskräften fehlte. Eisen, Nägel, Schrauben, Kalk und Zement waren Mangelware. Schon im Jahr 1918 sicherte sich eine Baufirma bei der Annahme eines größeren Bauauftrages folgendermaßen ab: „Wir nehmen den Auftrag an unter dem Vorbehalt, dass uns die für die Ausführung benötigten Arbeitskräfte und Materialien zur Verfügung stehen und Einsprüche bezüglich der Verwendung der Materialien seitens des Kriegsministeriums nicht erhoben werden."

Erst nach der Währungsreform vom 20. Juni 1948 änderten sich die Verhältnisse allmählich zum Besseren. Mit dem neuen Geld, der Deutschen Mark (DM), konnte man endlich wieder etwas kaufen. Man war überrascht, dass in vielen Geschäften die Regale plötzlich voll waren. Auf einmal gab es Dinge, auf die man lange Jahre verzichten musste. Der Nachholbedarf war sehr groß. Viele Städte und Industriebetriebe lagen in Schutt und Asche. Wenn auch in unserem Gebiet nur wenig zerstört wurde, so machten sich doch die Witterungseinflüsse der vielen Jahre, in denen kaum etwas repariert werden konnte, bemerkbar. An den Gebäuden, Häusern, Ställen und Wohnungen gab es viel zu reparieren. Die meisten Hausfassaden sahen verwittert und mitgenommen aus. Zuerst wurden nur die dringend notwendigen Reparaturen gemacht, z. B. die Fensterstöcke im Wohnbereich erneuert, der Schindelschirm der Hauswand ausgebessert oder der Bretterschirm an der Scheunenwand ausgetauscht. Der Putz bröckelte von den Mauern und sollte erneuert werden.

Auch innerhalb der Wohnungen mussten längst notwendige Renovierungen vorgenommen werden. Der in vielen Jahren abgelaufene Riemenboden in der Stube musste neu gemacht werden und die verrauchten Wände in der Küche sollten unbedingt gestrichen werden. Zu Beginn der 1950er Jahre machte sich der wirtschaftliche Aufschwung schon deutlich bemerkbar. Die Nachfrage nach landwirtschaftlichen Produkten: Milch, Butter und Käse, Fleisch, Bauholz war groß, der Preis gut. Es kam Geld ins Haus. Weil der Preis gut war, wurde die Produktion gesteigert. Von einem Nachbarn, der in einer Fabrik Arbeit gefunden hatte, konnte ein Feld gepachtet werden. Die Tiere wurden besser gefüttert; der Kauf von Futtermitteln lohnte sich jetzt. Es konnten mehr Tiere gehalten werden, mit der Folge, dass Ställe und Scheunen allmählich zu klein wurden. Um mehr Platz zu bekommen musste man „drabaue" (das Haus verlängern). Die Zeit für eine Hausvergrößerung oder einen Umbau war günstig. Die Stundenlöhne für die Handwerker waren niedrig. Die Kinder, schon fast erwachsen, waren noch zu Hause, konnten aber schon tüchtig mitarbeiten. Viele Bauernhäuser wurden in jenen Jahren verlängert, die Dachstühle höher und die Dächer steiler gemacht und mit Falzziegeln eingedeckt. Die alten mit Biberschwanzziegeln gedeckten Dächer hatten ihre Pflicht getan und wurden ausgetauscht. Teilweise wurden auch die Kuhställe umgebaut. Die alten Futterraufen und Hälslinge wurden durch hölzerne Absperrgitter ersetzt. Zwischen Stallwand und Barren wurde ein schmaler Futtergang eingerichtet. Nun konnte man die Tiere von vorne füttern und brauchte sich nicht länger mit den Heuwischen von hinten kommend durch die dicht beisammen stehenden Tierleiber zwängen, um an die Futterraufe zu gelangen. Damit die Tiere zum Fressen an die Barren konnten, wurden die Absperrgitter geöffnet und wenn alle gefressen hatten wieder zugemacht. Die Tiere standen zwischen den Mahlzeiten auf der Standfläche weiter hinten und blieben dadurch länger sauber. Saufen konnten sie nun an Selbsttränkebecken, die außerhalb der Absperrgitter installiert wurden.

Die meisten Handwerksleute waren vor sechzig, siebzig Jahren noch nicht motorisiert. Sie kamen zu Fuß oder mit dem Fahrrad zu den Arbeitsplätzen. Auf den Bauernhöfen bekamen sie in der Regel das Mittagessen. Dafür haben sie weniger Arbeitsstunden auf ihre Stundenzettel geschrieben. Wenn man größere Umbaumaßnahmen vorhatte, wurde schon im zeitigen Frühjahr damit begonnen, denn man wollte doch etwa Mitte Juni mit der Heuernte anfangen. Damit man das junge Futter in die neue

Scheune fahren konnte, musste diese fertig sein. Anfang Mai waren die alten Futter-
vorräte meistens aufgebraucht. Wenn ein neuer Stall gebaut wurde, mussten die Tiere
ausquartiert werden. Man brachte sie entweder in einen leer stehenden Stall in der
Nachbarschaft oder auch in einem Feldstadel unter. Weil damals die Kühe noch von
Hand gemolken wurden, musste ein Stromanschluss nicht unbedingt vorhanden sein.
Die in der Tenne stehenden Heuwagen wurden ins Feld gestellt; die übrige Fahrnis in
einem Stadel untergebracht. Der landwirtschaftliche Teil des Hauses war nun leer und
wurde bis zum „Husstock" (Wohnhaus) abgebrochen.

Sobald alles abgebrochen war, wurden von Hand die Gräben für die neuen Grundmauern ausgehoben, dann wurde eingeschalt und mit Beton, den man von Hand mi-
schen musste, die Schalung gefüllt. Ich kann mich noch erinnern, dass man Ende der
1940er Jahre auf kleineren Baustellen den Beton noch von Hand gemischt hat. Das
Kies wurde von einer örtlichen Kiesgrube geholt. Es musste halt einigermaßen sauber
sein und nicht zuviel Lehm oder Erde enthalten. Besser war, wenn man bei der Firma
Kolb in Röthenbach (heute AKS) einen Lastwagen (etwa 3 cbm) mit gewaschenem
Kies bestellte. Das Kies wurde dann in der Nähe der jeweiligen Baustelle abgeladen.
Weil der Lastwagen damals noch keine automatische Kippvorrichtung hatte, holte der
Fahrer eine Handkurbel und steckte sie hinten an der Ladebrücke an eine Vorrich-
tung. Dann öffnete er eine Seitenwand und drehte an der Kurbel, bis die Ladebrücke
in eine Schieflage kam und das Kies schließlich herunterrutschte. Dort wurde es
schubkarrenweise geholt und zu einem Platz mit einem festen Untergrund gebracht:
z. B. ein Pflaster oder ein kiesiger Hofplatz. Dort machte man eine längliche nach
oben schmäler werdende Mahde mit etwa 3 Meter Länge, 50 cm Breite und 40 cm
Höhe. Nun wurde auf diese Mahde etwa ein halber Zentner Zement verteilt. Dann
ging es an die Arbeit.

Auf den beiden Längsseiten standen sich zwei Arbeiter mit Spitzschaufeln gegenüber
und vermengten im Gleichklang das Kies mit dem ausgestreuten Zement. Etwa
zweimal wurde das Kies mit dem Zement vermischt. Wenn man der Meinung war,
dass der Beton noch zu mager war, wurde nochmals Zement dazu geschüttet. Jetzt
musste man dieses Gemisch noch mit Wasser befeuchten. Dafür brauchte man noch
einen weiteren Mann, der mit einer Gießkanne ständig Wasser auf die Arbeitsstelle
goss – nicht zuviel auf einmal, aber auch nicht zu wenig. Wenn die ganze Mahde
gleichmäßig vermengt und feucht war, wurde die fertige Mischung in eine Schubkarre oder auf eine Handtrage gegeben und in die vorbereitete Holzschalung geschüttet.

Bau der ehemaligen Sennerei in Oberthalhofen – 1926

Dann wurden von den Maurern mit Voll-, oder Hohlblockziegeln die neuen Stallwände hochgezogen. Verschiedentlich wurden die Außenwände der Stallmauern auch mit gebrannten Klinkerziegeln gemauert. Inzwischen hatten die Zimmerleute auf einem ebenen Platz nahe beim Haus mit dem „Anbinden" angefangen. Das Bauholz lag auf hohen Stapeln bereit. Man hatte es schon im Vorjahr in einem Sägewerk sägen lassen. Mancherorts wurden auch so genannte „fahrbare Sägen", die von einem Dieselmotor angetrieben wurden, hergebracht und vor Ort aufgebaut. Somit brauchte man die Baumstämme nicht mehr zum Sägewerk fahren und hatte Balken, Dielen, Bretter und Schwertlinge beim Haus.

Fahrbare Säge mit Dieselmotor in Hopfen um 1950

Bei dem so genannten Anbinden wurden die Balken in die entsprechenden Längen abgesägt bzw. „abgeschnitten" (wie die Zimmerleute sagten), mit Zapfen versehen und die dafür notwendigen Löcher gestemmt. Am Schluss wurden die einzelnen Segmente am Anbindeplatz noch kurz zusammengefügt, um sicher zu gehen, dass auch alles passte. Schließlich waren die Vorbereitungen soweit getroffen, dass man „aufrichten" konnte. Wenn jedoch auch der Dachstuhl des Wohnhauses neu gemacht werden sollte, musste der alte erst noch bis zur Traufe abgebrochen werden. Dafür brauchte man gutes sicheres Wetter, das Wohnhaus war ja bewohnt und wurde nicht ausgeräumt. Große Plastikfolien, wie man sie heute kennt, gab es früher nicht.

Das Bauholz für die Dachstuhlerhöhung liegt bereit – V-Hahnschenkel Nr. 3 – 1963

Für die nächsten paar Tage war schönes trockenes Wetter zu erwarten. Nun konnte die Arbeit in Angriff genommen werden. Da für eine solche Arbeit viele Hände erforderlich sind, wurden von der jeweiligen Zimmerei sämtliche Zimmerleute aufgeboten. In der Nachbarschaft oder Verwandtschaft wurden kräftige junge Männer um die Mithilfe gebeten. Am nächsten Tag werde man mit der Arbeit beginnen können. Sobald es hell wurde, das war in den Monaten Mai bis Juli – vor Einführung der Sommerzeit – schon um 4.00 Uhr, rückten die Arbeiter an. Einige kamen auch etwas später, weil sie daheim zuerst noch die morgendliche Stallarbeit verrichten mussten.

Ein paar Zimmermänner mit einigen Helfern begannen sofort, den Dachstuhl des Wohnhauses bis zur Dachtraufe abzubrechen. Die „Obrate" (den Dachboden) hatte man schon Tage vorher notdürftig ausgeräumt. Nun mussten die Dachziegel, die Dachlatten, Sparren, Pfetten und Streben gelöst, abgesägt und entfernt werden. Die alten Dachziegel, sofern man sie für andere Zwecke wieder verwenden wollte, ließ man auf einer Rutsche auf die Erde hinunterrutschen. Dort wurden sie gleich weggenommen und weggefahren. Nach einigen Stunden war der alte Dachstuhl des Wohnhauses bis zur Traufe abgebrochen. Doch ehe man das neue Gebälk aufsetzen konnte, mussten die Widerlager ausgeglichen werden. Die alten Häuser waren oft verzogen und zusammengedrückt. Kein Balken war im rechten Winkel und keine Wand stand im Lot. Während einige Zimmerleute den Dachstuhl abgebrochen haben, hatten andere Zimmerer schon mit dem Aufstellen der Balkenkonstruktion am landwirtschaftlichen Teil begonnen. Zuerst wurden die stehenden Säulen auf die Schwellen gestellt, verstrebt und verankert. Mit „Klammhaken" oder „Wasserklammen" wurden sie gesichert. Einige der Helfer mussten die Balken vom Anbindeplatz zum Bauplatz herbei tragen. Ein älterer erfahrener Zimmermann zeigte ihnen, welche Balken sie jeweils bringen mussten. Die Balken mussten in der richtigen Reihenfolge hergetragen werden. Bis zum Abend des ersten Tages sollte das Balkengerüst bis zu den Dachschwellen fertig sein. Um arbeiten zu können, mussten Zwischenböden gelegt werden.

Ein Hausdach in Balzhofen wird neu eindeckt – um 1926

In der Frühe des nächsten Morgens ging es wieder weiter. Auf Höhe der Dachschwelle wurde ein weiterer Zwischenboden gelegt. Auf diesem wurden nach Bedarf die jeweils angeforderten Balken hochgezogen. Bundbalken, Streben, Pfetten und Sparren wurden auf diese Plattform gezogen und von dort an die benötigen Positionen gebracht. Auf einer schiefen Ebene, die man mittels zweier Balken, die man in einem Abstand von etwa fünf Metern schräg von der Erde an die Dachschwellen gestellt und festgemacht hatte, wurden die Balken hochgezogen. Auf der Erde standen zwei Zimmerböcke bereit. Auf diese wurden die einzelnen Balken gelegt und an zwei langen Seilen, die von oben herunter geworfen wurden, festgebunden. An diesen zwei Seilen, das eine links und das andere rechts, wurden die Balken je nach Größe von vier bis fünf Männern an jeder Seite hochgezogen. Meistens waren die zwei Gruppen gegenseitig im Wettbewerb. Eine Gruppe wollte die andere übertrumpfen. Der Sieger lachte den Verlierer mit „Magermillkrüppel" oder ähnlichen Schmeicheleien aus.

Das Hochziehen der Balken war eine schwere Arbeit. Die Bundbalken hatten oft ein beachtliches Gewicht, vor allem dann, wenn das Holz zu wenig trocken war. Ein Bundbalken mit 12 Meter Länge, 30 cm x 20 cm stark, konnte schon ein Gewicht von 500 bis 600 Kilo oder auch mehr haben. Beim Bauen eines Hauses wurde früher fast immer nur Fichtenholz verwendet. Fichtenholz ist nicht so hart wie Tannenholz, aber auch nicht so schwer.

Das Aufrichten war eine schwere Arbeit. Schwere Arbeit gibt Durst, besonders an heißen Hochsommertagen. Der Schweiß floss in Strömen, ebenso das Bier, das den Durst stillen sollte. Nun gab es immer wieder Bauherren, die etwas „knickrig" (sparsam) waren und am Bier sparen wollten. Bei einem Bauern hatten die Zimmerleute schon morgens um vier Uhr mit der Arbeit angefangen. Und einige von ihnen hatten bereits um 5.00 Uhr den ersten Durst. Doch von Bier war weit und breit noch nichts zu sehen. Allmählich gingen immer wieder Arbeiter vom Dachboden auf die Erde herunter, um Wasser am laufenden Brunnen vor dem Haus zu trinken, und um damit den Bauherrn auf ihren Durst aufmerksam zu machen. Der Mann hatte das beobachtet und brachte den Zimmerleuten einen vollen Eimer mit frischem Wasser auf den Dachboden, „dass ihr, wenn dr Durst hont, it allat d'Stege ra miasset" (Damit ihr, wenn ihr Durst habt, nicht immer die Treppen herunter steigen müsst!), wie er sagte. Der Grund war aber ein anderer. Der Mann, der als „itressiert" (sparsam) galt, meinte, dass es für die Arbeitsmoral der Arbeiter nicht gut sei, wenn sie schon vor dem morgendlichen Frühstück Bier tranken. „Die werret doch bigott it schu vor'm Moargeesse a Bier sufe miasse!" meinte er. Jedoch mit einem Eimer voll mit kaltem Wasser waren die Zimmerleute nicht zufrieden. Einer von ihnen habe schließlich den Eimer mit dem Wasser gepackt und habe ihn mit voller Wucht auf das Pflaster vor der Haustüre hinunter geworfen. Der Bauherr habe dann doch, schweren Herzens zwar, eine Kiste Bier auf den Dachboden gestellt.

Von den Zwischenbühnen mussten die Balken mit Sapine, Rollen und einer gehörigen Portion Muskelschmalz an die entsprechenden Positionen weitergebracht werden. Einer gab die Befehle „Ho ruck" oder „Holz her" und alle Beteiligten mussten gleichzeitig die schweren Balken ruckweise anheben oder vorwärts bewegen, bis sie an den vorgesehenen Plätzen waren, wo sie an die vorgesehenen Löcher gesetzt und verstrebt wurden. Etwa alle vier bis fünf Meter wurde ein Bund gestellt. Nachdem die Bundbalken und Pfetten gesetzt und verstrebt waren, wurden sie mit langen Schrauben zusammengeschraubt oder mit etwa 30 cm langen „Rafenägel", die mit schweren

Hämmern in das Holz geschlagen wurden, festgenagelt. Die senkrechten oder waagrechten Balken mussten im „Wasser" sein. Als letztes wurde das Firstholz gesetzt. Wenn das Balkengerüst soweit fertig war, kamen die „Rafen" (Sparren) an die Reihe. In einem Abstand von 80 bis 90 cm wurden sie an die Pfetten festgenagelt (heute werden sie meistens in einem Abstand von 60 cm verlegt!). Auf die Rafen wurden die Dachlatten festgenagelt. „Kontradächer" wurden früher kaum gemacht. Eine Dachschalung gab es nur an den Vordächern.

Auf Vordächer an den Häusern wurde großen Wert gelegt. Auf den Längsseiten des Hauses waren 80 cm bis 100 cm üblich. An den Giebelseiten wurde ein so genannter „Flugrafen" mit einem Abstand von 60 bis 80 cm angebracht. Manchmal wurden an der Wetterseite des Hauses sogar zwei Flugrafen gesetzt. Die Vordächer sollten die Hauswände und die Türeingänge vor Regen schützen. Wenn man bei Regenwetter am Brunnen an der Hauswand das Milchgeschirr oder auch etwas anderes waschen musste, war man froh, dass man den Schutz des Vordaches hatte. Es gab auch die Aussage: „Ein Haus ohne Vordach ist wie ein Hut ohne Krempe!" Sobald an einer Ecke die Dachkonstruktion soweit fertig war, wurde mit dem Eindecken der Dachziegel begonnen.

Für die Helfer aus der Nachbarschaft, die alle umsonst gearbeitet haben, gab es Brotzeit und Mittagessen. Zu Trinken gab es reichlich für alle; man konnte sich selber bedienen. Im Brunnentrog standen immer ein paar Kisten mit Bier oder Sprudel bereit.

Vor der Motorisierung wurden die Ziegel oft schon im Winter an den Ziegeleien auf Bahnwaggons verladen und von dort weiter befördert. An den Ausladebahnhöfen wurden die Ziegel auf Pferdeschlitten verladen und mit Pferden an die Baustelle gefahren. Auf Schlitten konnte die Fracht leichter und ruhiger transportiert werden als mit Wagen, die mit ihren Eisenrädern auf holprigen Kiesstraßen dahinratterten. Später wurden die Ziegel mit Lastwagen auf befahrbaren Straßen so nahe wie möglich an die Baustellen gefahren. Doch bei abseits gelegenen Höfen konnte das auch einige hundert Meter entfernt sein. Dort wurden die Ziegel am Wegrand abgeladen und dann portionsweise mit Pferdefuhrwerken und später mit Traktoren zu den Hofstellen gefahren.

Beim Dachdecken mit Dachziegeln wurden viele Hände benötigt. Eine Gruppe von Menschen bildete beim „Ziegl biete" (Ziegel weiterreichen) eine Schlange, die vom Stapel, wo die Ziegel lagen, bis an die jeweilige Stelle auf dem Dach, wo ein oder zwei Zimmerleute die Ziegel entgegen nahmen und auf dem Dach einfügten, reichte. Oft waren bis zu zwanzig Personen in einer Schlange. Wenn die Entfernungen nicht zu lang waren oder genug Helfer zur Verfügung standen, wurde auch eine zweite Schlange gebildet.

Beim Ziegel „biete" (Ziegel weitergeben) – 1955

Die Dachziegel wurden paarweise von einer Person an die nächste weitergegeben. Die „Zieglbieter" standen in einem Abstand von etwa 1,20 Meter auseinander. Über eine schräg gestellte hölzerne Leiter wurden die Ziegel von der Erde auf das Dach gereicht. Auf den Sprossen der Leiter saßen vier bis fünf Personen übereinander und reichten die Ziegel über den Kopf an den nächsten weiter. An der Dachtraufe wurde mit dem Eindecken begonnen und das Dach schichtweise von unten nach oben eingedeckt. Wenn das Dach auf beiden Seiten eingedeckt war, wurde am First mit dachförmigen Firstziegeln der Abschluss gemacht. Um eine Dachfläche von rund 500 Quadratmeter einzudecken, werden rund 6000 Ziegel gebraucht. Wenn viele Leute da waren, ging das Eindecken relativ schnell. Innerhalb von wenigen Stunden wurde ein Dach mit 400 bis 500 qm eingedeckt.

Beim Ziegel „biete" in Hopfen - 1951

Ein neu gebautes Bauernhaus wird eingedeckt – um 1930

Meistens war es schon fast dunkel, bis das Richtbäumchen, das mit bunten Bändern, mit Raucherwaren und einer Schnapsflasche geschmückt war, von den Zimmerleuten mit grossem Lärm und vielen „Ho ruck"-Rufen hochgezogen werden konnte. Ein junger Zimmerergeselle musste einen Richtspruch aufsagen.

„Wir wollen gratulieren
Gerichtet ist das Haus,
hat Fenster und hat Türen
und sieht gar stattlich aus.
Der Maurer hat's gemauert,
der Zimmerer überdacht,
doch dass es hält und dauert,
das steht in Gottes Macht.
Das Dach, das schützt vor Regen
Die Mauern vor dem Wind.
Der Herrgott schickt den Segen,
dass wir geborgen sind.
Zerschmettre, Glas, im tiefen Grund
Geweiht sei dieses Haus zur Stund!"

Das Dach war eingedeckt und damit war für heute Schluss. Nun ging es zum gemütlichen Teil, dem „Richtfest" über. Im Hausgang und in der Stube hatte man viele Tischgarnituren aufgestellt, an denen die Zimmerleute und die zahlreichen Helfer Platz nehmen konnten. In der Küche waren unter Regie der Hausfrau viele Hände tätig, um den Helfern ein opulentes Mahl zu bereiten. Man hatte für diesen Anlass ein Schwein und ein Kalb geschlachtet. Auf dem Holz- und Kohlenherd in der Küche standen auf allen Herdplatten Töpfe und Pfannen, in denen es kochte und brodelte. Kein Wunder, dass die Köchinnen ob der Mordshitze feuerrote Gesichter hatten. In der Nachbarschaft hatte man Töpfe, Geschirr und Bestecke ausgeliehen. Dann wurde das Essen aufgetragen. Für den größten Hunger gab es vorneweg eine Brätknödelsuppe. Die schwere körperliche Arbeit gab Hunger. Manch einer schaffte leicht zehn Knödel. Wenn 25 bis 30 Personen an den Tischen sitzen und jeder von ihnen vier bis acht Knödel schafft, sind nahezu 200 Knödel zu machen. Nach der Knödelsuppe gab es Kalbs- und Schweinebraten mit Kartoffelsalat und Nudeln oder Semmelknödeln. Zu Trinken gab es Bier und Most vom Fass sowie Säfte und Sprudel. Es brauchte niemand hungrig vom Tische gehen. Am Schluss gab es noch Kaffee und Kuchen. Man saß ein paar Stunden in froher Runde gemütlich beisammen, doch schließlich musste man aufbrechen, denn am nächsten Tag ging die Arbeit unvermindert weiter.

Das Haus war aufgerichtet und hatte ein Dach. Das Gröbste war getan. Die Zimmerei hatte noch weitere Baustellen bei verschiedenen Bauern, die auch noch ihr Heu unter Dach bringen wollten. Also wurden hier die meisten Zimmerleute abgezogen und an die nächsten Baustellen beordert. Die Helfer drängten nach Hause, um dort die liegen gebliebene Arbeit zu erledigen. Die verbleibenden Zimmerer fingen schon am nächsten Tag an den Tenneboden zu verlegen und die Wände der Scheune dicht zu machen, damit der Bauer sein Heu mähen und einfahren konnte. Auch die Giebelseite des Dachbodens musste zugemacht werden. Dann sollten auch die Windswehren am Vordach der Giebelseiten angebracht werden, bevor ein etwaiger Sturm das Dach wieder abdeckte. Inzwischen hatte der Spengler an den Traufseiten des Hauses die Dachrinnen angebracht. Die Zimmerleute hatten noch einige Wochen Arbeit, bis alles fertig war.

Die Bauersleute versuchten jetzt das Heu so schnell wie möglich unters Dach zu bringen, damit der 2. Schnitt, das Ohmad, heranwachsen konnte. Ums Haus herum musste alles sauber aufgeräumt werden. Für die nächsten Monate hatte man Arbeit genug. Erst wenn es zuschneite, wurde es etwas ruhiger. Aber wie lange? Denn in der Umgebung werden in naher Zukunft einige Landwirte das Rentenalter erreichen. Vielleicht könnte man ein paar Hektar Land dazu pachten mit der Folge, dass in kurzer Zeit das Gebäude wieder zu klein sein wird. So ist es im Leben: sobald ein Wunsch erfüllt ist, erwachen schon die nächsten Wünsche. Genauso ist es beim Bergsteigen. Endlich hat man einen hohen Berg, den man schon lange besteigen wollte, voller Stolz erklommen. Doch kaum hat man das Ziel erreicht, locken am fernen Horizont weitere, noch höhere Berge. Nach einer Regenperiode freut man sich auf sich auf schöne sonnige Tage und nach einer Hitzewelle ist man froh, wenn es wieder regnet. Auch das beste Essen wird langweilig, wenn es jeden Tag serviert wird. „Ma kriet au vum Beste amole gnu!" Wir leben hier in der gemäßigten Zone und können uns am Wechsel der Jahreszeiten erfreuen: Man freut sich im Winter auf den Frühling, im Frühling auf den Sommer, im Sommer auf den Herbst und im Herbst auf den Winter. Der Wechsel machts aus. Wie sagte der Dichter: „Nichts ist schlimmer zu ertragen als eine Reihe von schönen Tagen!"

Obstanbau und Vorratshaltung in früherer Zeit

Spätestens Ende Oktober war bei uns die Obsternte abgeschlossen. Das Obst war früher ein wichtiger Bestandteil der täglichen Ernährung. Nicht umsonst war auch hier in Stiefenhofen noch bis in die 1950er Jahre fast um ein jedes Haus herum ein kleinerer oder auch größerer Obstgarten. Aus den wenig ergiebigen Holzäpfeln und Holzbirnen der Frühzeit haben unsere Vorfahren im Laufe der Jahrhunderte durch Veredelung ertragreiche Sorten herangezüchtet. Die Bäume hatten Hochstämme, hauptsächlich Äpfel- und Birnenbäume, aber auch einige Kirsch- und Zwetschenbäume waren darunter. Heute sagt man dazu „Streuobstwiesen". Gar mancher Bauer hatte 20, 30 und auch noch mehr Obstbäume in seiner „Buind" (eingezäunter Obstgarten). Viele, hauptsächlich ältere Bäume, sind im Jahre 1956 eingegangen. Der Januar 1956 war sehr mild und deshalb kamen die Bäume frühzeitig in Saft und sind dann bei den extrem tiefen Temperaturen des Monats Februar, oftmals auch bei Tage bis minus 25 Grad, erfroren. Große Temperaturunterschiede – auch zwischen Tag und Nacht – sind für die Obstbäume schädlich.

An warmen, sonnigen Tagen Ende Februar und Anfangs März wurden die Bäume „geputzt", d. h. dicke, verwachsene Äste sowie die Wassertriebe wurden weggeschnitten und hinterher wurden die Moose und Flechten an den Baumstämmen mit einem „Baumkratzer" abgekratzt. Abschließend wurden die Baumstämme an ihrer Süd- und Westseite mit einer weißen Kalkbrühe angestrichen. Das sollte eine zu starke Wärmeaufnahme und somit das Aufreißen der Rinde verhindern, aber auch Parasiten, die sich in der Baumrinde eingenistet hatten, sollten damit vernichtet werden.

In unserer rauen Höhenlage gedeihen die Obstbäume am besten an sonnigen und windgeschützten Südhängen. Dagegen sind Tallagen, weil es da oft zu Spätfrösten kommt, weniger geeignet. Meistens hatte man frühe und späte Sorten, damit bei einem etwaigen Frost nicht alle Blüten und Knospen kaputt gingen. An den sonnigen Süd- und Ostseiten der Häuserwurde auch anspruchsvolles Spalierobst erzeugt. Neben der Gewinnung von Obst trägt so ein Obstgarten zu einem schönen Landschaftsbild bei. Obstbäume werden oft sehr alt – Birnbäume können ein Alter von 80–120 Jahren erreichen. Das Holz von Obstbäumen hat einen sehr hohen Brennwert und war deshalb als Brennholz sehr geschätzt. Es macht „zweimal warm", sagte man. Das erste Mal beim Fällen und Zersägen der Baumstämme wie auch beim Spalten der Äste und Stämme und das zweite Mal beim Heizen im Kachelofen. Nach einer behördlichen Anordnung um 1860 mussten entlang der Land- und Gemeindestraßen Bäume, auch Obstbäume, gepflanzt werden. Aus einer Meldung der damaligen Gemeinde Harbatshofen an das Landgericht Weiler geht hervor, „dass die Obstbäume vielfach schlecht aufzubringen seien, weil der Boden zu schlecht, der Wind zu stark und das Klima zu kalt sei". An der Straße von Harbatshofen nach Grünenbach stehen auch heute noch viele Obstbäume.

Als erste Früchte werden die Beeren reif. Alle Sorten von Beeren: wie Heidelbeeren, Himbeeren, Erdbeeren, Johannisbeeren, Stachelbeeren, Brombeeren sowie auch Holunder (Holder) wurden gesammelt und zu Marmelade verarbeitet. Honig lieferten die Bienen.

Mitte September war der „Holder" (der schwarze Holunder) reif. Wenn der Holunder erst reif wurde, wenn die Schwalben schon nach Süden geflogen waren, konnte mit einer guten Ernte gerechnet werden. Das Pflücken der Holderdolden ging relativ schnell. Das „Abbeerle" dagegen nahm viel Zeit in Anspruch. Die Holunderbeeren sind sehr vitaminreich und deshalb sehr gesund. Sie wurden zu Marmelade, Holdermus oder Holdersuppen verarbeitet. Äpfel sollen sehr gesund sein. Ein englisches Sprichwort sagt: "An apple a day keeps the doctor away!" (Das heißt, jeden Tag einen Apfel essen und man braucht keinen Arzt). Die Äpfel haben einen hohen Vitamingehalt und das enthaltene Pektin soll einen sehr hohen Gesundheitswert haben. Es gab (gibt) milde und raue, saure und süße, saftige und weniger saftige Sorten.

Früher in unserer Gegend angebaute **Apfelsorten**: Jahr-, Leder-, Schmalz-, Klose-, Rot-, und weisse Kläräpfel, Jokebacher, Rottacher, Jakob Lebel, Jakob Fischer, Goldrenette, Goldparmäne, Transparent, Bonapfel, Boskop, Josef Musch, Berlepsch, Gravensteiner, Ontario, welsche Isner, u.a.m.

Birnensorten: gute Graue, Geißhütler, Ingeler, Witfelder, Gelbmöstler, Gilbler, Glöckler, Kongreß, Spitz-, Lang-, See-, Würger-, Butterbirnen u.a. mehr.

Das Tafelobst wurde von etwa Ende September bis Mitte Oktober „brocket" (gepflückt) und eingelagert; denn wie sagt ein Sprichwort „St. Gall (16. Okt.) bringt die Kuh in den Stall und den Apfel in den Sack". Beim Pflücken der Äpfel musste man sehr vorsichtig sein, damit die Äpfel keine Druckstellen bekamen, die das Faulen begünstigt hätten. Im Haus wurden die Äpfel in kühlen und nicht zu feuchten Räumen auf Holzregalen ausgelegt; reihenweise mit dem Stiel nach oben und dem Butzen nach unten – so sollen sie am längsten halten. Es gab Apfelsorten, die bis in den April hielten und die „Jahräpfel" gab es fast bis zur neuen Ernte. Es gab nur wenig Birnensorten, die über einen längeren Zeitraum lagerfähig blieben. Viele Birnen wurden in der Backröhre oder auf der Herdplatte des Holzkohleherdes, aber auch in speziellen Obstdarren, gedörrt, um sie zu Weihnachten zum Backen der „Singate" (Birnenbrot) zu haben. Äpfel wurden auch in Scheiben geschnitten, an einer Schnur aufgehängt und über dem warmen Kachelofen getrocknet und so haltbar gemacht. Einiges Obst wurde gekocht und in Weckgläsern eingemacht. Da das Essen damals immer eher knapp war, wurden die Äpfel zur Zubereitung von vielerlei Gerichten verwendet: Da gab es Apfelmus, -kompott, -schnitze, -krapfen, -küchle, -kuchen, -brot, -spätzle, -kratzate und einige andere mehr.

Schlechteres Obst, sowohl Äpfel wie Birnen, wurde von den Bäumen geschüttelt, „ufglese" (eingesammelt) und vermostet. Das Auflesen von kleinen Birnen wie Witfelder, Gelbmöstler, Glöckler war zwar eine leichte, aber doch eine langweilige Arbeit, weil man sich ständig bücken musste. Die Kinder mussten oftmals diese Arbeit übernehmen. Auf jedem Hof standen einige hölzerne Mostfässer im Keller mit einem Fassungsvermögen von 50 bis 300 Litern. Viele Bauern hatten selbst eine Mosterei-Einrichtung: Eine Obstmühle mit einem eisernen Mahlwerk und steinernen Walzen sowie eine gusseiserne Obstpresse.

Obstmühle mit Handantrieb   *ebenso auch die Obstpresse*

Wer selbst keine Anlage hatte, ging mit seinem Obst zum Nachbarn, um dort zu „mosten". Wenn man genug Obst gesammelt hatte, fing man mit dem „Mosten" an.

Dazu wurde das Obst in einem großen hölzernen Zuber, der mit Wasser gefüllt war, gewaschen und danach in die Mühle geschüttet. Zwei kräftige Personen mussten an der Kurbel der Mühle drehen und das zerschnittene und gequetschte Obst (die Maische) fiel unten heraus und wurde in einem Behältnis aufgefangen. Dann wurde die Maische in die Obstpresse geschüttet und gepresst. Eine vollgefüllte Presse nannte man einen „Druck". In der Obstpresse wurde die Maische durch kraftvolles Drehen an der Spirale zusammengequetscht und ausgepresst. Unten an der Presse lief der Saft in einen Eimer. Der gewonnene Saft wurde durch ein Tuch geseiht und in die Mostfässer geschüttet. Das volle Fass wurde mit einem sogenannten Gärspund verschlossen.

Hatte man zu wenig Obst, dann wurde der Trester (das ausgepresste Obst) in einem Zuber eingeweicht und ein paar Tage später nochmals ausgepresst. Der verbliebene Abfall wurde danach auf einer Wiese verteilt. Der „Nachdruck" war nicht mehr so gehaltvoll und hatte, nachdem er vergoren war, auch weniger Alkohol. Doch bei der Heuernte im nächsten Jahr, wenn der Durst der „Heibar" groß war, war es gut, wenn das Getränk nicht zu viel Alkohol enthielt. Für einen „Druck" brauchte man etwa 30–40 kg Obst, das ergab ungefähr 20 Liter Saft, je nach Obstsorte. Um 500 Liter Saft zu bekommen, brauchte man etwa 20 Zentner Obst. Zusammen mit dem Nachdruck ergaben 20–25 Zentner Obst etwa 800 Liter Flüssiges. Noch einige Tage nach dem Pressen konnte man den Apfel- oder Birnensaft so trinken, danach fing er an zu gären und es gab den „Suser", der vorzüglich schmeckte, aber auch eine entschlackende und somit gesundheitsfördernde Wirkung hatte. Ein Arzt in der Bodenseegegend sagte einmal, dass er während der „Suserzeit", weniger Patienten in seiner Sprechstunde habe.

Nach etwa drei Monaten war der Zucker des Obstes in Alkohol verwandelt und der Most trinkfertig. Hatte man mehr Obst, als man vermosten bzw. einlagern konnte oder wollte, dann wurde es „eingeschlagen". Also auch zuerst gemahlen und die Maische in eine „Brennstande" (hölzernes Fass von 100–2000 Liter Fassungsvermögen) eingefüllt. Nach 2–3 Monaten war die Maische vergoren und man brachte sie zu einer Brennerei, um daraus „Schnaps brennen zu lassen" (zu destillieren). In unmittelbarer Nähe gab es ein paar kleine Brennereien. In älteren Unterlagen heißen sie „Brandweiner", diese durften auch Schnaps ausschenken. 12 Liter Maische ergeben etwa 1 Liter Obstler mit 50 % Alkohol. Den Obstler nahm man gerne zum Einreiben bei den verschiedensten Gelenk- und Gliederschmerzen, auch bei Kopf- oder Zahnweh wurde er verwendet, aber auch um Wunden zu desinfizieren. Bei Bauchgrimmen und nach einem fetten Essen wurde (wird) er ebenfalls eingenommen. Als Seelentröster und bei einer guten „Hostube" (Unterhaltung) war (und ist) er immer noch beliebt. Destilliertes Obst (Schnaps) hält sich jahrelang, wenn es nicht schon vorher verkonsumiert wird! Obst wurde aber auch zu Kompott verarbeitet und in Gläser eingemacht oder auch getrocknet und war als Dörrobst viele Monate haltbar. Volle Mostfässer im Keller waren der Stolz eines jeden Bauern – denn dann konnte er diesbezüglich ohne Sorgen dem nächsten „Heibat" (der Heuernte) entgegensehen.

Holzzuber, Mostfässer und eine „Brennstande" im Keller eines Bauern – um 1950

Wenn die Tage kürzer und die Schatten länger werden, dann geht es langsam aber sicher dem Herbst zu und dem Winter entgegen. Es wird also höchste Zeit, sich auf den Winter vorzubereiten. Vorräte müssen angelegt werden, um die kalte Jahreszeit, wenn die Natur ruht, zu überleben. Heute braucht sich der Normal-Sterbliche deswegen kaum Gedanken zu machen. In den einschlägigen Fachgeschäften und Supermärkten sind die Regale stets reichhaltig gefüllt. Die Nahrungsmittelangebote kommen aus der ganzen Welt. Doch – das war nicht immer so! Fast jedermann musste sich in früheren Jahrhunderten überlegen, wie er die Ernte des Sommers und des Herbstes haltbar einlagern konnte, um im Winter etwas zu essen zu haben. Und da es damals weder Kühlschränke noch Kühltruhen gab, musste mit anderem Hilfsmittel die Ernte haltbar eingelagert werden.

In ländlichen Gegenden hatte fast jedermann eine kleine Landwirtschaft oder wenigstens einen kleinen Garten, wo man während des Sommers Früchte und Gemüse oder Getreide anbaute, das man für den Winter einlagern konnte.

Das Getreide wurde von Hand gemäht, zu Garben zusammengebunden und noch auf den Feldern auf sogenannte Hocken zusammengestellt, damit es noch schön austrocknen konnte. Schließlich wurden die Garben nach Hause gefahren und in der Scheune oder Tenne gestapelt. Sobald man Zeit hatte, wurde es in der Tenne mit Dreschflegeln ausgedroschen und die Getreidekörner in trockenen Räumen aufbewahrt, wo sie jahrelang haltbar waren. Für die wenigen Rinder hatte man im Sommer das Gras getrocknet und in der Scheune eingelagert. Ende September und Anfang Oktober wurden die Kartoffeln geerntet, getrocknet und im Keller auf sogenannten „Grumbrebohna" (Kartoffelbühnen) eingelagert. Kartoffeln wurden in kühlen dunklen Kellern in größeren Mengen eingelagert, wo sie leicht im nächsten Jahr bis ins späte Frühjahr haltbar waren. In den Kriegs- und Nachkriegsjahren hatte man meistens selbst Kartoffeln angebaut und später hat das Raiffeisenlagerhaus in Stiefenhofen in manchem Herbst einige Waggons mit losen Kartoffeln ausgeladen. Kartoffeln waren und sind ein beliebtes, vollwertiges und billiges Nahrungsmittel. Gar mancher Bauer hatte im Herbst 20–30 Zentner in seinem Keller eingelagert. Was man selber nicht verzehren konnte, wurde über die Schweine veredelt.

Auch Weißkraut wurde angebaut oder zugekauft. Die Geschwister Wagner in Stiefenhofen haben viele Jahre jeden Herbst einen ganzen Waggon voll mit Weißkrautköpfen am Bahnhof in Harbatshofen ausgeladen und an die Kunden verkauft. Tage später gingen die „Störhobler" mit einem Krauthobel auf dem Rücken in viele Häuser, um die Krautköpfe zu hobeln. Das gehobelte Kraut wurde in die sogenannte „Krautstande" (ein hölzerner oder auch ein tönerner Bottich), mit Salz und Wachholderbeeren vermischt, mit einem hölzernen Stößel eingestampft. Nach etwa vier Wochen haben die Milchsäurebakterien das Weißkraut in das allseits bekannte und beliebte Sauerkraut umgewandelt. Sauerkraut kann monatelang gelagert werden.

Gelbe Rüben, Rettich und Kohlrabi wurden in Sand eingelegt. Hülsenfrüchte, wie Bohnen, Erbsen und Linsen wurden luftgetrocknet und waren, trocken gelagert, jahrelang haltbar. Zuckerrüben wurden geschnitzelt, gekocht und eingedickt und waren als „Sirup" (süßer Brotaufstrich) im Winter sehr begehrt. Weil die Hühner in früheren Jahren im Winter keine oder nur wenige Eier gelegt haben, wurden schon im Spätsommer die Eier ins Wasserglas gelegt, um sie zu konservieren. Hagebutten sowie auch andere Arten von Kräutern und Blüten wurden gesammelt und in der Luft getrocknet, um sie im Winter als Tee zum Trinken, aber auch für diverse Wehwehchen zu haben. Solange man hier noch Getreide anbaute, wurde das Getreide nach dem

Dreschen in einem Fruchtkasten auf dem Dachboden oder in einem anderen trockenen Raum gelagert, von wo man es bei Bedarf zu einem Müller brachte, der es dann gemahlen hat. Nachdem hier der Getreideanbau eingestellt wurde, kaufte man das Mehl im Herbst noch viele Jahre immer sackweise, mindestens 25 kg oder 50 kg oder auch mehr. Auch Salz und Zucker wurden immer in größeren Mengen angeschafft; man wollte im Winter einen Vorrat haben.

Das Gras für die Tiere wurde während des Sommers getrocknet und in die Heuschinden (Scheunen) zur Lagerung eingefahren. Die Tiere haben im Laufe des Winters das Heu in Fleisch und Milch umgewandelt. Milch gaben die Kühe oder Ziegen jeden Tag frisch. Aber auch Milch kann haltbar gemacht werden. Die Milch wurde zu Butter und Käse verarbeitet und war damit lange Zeit haltbar. Um die Butter noch länger haltbar zu machen, wurde sie in einer großen Pfanne über dem Feuer verflüssigt und einige Zeit gekocht (ausgelassen), damit das enthaltene Wasser verdampfte. Wenn alles heiß und flüssig war, wurde mit einer Schöpfkelle das heiße Fett abgeschöpft und durch ein Sieb in ein Steingut-Gefäß abgefüllt. Im Sieb sammelte sich eine kleine körnige Masse, die man „Sidre" nannte. Sie wurde den Röstkartoffeln beigemengt.

Tiere wurden, wenn es notwendig war, geschlachtet, dann hatte man für ein paar Tage Frischfleisch. Jedermann versuchte bis zum Winter ein fettes Schwein zu mästen, das man dann in der kalten Jahreszeit schlachtete. Der Schweinespeck wurde in kleine Würfel geschnitten, dann in der Pfanne auf dem heißen Herd geschmolzen, bis alles flüssig war und nur noch die „Grieben" übrig blieben. Das dadurch entstandene Schweineschmalz war dann monatelang haltbar. Schweinefleisch wurde eingepökelt und nachdem es etwa vier Wochen in der Salzlake gelegen hatte, im Kamin oder in einer Räucherkammer geräuchert. Geräuchertes Schweinefleisch hält auch monatelang. Aber auch Schafe und Ziegen, Hühner, Enten und Hasen bereicherten den Speisezettel.

So hatten auch unsere Vorfahren für den ganzen Winter Vorräte eingelagert und brauchten kaum aus dem Haus zu gehen. Für die warme Stube sorgte der Kachelofen. Brennholz und auch „Wasen" (Torf) wurden in den Sommermonaten getrocknet und im Herbst rechtzeitig ins Haus gebracht, am besten bei „übergehendem Mondzeichen", aber auch in einem trockenen Raum gelagert, damit es auch den Winter trocken blieb. Viele Berufe wie: Schneider, Sattler, Schuhmacher, Weber usw. hatten ihre Werkstatt im Wohnzimmer (Stube). Denn die Stube war in der Regel der einzige heizbare und warme Raum im Haus. Man sparte damit aber auch Heizmaterial, weil nur ein Raum geheizt wurde.

Kein Fernseher, noch Radio oder Kassettenrecorder störten diese Ruhe. Die Gespräche der Menschen, das Surren der Spinnräder, die schnurrende Katze oder der um das Haus pfeifende Wind werden die einzigen Geräusche gewesen sein.

Doch diese Unabhängigkeit hatte auch ihre Tücken, denn bei einer Missernte waren Hunger und Teuerung die Folge. Und Missernten gab es immer wieder. Mit dem Einzug der Eisenbahn und der beginnenden Industrialisierung ausgangs des 19. Jahrhunderts kamen Güter aus ferner gelegenen Gebieten ins Allgäu, die eigene Vorratshaltung war nicht mehr so notwendig. Und deshalb ist vieles in Vergessenheit geraten. Die Versorgungssicherheit ist zwar größer geworden, aber damit auch die Abhängigkeit von den Märkten der großen, weiten Welt.

Die Versorgung der Bevölkerung mit Nahrungsmitteln ist heute sicherer geworden – trotz der Bevölkerungsexplosion in vielen Teilen der Welt. Um das Jahr 1800 lebte rund 1 Milliarde Menschen auf der Erde. Um 1900 – nur 100 Jahre später – waren es knapp 2 Milliarden. Und wieder 100 Jahre später, also im Jahr 2000, waren es rund 6 Milliarden und im Jahr 2013 schon sieben Milliarden. Das ist das Siebenfache wie anno 1800. Mittlerweile stagniert die Bevölkerungszunahme in vielen hochentwickelten westlichen Ländern. In manchen ländlichen Gebieten Deutschlands stehen schon viele Häuser leer. Leere Häuser, leere Schulen und Kirchen, leere Gasthöfe. – Wie wird es weitergehen?

Wenn heute der Viehhändler oder der Metzger auf einen Hof kommt, um ein Stück Schlacht-Vieh zu kaufen, dann ist das meist schnell erledigt. Der Lastwagen kommt am nächsten Tag, um das gekaufte Stück Vieh abzuholen, oder es wird mit Traktor und Viehwagen zum Metzger gebracht. Das Nutzvieh wird heute vielfach auf den Auktionen in Kempten veräußert. Das war nicht immer so. Zwar kamen auch schon früher die Viehhändler auf die Höfe, um Vieh zu kaufen oder auch um zu verkaufen. Mit wortreichen Palavern wussten sie das Vieh, das sie verkaufen wollten, anzupreisen, um höhere Preise zu erzielen, und dasjenige, das sie kaufen wollten, madig zu machen, um die Preise zu drücken. „Ein Händler, der nicht schwätzen kann, macht auch kein Geschäft." Das Handeln mit Tieren war einfach, der Transport dagegen nicht immer. Kleinere Tiere, wie Schweine und Kälber wurden in die sogenannte „Sautrucke", die man auf einen Wagen stellte, gesteckt und mit dem Pferdefuhrwerk zu einem Metzger in der näheren Umgebung gefahren. Rinder und Kühe wurden von einer Person am Halfter geführt und zu Fuß zum Schlachten gebracht, wobei meistens jemand (Kinder) hinterher laufen und mit einer Rute „treiben" musste. Manchmal gab es dann sogar einen „Treiberlohn".

Nun war es aber nicht so, dass der lokale Markt alle Schlacht- oder Nutztiere aufgenommen hätte. Viel Vieh wurde an Händler verkauft, die überregionale Märkte belieferten. Dann mussten die Tiere zu den Bahnhöfen getrieben werden und wurden dort in Waggons verladen und an entfernter liegende Märkte oder Schlachthöfe transportiert. Heute wird das mit Lastwagen oder Viehtransportern erledigt. Im 19. und noch bis Mitte des 20. Jahrhunderts gab es im Herbst, so ab Mitte September, wenn das in den „Bergen" (Alpen) gesömmerte Vieh wieder zu Hause war, die damals sehr bekannten Vieh- und Krämermärkte in Oberstaufen, Immenstadt und Sonthofen, um nur einige zu nennen. Sonthofen soll der größte Markt im Allgäu gewesen sein. Hier wurden, wie Schelbert in seinem Buch „Das Landvolk des Allgäus" schreibt, an 2 Märkten (jeweils am 14. September und 16. Oktober) 3000–5000 Tiere aufgetrieben. (Auch in Oberstaufen sollen bis zu 1000 Tiere auf den Markt am 12. September gekommen sein). In Gruppen zu 10, 20, 30 Stück und oft auch noch mehr wurden die Tiere aus dem Oberallgäu, dem Kleinen Walsertal und auch dem Westallgäu (vom Staufner Markt) zum Markt nach Sonthofen getrieben. Durch das Lecknertal kamen die Bauern aus dem Bregenzerwald mit ihrer wohlfeilen Herde. Aus dem Tannheimertal brachten die Tiroler ihr Vieh. Über das Mädelejoch und über den Schrofenpaß die Bauern aus dem oberen Lechtal und dem hinteren Bregenzer Wald.

Ein Schäfer zieht mit seiner Schafherde durch Stiefenhofen – um 1952

Viehschau in Oberstaufen – nahe Bahnhof 1922

Entlang der Straßen und Triebwege war alles zugezäunt. Den Vereinödungsprotokollen aus den Jahren 1770–1800 ist zu entnehmen, dass die Grundstückbesitzer an den Grenzen zu den Nachbarn und an den Straßen und Triebwegen überall Zäune errichten mussten. Doch waren es damals noch keine Zäune mit Stacheldraht oder gar elektrische Weidezäune, sondern sehr arbeitsaufwändige Häge aus Pfählen, Stangen und Latten oder Weidengeflechten. Auf diesen eingezäunten und schmalen Wegen wurden die Tiere getrieben und man kann sich heute kaum mehr vorstellen, was für ein Durcheinander entstanden sein muss, wenn sich zwei Herden begegneten.

Es habe auf den Vieh- und Krämermärkten immer ein reges Treiben geherrscht; waren doch die Märkte die Höhepunkte des Bauernjahres. Es kam Geld ins Land. Darum schlossen sich solchen Märkten auch immer Krämermärkte mit Verkaufsständen und Buden, aber auch ein Vergnügungspark an. Man konnte seine Vorräte für den Winter kaufen. Eine große Zahl von Viehhändlern hielt sich an solchen Tagen in Sonthofen auf – darunter seien auch sehr bekannte gewesen. Wenn nun diese bekannten Viehhändler auf dem Markt anwesend waren, dann habe man gewusst, dass die Nachfrage nach Zucht- oder Schlachtvieh groß war und gute Preise zu erwarten waren. Manchmal jedoch hielten sich aber diese Herren längere Zeit versteckt, um dann zu späterer Tageszeit günstig einkaufen zu können.

Die Preise für die Tiere wurden ausgehandelt, per Handschlag abgeschlossen, und bar in Silbermünze ausbezahlt. Als noch Silbergeld im Umlauf war, hatten die Viehhändler Geldboten dabei, die das schwere Geld in einer Geldkatze, die sie am Leib trugen, tragen mussten. Jeder Viehhändler hatte auf dem Markt einen bestimmten Platz, auf dem das von ihm gekaufte Vieh gesammelt und eingepfercht wurde. War der Einkauf abgeschlossen, so wurden die gekauften Herden zu 20, 50, 100 und auch mehr Stücken weiter getrieben ins Unterland bis nach Memmingen, München und sogar auch bis nach Ungarn.

Aber auch in Richtung Süden nach Oberitalien und der Schweiz wurden Herden getrieben. So schreibt Peter Dörfler in der „Allgäuer Trilogie" von einer Herde von 300 Stück bestehend aus Kälbern, Rindern, Kühen, Stieren und auch Pferden, die in tagelangen Märschen über den Schrofenpaß, das große Walsertal, Bludenz, Liechtenstein, Chur, den Julierpaß hinauf und den Malojapass wieder hinunter nach Chiavenna bis nach Rovereto gebracht wurde. Alte und erfahrene Treiber sowie junge Burschen, die sich ein paar Mark verdienen und etwas von der Welt sehen wollten, brachten die Tiere in kraftraubenden Märschen in den Süden. Die Herbstmärkte waren sehr früh angesetzt und zwar deshalb, damit man noch vor Wintereinbruch mit den Viehherden die Alpenübergänge passieren konnte. Eine Vorhut hatte an den verschiedenen Lagerplätzen Heu aufgekauft, das dann an den Tagesrastplätzen an die Tiere verfüttert wurde, bevor die Treiber mit ihrer Herde am nächsten Morgen weiterzogen. Aber es konnte auch passieren, dass bei einem vorzeitigen Wintereinbruch die Herde durch knietiefen Schnee weiterziehen musste.

Durch Lawinenabgänge kam es zu Ausfällen, die Tiere waren ermüdet, die Treiber auch, dazu noch nass, durchfroren und hungrig – doch der Zug musste weiter, denn die Markttage in Rovereto und Bergamo waren bereits festgesetzt. Nachdem die Treiber die Herden am Bestimmungsort abgegeben hatten, machten sie sich in südlicher Sonne noch ein paar schöne Tage, um danach wieder nach Hause zu marschieren.

Auch das war die „gute alte Zeit."

„Geld ist nicht alles, aber ohne Geld ist alles nichts!" sagt ein altes Sprichwort. Zum 1. Januar 2002 wurde der Euro in zwölf europäischen Ländern offizielles Zahlungsmittel. Bei aller Skepsis, die man dem neuen Zahlungsmittel entgegenbrachte, hatte man sehr bald die Vorzüge der länderübergreifenden Währung kennen und schätzen gelernt. Endlich konnte man – ohne lange Kopfrechnen zu müssen – die Preise für Waren oder Dienstleistungen im benachbarten Ausland mit den hiesigen vergleichen. Inzwischen sind fast 30 Staaten in Europa im Euro-Währungsverbund.

Beinahe jeden Tag liest man in der Zeitung, dass einige Partner in diesem Verbund in Zahlungsschwierigkeiten geraten. Doch wenn ein Land nicht in der Lage ist, seine Probleme alleine zu lösen, müsste es gemeinsam doch möglich sein! Einigkeit macht stark! „Gemeinsam sind wir stark!" „Einer für alle, alle für einen" ist die Parole der Genossenschaften. Das ist auch Sinn und Zweck einer Gemeinschaft. Wie heißt es in einem Lied: „Wenn's dir gut geht, hast du viele Freunde auf der Welt, wenn's dir schlecht geht, brauchst du einen, der trotz allem zu dir hält!" Natürlich gilt es wachsam zu sein und die Augen offen zu halten. Durch Fehler wird man klug. Vertrauen ist gut, Kontrolle ist besser.

Wie sehr die Weltwirtschaft im internationalen Geldmarkt verbunden ist, konnte man 2008 feststellen, sehr zum Leidwesen von Aktionären, Banken, Anlegern, Sparern. Die Aktienmärkte brachen zusammen und Banken gingen Pleite. Ausgegangen war das Desaster vom amerikanischen Kapital- und Immobilienmarkt und viele Länder wurden davon in Mitleidenschaft gezogen, ja, sie standen kurz vor dem Bankrott. Die Rational- und Globalisierung hat ihren Preis. Die Risiken, welche solche Kapitalanlagen bargen, wurden viel zu spät erkannt. Die Zusammenhänge von unüberschaubaren Schachtelgesellschaften wurden von vielen Fachleuten lange Zeit unterschätzt. Noch in den Monaten Juli und August 2008 berichteten die Wirtschaftsexperten von einer stabilen Wirtschaftslage und sagten für die kommenden Monate ein Wachstum von 3 % voraus. Schon zwei Monate später folgte der Kollaps. Die größten Banken in Amerika gingen Pleite und mit ihnen viele europäische Banken. Hunderttausende von Kleinanlegern verloren ihre Ersparnisse, die sie zu ihrer Alterssicherung angelegt hatten. Die Sparer waren verunsichert und holten ihre Ersparnisse bei den Banken und ließen das Geld lieber zu Hause liegen, als es in riskanten Geldgeschäften anzulegen. Die Folge war, dass viele Banken kein Geld verleihen konnten, einfach deshalb, weil sie keines mehr hatten. Die Wirtschaft, auf Kredite angewiesen, bekam kein Geld mehr. In dieser Notlage mussten die Regierungen einspringen, den Banken Geld leihen und Sicherheiten übernehmen, um die Wirtschaft zu stützen.

Da war die Selbstversorgung in früheren Zeiten doch sicherer. Man war zwar dem Klima und dem Wetter ausgeliefert. Wenn wegen eines nassen, kalten oder trockenen Sommers die Ernte schlecht ausfiel, gingen die Nahrungsmittelpreise in die Höhe. Doch Fehlentscheidungen in einem fremden Land brachten den heimischen Markt nicht in Schwierigkeiten. In früheren Zeiten produzierte die hiesige Landwirtschaft in der Hauptsache nur für den eigenen, heimischen Bedarf. Neben einer kleinen Viehhaltung wurde auch in unserer Höhenlage Getreide angebaut, in der Hauptsache waren es anspruchslose Sorten wie Gerste, Hafer und Veesen und natürlich auch Flachs. Der Flachs wurde in vielen Arbeitsgängen bearbeitet und schließlich gesponnen und zu Leinentüchern gewoben. Leinen wurde neben Schafwolle zur Herstellung von Kleidung und Bettwäsche gebraucht. Die Spelzen des Hafers, „Helba" genannt, wurden in Säcke gefüllt als Schlafunterlage verwendet. Die meisten Arbeiter hatten neben ihrem Beruf zuhause einen Garten oder eine kleine Landwirtschaft, damit sie sich mit dem Lebensnotwendigen versorgen konnten. Man war in vielen Sachen unabhängig. Auch in kleinen Gemeinden gab es eine Pfarr-, eine Kaplanei- und eine Lehrer-Widum. So wird es wohl viele Jahrhunderte lang gewesen sein.

Quittung über 12 fl (Anm.: Gulden) Zinsen

„*Wörtlich (12 fl zwelf Gulden) welche ich Endesunterfertigter von Vorsteher Aichele in Stiefenhofen an verfallenem Jahres Zins pro 2. März 1846 von dem angelegten Kapital bei Georg Gschwender in Buflings unter Heutigem erhalten zu haben bescheint. Zu Stiefenhofen am 2 ten Merz 1846 – unkundig des Schreibens. Handzeichen + + + der Katharina HESS*"

Geld hatte man meist nur wenig und brauchte auch wenig, denn Einkäufe und Dienstleistungen wurden vielfach mit Naturalien bezahlt. Handwerker wurden beim Arbeiten von ihren Auftraggebern verköstigt und am Schluss gab man ihnen ein Stück Käse, etwas Geräuchertes, ein Stumpen Mehl, ein Stück Leinenstoff oder ähnliches mit. Selbst die Zehent-Zahlungen an die Herrschaften oder die Kirche wurden in Naturalien geleistet.

Doch wer ein Haus oder ein Anwesen kaufen wollte, brauchte Geld. Taxen und Protokollierungskosten wurden von Verkäufer und Käufer gemeinsam getragen. Die Käufer hatten meistens nicht so viel Geld, um den Kauf auf einmal bezahlen zu können und mussten sich Geld leihen. Doch wer hatte Geld und lieh es aus? Banken gab es in den ländlichen Gebieten vor 1850 noch kaum. Man musste in der Nachbarschaft oder bei Bekannten um Geld fragen. Oft waren es Stiftungen oder Geistliche, die ihr Geld gegen eine 4–5%ige Verzinsung ausliehen. Ein großer Brocken musste dem Verkäufer angezahlt werden, für den Rest wurden oft drei oder vier Zahlungsziele („Martini", „Lichtmeß", „Georgitag", „Jakobi") vereinbart. Der Schuldner musste einen Schuldschein unterschreiben, der meistens auch vom örtlichen Vorsteher (Bürgermeister) gegengezeichnet werden musste. Bei größeren Summen musste oftmals ein sogenannter „Gutständer" (Bürge) für die Sicherheit des Geldes bürgen. Der errechnete Jahreszins wurde in vier Portionen aufgeteilt und musste zu den vereinbarten Terminen dem Gläubiger gebracht werden. Wenn der Geldgeber nicht lesen und schreiben konnte, musste der Schuldner die angefallenen Quartalszinsen dem Vorsteher bringen, der sie dann an den Kapitalgeber gegen Unterschrift weiterleitete.

Im Jahre 1786 hat der damalige Pfarrer von Weiler in seinen Aufzeichnungen festgehalten: „Das um diese Zeit kurrierende (Anmerkung: im Umlauf befindliche) Geld war folgendes: französische Louisdours à 11 fl, bayerische ganze Maxtour à 7 fl 20 kr und halbe Maxtour à 3 fl 40 kr, bayrische päpstliche Kermeniger, holländische, florentinische und kerentzialische Dukaten à 5 fl, französische Laubthaler à 2 fl 42 kr, bayerische Thaler à 2 fl 24 kr und endlich andere kleine Conventionsmünzen per 24 kr, 12 kr, 6 kr und 3 kr, wie auch Kupferkreuzer, Zweyer und Heller."

Bis gegen Ende des 19. Jahrhunderts gab es in Deutschland nur Münzgeld: Gold-Silber- und Kupfermünzen. Der auf den Münzen eingestanzte Wert war gleich dem Wert des Metalls des jeweiligen Geldstückes. Bis 1873 gab es hier bei uns Gulden und Kreuzer. Die größte Münze war ein Fünf-Gulden-Stück. Eine Kuh kostete im Jahr 1840 etwa 150 Gulden (fl), das waren rund 30 Fünfguldenstücke, die zusammen ein Gewicht von etwa 6 kg auf die Waage brachten. Der Gulden wurde im Jahre 1873 von der Reichsmark abgelöst. Der Umtauschkurs war 1 Gulden = 1,71 Reichsmark. Mit der Reichsmark kam auch das Papiergeld allmählich in den Handel. Doch das Papiergeld hatte nur einen fiktiven Wert. Der Wert des Papieres war gleich Null. Kein Wunder, dass man am Anfang dem Papiergeld nicht getraut hatte. Doch schließlich haben die Vorteile überwogen. Das Papiergeld war praktisch und bequem. Man konnte große Mengen Geld einfach in der Brieftasche oder Handtasche mitnehmen. 50 Jahre ging es gut.

Um 1810 waren die Vereinödungen in der heutigen Gemeinde Stiefenhofen zum größten Teil abgeschlossen. Die Flächen waren nun arrondiert (zusammengelegt). Viele Bauernhäuser in den geschlossenen Dorflagen waren dort abgebrochen worden und sind in den neu zugeteilten Feldern wieder aufgebaut worden. Die Bewirtschaftung der Höfe war nun einfacher geworden. Der Bauer konnte jetzt sein Vieh bei der Stalltüre hinaustreiben und nach einigen Metern standen die Tiere mitten im eigenen Feld, ohne lange laufen zu müssen. Die Wege zum Heuen, Mist- oder Güllefahren waren nicht mehr weit. An die Einsamkeit auf den Einödhöfen und die längeren Wege ins Dorf und zur Kirche hatten sich die Bewohner inzwischen gewöhnt. Die Aufhebung der Lehensgüter, der Wegfall der Zahlungen von Gilten oder Zehent hatte einen positiven Effekt bewirkt. Der Bauer war nun sein eigener Herr auf seinem Hof und konnte nach eigenem Gutdünken schalten und walten. Alles wäre gut gewesen, wenn nur die finanzielle Situation besser gewesen wäre. Bedingt durch die maschinelle Herstellung von Leinwand und die Einfuhr billiger Baumwolle aus Ägypten war der Anbau und die Verarbeitung von Flachs unrentabel geworden. Diese Einnahmen fehlten jetzt. Die Not in den ländlichen Gebieten des Allgäus war groß. In den Hungerjahren 1816 und 1817 fiel die Getreideernte fast ganz aus, weil das Getreide wegen des ständigen Regens und der Kaltlufteinbrüche nicht reif geworden ist und am Boden verfaulte.

In den Jahren 1845–1848 hat auf vielen Kartoffelfeldern eine Kartoffelkrankheit namens „Phytophthora" grassiert. Ganz stark von dieser Seuche waren die Kartoffelfelder in Irland betroffen, das sich sehr stark für den Anbau von Kartoffeln spezialisiert hatte. Von acht Millionen Menschen, die damals in Irland wohnten, sind in diesen Notjahren mehr als eine Million verhungert und über zwei Millionen in der Folgezeit nach Amerika ausgewandert. Auch in anderen westeuropäischen Ländern ist die Krankheit nicht ohne Folgen geblieben. Die Nachfrage nach Nahrungsmitteln war auch hierzulande groß und die Preise sehr hoch. Zwar waren jetzt die Bauern die Herren über ihre Besitzungen. Manche wollten sogar ihren Besitz noch vergrößern, doch fehlte ihnen oft das dazu nötige Kleingeld. Banken gab es in den ländlichen Gegenden noch kaum. Einige liehen sich Geld bei unseriösen Maklern, die sich mit Grundschuldverschreibungen absicherten und horrende Zinsen kassierten. Andere Bauern waren verschuldet und wollten durch den Verkauf von Wiesen oder Holzmarken (Waldgrundstücke) ihre finanzielle Lage verbessern.

Zwanzig Mark Geldschein von 1910

In den Jahren von 1825 bis 1843 wurden in der damaligen Gemeinde Harbatshofen von 81 Besitzern 145 Plannummern veräußert. Anscheinend wurden keine kompletten Höfe verkauft, denn davon ist in dieser Auflistung nichts erwähnt. Es ging in dieser Meldung in der Hauptsache um die Zersplitterung von Anwesen. Man wollte lebensfähige Hofgrößen erhalten und die bei der Vereinödung erzielten Arrondierungen nicht durch erneute Aufteilungen zunichtemachen. Wenn bestehende Anwesen Flächen dazu gekauft haben und ihren Grundbesitz damit vergrößert haben, waren keine Anmerkungen gemacht worden. Jedoch wurden 125 Plannummern von selbstständigen Anwesens-Besitzern gekauft, aber bereits 20 Plannummern von „Häuslern und Tagelöhnern." Von den 81 Dismembrationen wurden 76 von den Besitzern selber getätigt, fünf aber von so genannten Unterhändlern. Die Unterhändler (Makler) waren an hohen Gewinnen interessiert und haben die gekauften Anwesen oder Grundstücke

„dismembriert" (zertrümmert – aufgeteilt) und separat verkauft. Das brachte dem Händler eine größere Rendite. Teilweise wurden auch Flurparzellen an „stundenweit entfernte Käufer" verkauft.

„Waldungen würden abgeholzt, das Holz gewinnbringend verkauft und die abgeholzten Flächen als Waldgrundstücke oder Viehweiden weiterveräußert. Da die Waldungen oft an Berghängen oder in Schluchten gestanden haben, seien infolge der Abholzung schlechte Weideflächen entstanden", schreibt der damalige Vorsteher von Harbatshofen Franz Joseph Specht. Wenn ganze Wälder abgeholzt werden, haben auch die Stürme eine Angriffsfläche und die Schäden an den stehenden Waldgrundstücken der Nachbarn sind oft groß. Durch dieses Vorgehen, schreibt Specht weiter, haben sich die Preise für kleine Güter, ebenso die Preise für Vieh und Futtermittel verdoppelt, was aber ungesund sei und manche Bauern in die Concourse treibe. Das Hauptproblem war einfach das fehlende Geld!

Der Landrichter von Immenstadt schickte am 11. September 1844 ein Rundschreiben an die Herrn Pfarrer und Gemeindevorsteher mit der Bitte um Bekanntgabe, die Einführung einer Spar-Kassa Anstalt betreffend:

Geldanlagen Gesuche betreffend:
Es sind dermahl viele Gesuche um Geld Darlehen von diesseitiger Amtsuntergebener
gestellt – deren Größe sich über 16.000 Gulden beläuft. Wenn sohin bey Stiftungen
oder bey Privaten sich Barschaften für Darlehen vorfinden sollten, so sind die Anzei-
gen schleunigst anher zu erstatten. Womit die verlangte Hilfe geleistet werden kann.
Die Gemeindevorsteher haben dieses schleunigst bekannt zu machen.
Immenstadt, am 11. September 1844 Königl. Landgericht

Wie schon erwähnt, war in den Jahren um 1845 die Not in den ländlichen Gebieten sehr groß. Da die Bauern bei Missernten oftmals gezwungen waren Kredite von privaten Wucherern aufzunehmen, drohte ihnen bei Ernteausfall durch Versteigerung der Verlust des Hofes und damit Verelendung. Doch gab es damals auch Menschen, die sich Gedanken machten und nach Lösungen suchten, um den notleidenden Bürgern zu helfen. Friedrich Wilhelm Raiffeisen, Sohn des Bürgermeisters einer ländlichen Gemeinde im Westerwald, war ein solcher Mann. Er sagte sich, es gibt Menschen, die Geld haben, und andere, die keines haben. Man müsste das Geld an einer Stelle zusammentragen, um es an andere ausleihen zu können. Was einem einzelnen nicht möglich ist, das vermögen viele. Mit dieser Idee fand er Gleichgesinnte und gründete mit ihnen im Hungerwinter 1846/1847 in Weyerbusch den „Brodverein" zur

Unterstützung der notleidenden Bevölkerung. Die Idee der Gemeinsamkeit war geboren.

1852 wurde Raiffeisen Bürgermeister in Heddesdorf bei Neuwied. Dort rief er 1864 die erste Spar- und Darlehnskasse ins Leben. Nachdem die Reichen ihr Geld nicht mehr ohne Sicherheiten zur Verfügung gestellt haben, hat Friedrich Wilhelm Raiffeisen den Kreditnehmern Haftung in seinen Genossenschaften auferlegt.

Etwa um die gleiche Zeit wurde mit Hermann Schulze-Delitzsch ein Abgeordneter in die Preußische Nationalversammlung gewählt. Nach einem Jurastudium übernahm er in Leipzig das Amt eines Patrimonialrichters. In dieser Funktion bekam er einen Einblick in die wirtschaftliche und finanzielle Lage der Handwerksbetriebe. Die Erfindung der Dampfmaschine und der Bau von Eisenbahnlinien hatten die wirtschaftliche Lage der kleinen Handwerksbetriebe total verändert. Das Zeitalter der Massenproduktion hatte angefangen. Viele verarmten – ihnen fehlte Geld, um zu investieren. Wie Friedrich Wilhelm Raiffeisen war auch er der Meinung, dass in dieser Situation die Zusammenarbeit der vielen Kleinbetriebe notwendig wäre, um zu überleben. Es kam zur Gründung von Genossenschaften. Schon 1849 hatte er die Schuhmachergenossenschaft in Delitzsch gegründet. Auf ihn gehen die Vereinsbanken zurück.

Beide Männer haben erkannt, dass die Lösung der Probleme nur in gemeinschaftlicher Zusammenarbeit möglich ist. Was einem Einzelnen nicht möglich ist, geht gemeinsam.

Die Ziele der Genossenschaften waren Hilfe zur Selbsthilfe in einem kleinen überschaubaren Rahmen, wo jeder noch jeden kennt. Wo jeder um die Not wie auch um die Zuverlässigkeit des anderen wusste. Es wurden Leute zu Versammlungen eingeladen und gemeinsam nach Lösungen der anstehenden Probleme gesucht. In der Folge wurden Genossenschaften gegründet und aus den Reihen der Mitglieder Männer und Frauen gewählt, die als Vorstände und Aufsichtsräte die Leitung der Genossenschaften übernahmen. Meistens wurde eine kompetente Person mit der Geschäftsführung beauftragt. Die Bereitschaft, gemeinsam etwas zu leisten und zu unternehmen, machte Schule. Im ausgehenden 19. Jahrhundert und zu Beginn des 20. Jahrhunderts wurden im damaligen Reichsgebiet viele Genossenschaften und Vereine gegründet. So entstanden in diesen Jahren in der heutigen Gemeinde Stiefenhofen: zwölf Sennerei-Genossenschaften, zwei Weidegenossenschaften, eine Herdebuchgesellschaft, ein Darlehnskassenverein, drei Schützenvereine, zwei Feuerwehrvereine, ein Veteranenverein und ein Radfahrerverein.

Auch im Allgäu besserte sich die finanzielle Situation der Bauern allmählich. Etwa um das Jahr 1825 wurde im Allgäu der erste Emmentaler Käse gemacht. Mit der Herstellung von haltbarem Emmentaler Käse war man endlich in der Lage, Käse einzulagern und auch in weiter entfernte Gebiete liefern zu können. Zunächst wurde der Emmentaler Käse nur im kleinen Rahmen in einigen bäuerlichen Kellern produziert. Die Nachfrage nach Käse und anderen Milchprodukten wurde aber ständig größer und damit die Erzeugung solcher Produkte auch interessanter. In den ländlichen Gebieten wurden viele Ställe und Scheunen vergrößert, um mehr Milchkühe halten zu können. Mit mehr Kühen konnte auch mehr Milch erzeugt werden. Die Käseherstellung in den kleinen bäuerlichen Kellern wurde allmählich unbequem, weil die Räumlichkeiten zu klein waren, um produktiv arbeiten zu können. Ab 1853 war auch das Allgäu an das Eisenbahnnetz angeschlossen. Wurden im Jahre 1854 am Bahnhof in Immenstadt nur 200 Zentner Salzbutter verladen, so waren es acht Jahre später bereits 16 800 Zentner Käse.

Allerorten wurde fleißig gebaut: Die 1901 abgebrannte Schule in Genhofen wurde noch im gleichen Jahr wieder aufgebaut und am 1. Oktober 1901 eingeweiht.

Kapelle und damalige Schule in Genhofen um 1930

Die Schule in Stiefenhofen wurde 1904 neu erbaut. „Weil die Kreisverwaltung schon einige Male die dringend notwendige Reparierung des Schulgebäudes sowie die Erneuerung angemahnt hatte, beschloss der verstärkte Verwaltungsrat der Gemeinden Stiefenhofen und Harbatshofen den Bau eines neuen Schulgebäudes, da das alte Schulgebäude ohnehin bald zu klein sein würde und damit das Geld für die Reparatur beim Fenster hinaus geworfen wäre!"

Schule Stiefenhofen – kurz vor der Fertigstellung 1904 – heute Rathaus

Pfarrkirche Stiefenhofen um 1920

Das Kirchenschiff der Pfarrkirche in Stiefenhofen war baufällig und auch zu klein geworden. Es wurde 1911 abgebrochen und neu gebaut. Die Einweihung wurde im Oktober 1912 vorgenommen. Auch in den umliegenden Dörfern war eine ähnliche Aufbruchsstimmung zu verzeichnen.

Es ging aufwärts, bis im Jahre 1914 der 1. Weltkrieg begann. Aus dem vermeintlichen Spaziergang wurde ein vier Jahre dauernder Krieg. Die Folgen des verlorenen Krieges waren hohe Reparations-Zahlungen an die Siegermächte.

Durch die hohen Zahllasten an die Siegermächte wurde das Geld im Inland knapp. Es wurde Geld gedruckt, immer mehr und immer größere Scheine. Weil die Notenpressen mit Drucken nicht mehr nachkamen, wurden auf vorhandenen alten Geldscheinen höhere Zahlen gestempelt. So hatte ein ehemaliger Fünfhundert Millionen Mark Gutschein der Bayerischen Staatsbank plötzlich einen Wert von zwanzig Milliarden Mark aufgestempelt.

Dem Fünfhundert Millionen Mark Geldschein wurden Zwanzig Milliarden Mark auf-
gestempelt

Die Inflation stieg innerhalb weniger Monate ins Uferlose. Gegen Ende des Inflationsjahres 1923 wurden für einen Liter Milch über 50 Milliarden Mark bezahlt. Die Geldentwertung ging so rapide vor sich, dass das Milchgeld für die Bauern alle 10 Tage ausgezahlt werden musste, damit der Milchlieferant für das Geld überhaupt noch etwas kaufen konnte. Meinem Großvater wurde am 11. eines Monats das Milchgeld für die ersten 10 Tage ausbezahlt. Noch am selben Tage kam der Kaminkehrer ins Haus. Dieser hatte aber schon den neuen Tarif. Großvater sollte nun für einmal „Kaminkehren" mehr Geld bezahlen, als er für zehn Tage Milch schütten bekommen hatte. Das war ihm Zuviel! In seinem Ärger habe er dem Kaminkehrer „zoiget wo de Zimmerma s Loh gmachet hoat!" (ihm gesagt, dass er das Haus verlassen solle).

Man kann sich die Enttäuschung und die Not der Sparer kaum vorstellen. Wenn eine Magd oder ein Knecht in vielen Jahren harter Arbeit einen Betrag von 2.000 oder 5.000 Reichsmark zusammen gespart hatte, um heiraten zu können, und sie nun für diese Summe nicht einmal einen Kipf Brot kaufen konnten!

Gutschein der Bayerischen Staatsbank vom Oktober 1923

Das war schon eine turbulente Zeit! Die Bilanzsumme der Elektrizitätsgenossenschaft Stiefenhofen betrug zum 31.12.1923 die kaum noch lesbare Zahl von **RM 6 487 600 000 003 000.-** In Worten sechs Billiarden vierhundertsiebenundachtzig Billionen sechshundert Milliarden dreitausend Mark. Zum 1.1.1924 wurde eine Währungsumstellung vollzogen: 1 Billion Reichsmark = eine Rentenmark. Mit einer Bilanzsumme von RM 6 548.-- wurde 1924 begonnen. Das Theater konnte erneut beginnen!

Bei der „Währungsreform" am 20. Juni 1948 wurde die Rentenmark von der „Deutschen Mark" (DM) abgelöst. Zum 1. Januar 2002 wurde die DM durch den Euro ersetzt. Wie wird es weitergehen?

In den 1950er Jahren habe ich in der Gaststube einer Wirtschaft folgende Werbung gelesen: „Iss und trink solang's dir schmeckt, schu zwoimal ischt uns s'Geld verreckt!" Den Menschen, die um 1950 bereits 35 oder mehr Jahre alt waren, ist in ihrem Leben zweimal (1923 und 1948) das Geld „verreckt" (entwertet worden).

Sitzungen der Ausschüsse von Genossenschaften

Die Sitzungen der Ausschüsse von Genossenschaften oder Vereinen fanden früher meistens in den Nebenzimmern von Gasthäusern statt, auch Gemeinderatssitzungen wurden meistens in solchen Räumlichkeiten abgehalten. Bei einer Halbe oder auch einigen Halbe Bier ließ es sich leichter über diverse Angelegenheiten beraten. Je länger die Sitzungen dauerten, umso lauter wurde es an den Tischen, so dass die Sitzungsleiter manches Mal Mühe hatten, mit der Tagesordnung fortzufahren. Zudem drückte das getrunkene Bier auf die Blasen der Sitzungsteilnehmer und immer öfters musste einer der Anwesenden den Weg zur Toilette einschlagen. Manchmal wurden die Sitzungen auch unterbrochen, um den Sitzungsteilnehmern die Möglichkeit zu geben, ihren Bedürfnissen nachzukommen. An den meterlangen blechernen Urinalen standen die Männer dicht nebeneinander. Manchmal hatte man sogar den Eindruck, dass hier die Sitzungen fortgeführt würden. Nicht umsonst nannte man früher banale Diskussionen – Latrinengespräche. Es war gegen Mitte der 1950er Jahre. Die Mechanisierung in der Landwirtschaft war nicht mehr aufzuhalten. Nicht alle Bauern konnten ihre Maschinen bar bezahlen und mussten Darlehen beantragen. Bei einer solchen Sitzung wurde anscheinend auch über einige Darlehensanträge beraten. In den Ausschüssen gab es Leute, die sehr fortschrittlich waren, andere dagegen waren zurückhaltend und wohlüberlegt. Bei einer solchen Sitzungspause trafen sich ein paar Männer am Urinal. Einer der Männer redete dabei so laut, dass man ihn im anliegenden Hausgang noch gut hören konnte. Er war enttäuscht über das zögerliche oder gar ablehnende Verhalten einiger Ausschussmitglieder. Mit lauter Stimme sagte er da zu einem neben ihm stehenden Leidensgenossen: „Woischt, wenn lut'r derige vorna dett wäret wie i uinar bi, woischt, wie i uinar bi, denn wär des uifacher, ab'r mit settiga „Pfrepflar" und „Pipehislar" kascht doch nix afange!" (Wenn lauter Männer von meiner Sorte entscheiden müssten, dann wäre vieles einfacher, aber mit solchen ängstlichen, engstirnigen Kleinhäuslern ist doch nichts zu machen). Wahrscheinlich musste bei der Sitzung über einen Darlehensantrag eines Mitglieds zum Kauf eines Traktors entschieden werden, der erst nach einer langen lebhaften Diskussion genehmigt wurde.

Kontoauszüge

Mit den Kontoauszügen gab es auch manchmal Missverständnisse: Guthaben und Schuld war noch verständliche Begriffe, doch die Bezeichnungen Soll und Haben führten gar manches Mal zu falschen Annahmen. Vor vielen Jahren kam ich ins Dorf und begegnete einem Mann, der gerade aus einer Bank heraus kam und seine Kontoauszüge misstrauisch anschaute und dann zu mir sagte „Deane do dinna kann i numma alz glaube: Beim letzte Kontouszug hon i no **6.000 Mark** doba ghet und vorgestig ho i **2.000 Mark** izahlt und jetzt soll i blos no **4.000 Mark** doba hong. Do stimmt doch ebbas it." (Ich glaube den Bankleuten nicht mehr alles! Beim letzten Kontoauszug standen noch 6.000 DM auf meinem Konto, und nachdem ich vorgestern 2.000 DM einbezahlt habe, stehen nur noch 4.000 DM auf dem Konto. Da kann doch etwas nicht stimmen.) Ich habe dann zu ihm gesagt: „Zoig mir doch amoal den Kontoauszug." Dann war mir alles klar. Auf dem Auszug war der Anfangssaldo im SOLL 6.000 DM, nachdem der Kunde 2.000 DM einbezahlt hatte, war der Endsaldo im SOLL nur noch 4.000 DM. Oder ein anderer Fall. Ein Bauer wollte einen Traktor in Höhe von rund 15.000 DM kaufen. Dazu müsse er einen Kredit aufnehmen, wurde ihm auf der Bank gesagt. Zuhause angekommen erzählte der Mann seiner Frau, dass man ihm auf der Bank gesagt habe, dass sie ein Darlehen aufnehmen müssten, um den Traktor bezahlen zu können. Die Frau war darob erbost und sagte zu ihrem Mann: „Du Drimmslar hosch wiedr amol di Mul it ufbroacht!" (Und du Feigling hast dazu nichts gesagt!) Dann nahm sie den letzten Kontoauszug und ging damit zur Bank und sagte zu dem Bankangestellten „mir hont Geld gnu und kinnet den Traktor bar zahle!" (Wir haben Geld genug, um den Traktor bar bezahlen zu können). Dabei reichte sie dem Mann den Kontoauszug als Beweis. Und tatsächlich standen über DM 20.000 auf dem Konto, doch leider im Soll und nicht im Haben. Also mussten sie doch ein Darlehen aufnehmen, um den Traktor bezahlen zu können.

Über s'Geld gab/gibt es viele Sprichwörter

„D'Schulda brucht ma it firchte, die muaß ma im Joahr bloss uimoal futtere." (Zins bezahlen)

„Wenn ma Schulda hoat, denn hoat ma im Summer a „Hostube" (Unterhaltung) und im Winter an Weg zum Hus!" (Weil die Gläubiger kommen)

„S'Geld rollet, aber de gri Bode blibt!" (Das Geld kann wegrollen, der grüne Erdboden aber bleibt)

„I ma s'Geald, abr s'Geald ma mi it – as blibt it bei mir!"
(Ich mag das Geld, aber das Geld mag mich nicht, denn es bleibt nicht bei mir)

„Geld macht it glicklich, aber es beruhigt!"

„Geald und Geiz bringt Not und Kreiz!"

„Geald regiert die Welt!"

„Wer s'Geald hoat, hoat s'Sage!" (Wer Geld hat, schafft an!)

„Spar, spar, spar für die grauen Haar!"

„Spare in der Zeit, dann hast du in der Not!"

„Vun am Bettlar ka ma s'Koche lerne und vun am Riche s'Spare!"

„Wer den Pfennig nicht ehrt, ist des Talers nicht wert!"

„Spare muss ma schu am Kipf und it erscht am Reifle!" (Sparen muss man rechtzeitig, nicht erst wenn man in Not ist!)

„A Wib ka mit'm Schurz bei dr Husdir meh nustrage, wie dr Ma mit zwoi Ross und am Loiterwage beim Tennetor nibringe ka!" (Eine Frau kann mit ihrer Schürze bei der Haustüre mehr hinaustragen, als ihr Mann mit zwei Pferden und einem großen Wagen beim Scheunentor herein bringen kann.)

„D'Schönheit vrgoht, ab'r s'Geald blibt!"

„Der Pfennig, den man erspart, ist besser als der, welcher gewonnen wird!"

„Kind und Schulda sott ba hong solang ba jung ischt!" (Kinder und Schulden sollte man in jungen Jahren haben und nicht erst im Alter.)

„Dem tät i it amol s'Nuschtr lehne, schwieges a Geald!" (Diesem Mann würde ich nicht einmal meinen Rosenkranz leihen, geschweige denn mein Geld!)

„Entwicklungshilfe ist, wenn die armen Leute eines reichen Landes für die reichen Leute eines armen Landes Geld spenden!"

Auch das war die „gute alte Zeit."

Am Schluss ein ganz herzliches **Dankeschön** an alle, die mich mit alten Bildern unterstützt haben.

Bentele Hansjörg	Isenbretshofen
Bentele Elfriede	Hahnschenkel
Berkmann Martin	Mutten
Blank Rita	Ranzenried
Boch Hermann	Stiefenhofen
Boch Franz	Rutzhofen
Burger Georg sen.	Genhofen
Dorner Leni	Iringshofen
Falter Michael	Buch
Fernsemer Frieda	Dorenwaid
Fritz Aurel	Oberthalhofen
Gomm Xaver	Oberstaufen
Hauber Rosemarie	Holzleute
Hehle Walter	Oberreute
Hieble Hans	Hertnegg
Keck Xaver	Stiefenhofen
Kirchmann Josef	Stiefenhofen
Meisburger Michael	Kalzhofen
Mohr Theodor	Stiefenhofen
Osterhammer Gebhard	Stiefenhofen
Rädler Rosemarie	Burkatshofen
Rasch-Nuschele Maria	Stiefenhofen
Rasch Anton	Wolfsried
Roubal Christl	Hahnschenkel
Schmelzenbach Emma	Balzhofen
Schorrer Theodor	Hahnschenkel
Wagner Georg	Berg
Weber Peter	Hopfen
Wurm Martin	Balzhofen
Wurm Stefan	Stiefenhofen

Ganz besonders möchte ich mich bei Frau Dr. Andrea Wurm und bei meinem Sohn Dr. Michael Bentele bedanken für ihre Mithilfe bei der Gestaltung des Buches.

Josef Bentele